歐洲鬼地方

戰後德國靈異治療的狂潮，如何揭露科學理性所回應不了的創傷？

莫妮卡・布萊克 著
Monica Black

張馨方 譯

A Demon-Haunted Land

Witches, Wonder Doctors,
and the Ghosts of the Past in Post-WWII Germany

國內外驚悚推薦

這才是一般西德人民經歷的戰後德國史！

最新的估計指出，整個二戰期間超過五百萬德國軍人死亡。僅是歐洲戰場最後四個月，平均每天就有一萬德軍士兵在本國領土或鄰近之地陣亡。另外，二戰期間共有五十萬德國平民在國境內因戰火喪生，包括三十多萬人死於盟軍空襲。中東歐各地的德裔平民，在戰爭後期向西逃離日日進逼的蘇聯紅軍，與戰後初期被中東歐各國族群清洗，約有超過五十萬人喪生，與至少四百萬人流離到分裂的德國。此外，無論是軍人或是平民，許多人直接或間接參與、目睹、耳聞德國在東歐的戰時暴行，也多少知道自己戰前的猶太裔鄰居被「最終解決」了。死亡與離散等暴力經歷，與自己在納粹時期所作所為被揭發的恐懼，日夜啃噬六千多萬戰後東西德人的心靈。一九五〇年代高速成長的經濟奇蹟與消費社會，或者終於擁抱「西方」民主價值，只是戰後西德故事的一面。它們無法療癒那些深刻的心靈創傷與道德焦慮。本書描寫的正是西德人在能否吃飽穿暖之外，真正的日常憂思、恐懼、寄託。

在政治與社會劇烈變化的年代，對超自然力量的崇拜與對各種神醫巫者的自發性民間信仰會突然盛行，是研究「理性與科學昌明」的十九世紀歐洲的史學家不能迴避的現象。這本讓人驚豔的社會史與文化史分析，深入戰後西德心靈，發掘德國人不記得與不想記得的鬼魂與夢魘，捕捉二十世紀歐洲現代性中的超自然時刻。作者以令人讚嘆的原創力與深刻的洞見另闢蹊徑，也是本世紀以來德國現代史研究與書寫創新不斷的絕佳範例。

——**夏克勤，美國印第安納大學歷史系助理教授**

布萊克的《歐洲鬼地方》迫使我們在與他人不斷形成對立與進行對話的過程中去思考，去面對非理性與理性的衝突。

這本書在很大程度上是此時此刻的產物。過去被視為「迷信」的做法正捲土重來。這種現象無所不在：千禧世代瘋迷占星術；反疫苗運動在美國與歐洲崛起，成為一種發展迅速的醫療時尚潮流……因此，本書可以幫助我們深入瞭解，為什麼人們會對陰謀論或政府一度指為迷信的做法深信不疑。人們訴諸陰謀論，是因為周遭普遍的社會不穩定帶來了恐懼、焦慮與不安全感。陰謀論為人們提供了容易掌握或駭人聽聞的說法，有助他們面對與理解四周的混亂世界。

——吳孟軒，中央研究院歷史語言研究所副研究員

在重大災難過後，人們會將悲傷、失落或難以處理的創傷感受，寄託在非科學實證的物事上，例如信仰又如鬼神，這些物事是人類自有文化以來對世界的感知與觀點，既有普世性，也依據族群文化不同有其獨特性。……在這本書中，則可見布萊克嘗試貼近當時的時空，讓自己置身於彼時西德民眾的處境裡，透過文獻以細節再現當時的景況，再引用各家說法解釋這個時期德國人的歇斯底里從何而來，彷彿引領讀者回到時代現場，也適切地進行一場「社會心理快照」。

——阿潑，媒體工作者、《日常的中斷》作者

啟蒙理性、浪漫精神、普魯士的鐵與血、軍事紀律與冷硬官僚、第三帝國的機械與瘋狂、戰後的歷史反省與普世理念……本書所呈現的並非這些世人刻板印象中的德意志，而是一個質樸粗放、渴求救贖、沉溺於神祕信仰、曾經存在於當年《格林童話》與巫術魔法裡的德意志。這個如今被世人所淡忘的古老面貌，因二戰後群眾創傷與罪惡感的救贖需求而再度

浮現。作者挖掘當時轟動一時的南德神蹟治療者的巫術案，並從中刻劃德國民間瀰漫的幽暗意識，以及贖罪與逃避的矛盾情結。其捕捉歷史的角度既獨到又深入德國人糾結的靈魂，是相當精彩又難能可貴的一部作品。

——**黃哲翰，《轉角國際》專欄作家**

時代有多黑暗，信仰就有多瘋狂。

有時候，我們總是會為許多有違常理的教派感到不可思議：當時的人到底是怎麼想的？為什麼連這個都有人信啊？但仔細想想其實不難理解：當生存裡充滿了匱乏與恐懼，而宗教又是人們心中唯一的寄託時，許多瘋狂信仰也就因此而生。一個時代的信仰狀況，似乎就是那個時代的一面鏡子。從裡面可以看到人的恐懼、人的渴望與人的救贖，《歐洲鬼地方》就是這樣的一本書。在戰爭結束後，為數眾多的彌賽亞與奇蹟，反映了當時德國人怎樣的集體傷痛？他們聚在一起真的只為了尋求神蹟，抑或是只是為了互相舔舐自己的傷口？而當時的信仰情況，又能給現代的我們什麼啟示呢？

——**神奇海獅，歷史作家**

大膽而具原創性的作品，敘述戰後的西德人民利用巫師與惡魔等虛構的邪惡形式轉移外界對其祖國犯下滔天惡行的注意力。布萊克的絕妙之作見解精闢，不只洞察戰後的西德，也剖析人們重新解讀邪惡與罪過的各種奇特而複雜的方式。

——**蘇珊・奈門（Susan Neiman），愛因斯坦論壇主席、**
《父輩的罪惡》（*Learning from the Germans*）**作者**

莫妮卡・布萊克關注病者在靈魂與肉體方面的聲音，並探究鬼怪、惡魔與巫師講述的故事，梳理二戰結束後德國人刻意忽略、閉口不談與自欺欺人的真相，深入那個時空背景下的人們痛苦萬分的內心生活。《歐洲鬼地方》是一部震撼人心、富有啟發性的社會文化史著作，深刻呼應了我們的時代。作者在書中拓展了歷史知識本身的可能性。

——**羅伯・歐爾希（Robert Orsi），《古往今來》**（*History and Presence*）**作者**

《歐洲鬼地方》引人入勝、扣人心弦、極其迷人且文筆優美。這本書甚至沒有一丁點行話或矯揉造作，它為西德的早期歷史投下了意想不到的重要新亮點。布萊克在本書所引述的大量鮮為人知的檔案資料與分析，始終是微妙而聰明的。

——**理查．伊文斯（Richard J. Evans），英國著名歷史學家、《捍衛歷史》**（*In Defence of History*）**作者**

莫妮卡．布萊克帶領我們從另一個不可思議的角度看待戰後德國的歷史，書中描述的種種讓人感覺比一般關於德國社會資本主義與重建的正面敘事來得真實。作者講述了個人面對創傷時的反應——追尋巫師、惡魔、聖母顯靈與信仰治療——以及當代德國人在道德崩壞與身體疾病所致的複雜情感下的徬徨無助。這本好書值得大家一看。

——**露絲．哈里斯（Ruth Harris），《盧爾德聖殿：世俗時代的肉體與靈魂》**（*Lourdes: Body and Spirit in the Secular Age*）**作者**

即時而緊迫！布萊克利用豐富的資源基礎，而且也善於閱讀歷史中的沉默，準確地瞭解傳統檔案中被省略或掩蓋的內容。在優美的行文中，布萊克繪製了一幅生動的肖像——一個破敗的德國正在努力尋求某種救贖。

——**凱瑟琳．朱利安（Kathryn Julian），美國西敏寺學院歷史系助理教授**

讓人嘖嘖稱奇的療法、遙不可及的在天之靈、難以捉摸的鬼影迷蹤……多虧有莫妮卡・布萊克這部傑作，後納粹時代的德國得以向讀者們展現與以往截然不同的面貌。

——**塞吉奧・盧札托（Sergio Luzzatto），《墨索里尼之死》**（*The Body of Il Duce*）**作者**

令人回味無窮、史詩般的作品！犯下可怕暴行的社會如何從中恢復過來？這本書充滿了豐富多彩的軼事和具有超凡魅力的人物，《歐洲鬼地方》不僅提供了對戰後德國歷史的精彩反思，而且還要求我們將非理性視為現代性的一部分。

——**《波士頓評論》**

令人信服！布萊克用有效和令人回味的方式，參照比對了這個新民主國家如何講述自己的故事，一個關於重建和復甦的故事，以及它日益閃亮的表面之下的東西。

——**《新標準》**（*The New Criterion*）

目次

傾聽鬼魂的聲音：導讀莫妮卡・布萊克的《歐洲鬼地方》／吳孟軒 i
推薦序：沉默之下，亟欲訴說的傷口／阿潑 xv
序言 001
第一章　解讀徵兆 021
第二章　鎮上的陌生人 051
第三章　赫福德的奇蹟 065
第四章　靈魂醫學 089

第五章　慕尼黑的彌賽亞　111
第六章　如果惡魔是病灶，那什麼是解藥？　147
第七章　源自罪過的病痛　177
第八章　女巫就在我們身邊？　205
第九章　克魯斯的聖戰　241
第十章　新時代的序幕　275
結語　309
致謝　317
注釋與參考書目　377

傾聽鬼魂的聲音：導讀莫妮卡・布萊克的《歐洲鬼地方》

吳孟軒

近年來德國人記憶中最駭人聽聞的其中一起事件發生在二〇二二年十二月七日的早晨。約有三千名警察與特種部隊士兵突襲了德國境內一百五十個家庭，逮捕了據信圖謀政變的二十五人：他們計劃阻斷全國電網、強攻德國議會、逮捕議員，並暗殺總理奧拉夫・蕭茲（Olaf Scholz）。若能成功推翻德國政府，他們將扶植一位自稱「亨利十三世羅伊斯親王」（Heinrich XIII. Prinz Reuß），有貴族背景的企業家擔任新德意志帝國的領袖。雖然德國官員至今尚未透露該組織執行計畫的進度，但在突襲行動中，他們搜出了大批軍事裝備，包括槍枝、彈藥、電擊槍、夜視鏡、短刀、戰鬥頭盔及利刃，此外還發現一份列有十八位政府高層官員的名單，全是該組織意圖刺殺的對象，其中以蕭茲為頭號目標。

這群陰謀者的核心是名為「帝國公民」（Reichsbürger）的團體。他們所指的帝國是「第二」德意志帝國，即奧托・馮・俾斯麥（Otto von Bismarck）一手建立、自一八七一年持續至一九一八年的帝國。奉行此意識形態的人士否認現今德意志聯邦共和國（Bundesrepublik Deutschland）的正統性；他們宣稱該政權受法國、英國與美國的把持。他們深信受這種由外國勢力支撐著的「深層政府（deep state）」所支配的德國，無法代表德國人民的權益。為了抵抗這些外來侵占者，他們自行印製了護照、駕照，並拒絕納稅。

今日的「帝國公民」運動源自於二十世紀八〇年代極端主義、激進右翼與反猶太團體的復興，但是，其長久以來都被視為極端團體中微不足道的一群。（就連新納粹〔Neo-Nazis〕都嘲弄「帝國公民」成員是瘋子。）然而，自從俄羅斯於二〇一四年入侵克里米亞（Crimea）以來，「帝國公民」主張的陰謀論吸引了更多追隨者。二〇一六年，其中一名蒐集了三十多支槍砲的成員在一次搜捕行動中更射殺了一名警官。

之後，新冠疫情爆發，使一大部分的德國人口趨於激進立場。一支名為「巴圖比家族」（Haus Bartleby）——向美國作家赫爾曼．梅爾維爾（Herman Melville）筆下抵死不從命的抄寫員致敬——的左派團體不滿政府在二〇二〇年三月強制實行的封鎖政策，發起一場「衛生示威」，公然挑戰「實際上獨裁專政的衛生制度」。不到一個月，示威行動在柏林獲得超過一千人的響應，並且持續壯大。該團體鼓吹的意識形態廣泛傳播，吸引極右翼陰謀論「匿名者Q（QAnon）」信徒、名廚、反疫苗人士、陰謀論者、極右反猶太人士與極左無政府主義者的支持。這些抗議者自稱為「對角聯合陣線」（Querfront）。（雖然他們隱喻威瑪共和國時代的「工黨」政府，但現在的抗議者卻不是從工人角度或從政黨角度出發。）二〇二〇年八月底，三萬八千多位民眾聚集柏林。示威行動演變成暴力事件，致使數百人遭到逮捕。成千上百名抗議者企圖占領德國議會。

在被捕的群眾之中，有好幾人聲稱效忠於「帝國公民」運動。隨著「帝國公民」發起了一千多起犯罪行動，包括攻擊、騷擾、向猶太與穆斯林機構寄送恐嚇信及拒絕繳稅，這個零散的運動二〇二〇年聲勢日益高漲。德國反極端主義專家估計，「帝國公民」已發展至擁有兩萬多名支持者。令德國警方與國內情報機構特別擔心的是，這場運動滲透國家本身的程度。被捕的二十五人包含了曾在德國政府核心部門——議會、司法部、地方與中央警政單位，甚至是精英武裝部隊——效力的重要成員。

這起「帝國公民」陰謀讓我們看到了戰後德國史的主要衝突之一。一方面，德意志聯邦共和國經常被視為二十世紀後半葉的歐洲史——以及更廣泛的世界史——上的成功例子。這是一個在經歷了現代世界中最可怕的極權獨裁統治後，還有能力成為經濟強國的國家。除此經濟奇蹟之外，德國也被譽為典範，能夠公開誠實地面對黑暗的極權主義過往。舉例來說，相較於同樣創造經濟奇蹟、卻矢口否認帝國軍隊犯下的許多駭人戰爭罪行的日本，德國自五〇年代以來便持續投入面對不堪歷史的廣泛過程。德文以「Vergangenheitsbewältigung」（反思歷史）一詞來指稱這個過程，中文可直譯為「克服或解決過往的掙扎或努力」。正如同改變德國經濟的經濟奇蹟，「Vergangenheitsbewältigung」在外界眼中往往是促成這個國家在文化上脫胎換骨的功臣。從納粹發動種族屠殺之後，德國已蛻變成為一個透明、開放且民主的社會，在歐盟中更是扮演了領導角色。

那麼，我們應該如何解決這兩個互相矛盾的故事呢？如果德國人的「Vergangenheitsbewälting」做得如此成功，為何會有一個位處邊緣卻不斷壯大的極端主義團體公開擁護納粹主義，或者深信如今的政府無所不用其極試圖否定納粹歷史，以致於有意策劃政變來推翻這個於法無據的政府？

莫妮卡．布萊克這本令人驚嘆的著作為此提供了幾種解答的方法。在二十一世紀初拿到博士學位的她，是所屬世代中研究德國史的頂尖美國學者之一。直到布萊克畢業的年代，德國歷史學者大部分都在探究有關納粹政權與猶太大屠殺的問題。大多數對現代德國略知一二的讀者，可能接觸過一些試圖解答二十世紀世界史的核心問題的書籍：德國是怎麼製造出納粹這群人？更重要的是，怎麼會幹出猶太大屠殺這種事？現代世界史中這起最慘無人道的種族屠殺，怎麼會發生在康德、黑格爾、歌德、貝多芬、艾米．諾特（Emmy Noether）、愛因斯坦、羅莎・盧森堡（Rosa Luxemburg）與馬克斯・普朗克（Max Planck）等人才輩出的國度？從漢娜・鄂蘭的《極權主義的起源》（*The Origins of Totalitarianism*）、勞爾・希爾伯格（Raul Hilberg）的《歐洲猶太人的毀滅》（*The Destruction of the European Jews*）、克里斯多佛・布朗寧（Christopher Browning）的《平凡人》（*Ordinary Men*），到索爾・弗里德蘭德（Saul Friedländer）的《納粹德國與猶太人》（*Nazi Germany and the Jews*），眾多學者成就了精細、微妙又繁複的鉅作，幫助我們瞭解關於猶太大屠殺**怎麼會**發生的祕辛。

布萊克和她的學術同伴將人們的注意力導向了納粹主義終止後的幾十年間。這些學者企圖解答的問題是：德國人如何處理國家社會主義政權留下的殘存？德國人將二次世界大戰結束後的那段時期稱為「零時」（德文作Stunde Null），標誌著他們必須揮別一個遍地斷瓦殘垣、令人慘不忍睹的世界，並開始重建家園的時刻。在本書開章最令人感動的段落中，布萊克詳細描述了當中牽涉的混亂、驚駭與未知。對布萊克而言，最重要的問題是解決納粹政權所遺留的那段在精神、道德與知識層面鋪天蓋地的空白。經歷如此毀滅性的破碎之後，一個社會該如何面對與重建自我？

布萊克當然不是第一個試圖解答這個問題的人。如何在災難的餘波下生活，一直是一整個世代的德國藝術家所面臨的核心問題，從創作「廢墟文學」（Trümmerliteratur）的作家，如海因里希・波爾（Heinrich Böll）和京特・格拉斯（Günter Grass），到德國新電影（New German Cinema，又稱「德國新浪潮」）的電影人，如萊納・瑪莉亞・法斯賓德（Rainer Maria Fassbender）、瑪格莉特・馮・特羅塔（Margarethe von Trotta）與沃爾克・施倫多爾夫（Volker Schlöndorff）。在我讀來，布萊克最直接的對話者或許是作家澤寶（W. G. Sebald），他在二十世紀八〇年代末到二〇〇一年英年早逝前那段期間所完成的傑出著作，直搗創傷、記憶及過去如何持續不斷地困擾現在的問題。在澤寶的作品中，我們可以看到一位憂鬱的漫遊者經歷了沉默、晦暗與不可言說的記憶片段。對他而言，生活在一九四五年之後的德國人透過壓抑，透過保持緘默與拒絕回憶的方式來面對戰爭的創傷。他們不僅壓抑了有關德國民族國家對人民施暴的記憶，也閉口不談其他民族國家對德國人民施暴的記憶。在他可謂最大膽與最具爭議性的《論毀滅的自然史》（*On the Natural History of Destruction*）中，澤寶開啟了一個在過去被視為禁忌的話題，深入討論德國人如何成了同盟國在他們的國土上發動的無差別全面轟炸行動下的受害者。

然而，布萊克的著作與澤寶差異甚大。澤寶看到的是沉默，布萊克看到的則是充斥著人們的談話、八卦與爭執的戰後景象。布萊克所描繪的納粹垮臺後的那二十年紛擾不斷，充滿了指控、責備與謠言。但他們在談論**什麼**呢？這正是布萊克做出最重大且創新的貢獻的地方。

她發現，在戰後的德國充滿了古老的觀念與信仰，而且各式各樣的「傳統」治療方式在民間大受歡迎：信仰治療、巫術、幽靈、奇蹟與神祕主義實踐。她發現的各種現象在數百年前的德國也輕易可見。當時，這片土地隨處都有女巫與聖徒的蹤跡。由於無法公開談論自己經歷過的破壞、死亡與毀滅，人們轉而藉由儀式來處理療傷。正如布萊克所言，「沒有人忘得了納粹主義釋放的那些惡魔，他們只是絕口不提，或者只敢透過極度隱晦的儀式化方式談論。」

書中的大部分內容都聚焦於布魯諾・葛洛寧（Bruno Gröning）的案例。他是一位奇蹟治療者，吸引了廣泛的追隨者，並獲得戰後德國媒體的關注。他一度被記者封為「戰後最知名的德國人」，甚至比德國總理路德維希・艾哈德（Ludwig Wilhelm Erhard）和康拉德・艾德諾（Konrad Adenauer）還要出名（參本書頁三一一）。布萊克精闢地探討了葛洛寧的案例，清楚而細膩地闡明其所代表的意義。在此我不會破壞各位讀者的興致，提前洩漏葛洛寧曲折離奇的生平，我只想說，我希望有人將他的故事改編成影集。

除了葛洛寧的案件之外，布萊克教授還揭露了戰後那段時期社會上爆發的許多巫術指控。布萊克教授特別關注反巫鬥士約翰・克魯斯（Johann Kruse）的所作所為——他是一位退休教師，參與了幾乎每一次的巫術審判。透過積極不懈的努力，克魯斯試圖說服周遭的人們相信對巫師的指控毫無根據，並且將對巫術的控訴喻為納粹時代拿猶太人當代罪羔羊的惡行。儘管如此，人們對巫術的指控仍然層出不窮。布萊克突顯了這些控訴如何反映了更廣泛、未解的社會衝突，而這些衝突全都根源自納粹對國家的徹底破壞。

布萊克將戰後時期的德國描述為一片「鬼地方」，促使我們重新思考長久以來戰後德國研究領域的幾個主要敘事。首先是「零時」（Stunde Null）的框架本身。布萊克並不認為戰後的德國史從二戰殘骸中創造出一個新的德國，而是呈現許多存在已久的思想、信仰與社會信念的模式。這些思維塑造了民眾對大屠殺的反應。她在書中擴充了先前獲獎的第一本著作《死於柏林：從威瑪共和國到分裂的德國》（*Death in Berlin: From Weimar to Divided Germany*）的一些發現。在該書中，她意識到，儘管經歷了納粹時期到柏林圍牆的建造之間的劇烈動盪，但柏林人依然靠著傳統宗教習俗與葬禮儀式來悼念死者。因此，布萊克的作品顯露了德國現代史的其中一個悖論：儘管社會被徹底摧毀，但德國文化仍有某些元素未遭破壞、堅定不移。基於對連續性——而非斷裂——的關注，布萊克主張德國並非從「零」開始重建。換言之，「零時」是一種錯誤的說法。

布萊克糾正的第二個主要敘事是關於戰後經濟奇蹟（Wirtschaftswunder）。根據傳統說法，在同盟軍的占領下，德意志聯邦共和國透過實施貨幣改革及取消物價管制而重建成了一個強國。自由市場的基礎誘發了西德的經濟潛力，使其走上了快速現代化的道路，很快就出現在醫藥（拜耳〔Bayer〕）、電器（西門子、博世〔Bosch〕）及汽車（福斯、賓士）產業中的全球主要出口商等企業。在此敘事中，戰後的現代化時期迎來了一個前所未有的穩定、繁榮、樂觀而自信的時代。布萊克讓我們看到了德國與此不同的一面。我們看到的不是自信與樂觀，而是混亂、恐懼與相互懷疑。我們看到的不是現代化與理性的勝利，而是德國人民在徬徨無措下，求助於信仰療法、巫術及其他非理性的做法。

透過這種方式，布萊克還挑戰了一個長久以來在社會科學中居於主導地位的核心敘事：現代化理論。二十世紀初的現代化理論學家認為，信仰療法與巫術等「迷信」屬於一個注定無足輕重的世界，很快就會被現代科學與醫學所取代。世界各地的學者，從泰勒（E. B. Tylor）等人類學家、馬克斯・繆勒（F. Max Müller）等比較宗教學家，再到井上圓了（Inoue Enryo）等佛學知識分子，都認為在電報、鐵路與電線使世界邁向現代化之際，妖精、神靈與惡魔必然會離開並帶走魔法。提及這項理論最知名的人就屬社會科學家馬克斯・韋伯（Max Weber）了，因為他預測現代性「鐵籠」的推進意味著「非理性」信仰與行為的結束。隨著世界各地的歷代政權都發起了遏制他們所謂的迷信做法的運動，這些觀點在二十世紀得到了強而有力的支持。布萊克的著作隱晦地瞄準了這項作為許多社會科學研究基礎的核心假設。即使在最劇烈的現代化時期，現代性的「黑暗面」也持續支配著這片土地。或者應該說，布萊克的作品迫使我們去面對非理性與理性的關係。現代社會並不一定會消除所謂「非理性」的行為，或許非理性的行為一直會纏繞著我們。

因此，布萊克的著作在很大程度上是此時此刻的產物。過去被視為「迷信」的想法和舉止正捲土重來。這種現象無所不在：千禧世代瘋迷占星術；反疫苗運動在美國與歐洲崛起，成為一種發展迅速的醫療時尚潮流。陰謀論即屬於這種對於學術界與政府背書的觀念與做法更廣泛的不信任。因此，本書可以幫助我們深入瞭解，為什麼人們會對陰謀論或政府一度指為迷信的做法深信不疑。人們訴諸陰謀論，是因為周遭普遍的社會不穩定帶來了恐懼、焦慮與不安全感。陰謀論為人們提供了容易掌握或駭人聽聞的說法，有助他們面對與理解四周的混亂世界。

除此之外，布萊克的書還可幫助我們理解，「帝國公民」運動的具體主張何以能在德國持續吸引支持者。正如布萊克明確指出的那樣，德意志聯邦共和國的正統性從一開始便遭受質疑。無論是出於羞愧、恐懼或沉默，許多德國人都把自己被迫隱忍的創傷、毀滅與混亂的真實記憶藏在內心深處。簡而言之，外界認為穩定的戰後局面絕非如此。在「帝國公民」的陰謀論中，我們聽到了對超自然力量的渴望，他們希冀那股力量可以治癒這片破碎、斷裂的土地，就如同葛洛寧的信徒那樣。這兩個案例都反映了人們希望看到有某種力量能夠取代當前的政治解決方案。許多人轉而擁抱一些不同的歷史傳統，期望能在飽受社會衝突、焦慮與恐懼所苦的當代政治局勢中尋得一個出口。這些都反映了德國文化傳統既支持又批判國家權力的複雜方式。

※　※　※

最後，讓我們來談談，布萊克的著作究竟為當代臺灣的研究帶來了哪些啟示呢？相信有許多人會對我以下的分析提出細節上的批判和疑問，但請允許我暫且進行一些廣泛的比較。我們可以找到戰後臺灣與德國之間無數相似之處。臺灣跟西德一樣，在二戰後見證了「經濟奇蹟」，在二十世紀的後半段轉變為一個經濟強國。如同西德，臺灣存在於所謂的共產主義與所謂的自由世界之間的冷戰衝突所樹立的高牆的「另一邊」。如同西德，臺灣有許多人也認為自己生活在非法的占領之下，並質疑國家機器的正統性。

如同二十世紀五〇與六〇年代的西德，二十世紀八〇與九〇年代的臺灣從威權政府過渡到民主政體之際，見證了文學、文化與藝術領域生氣蓬勃的發展。詩人、作家、前衛藝術家、實驗劇場表演者及電影人共同擴展了公共領域中可表達與呈現之事物的界限。《戒嚴令》解除後，臺灣的公民社會團體——部分受到了德國「反思歷史」的影響，另外也受南非真相與和解委員會（Truth and Reconciliation Committee）所鼓舞——督促政府公布歷史檔案並展開公開的「歷史反思」。就許多方面而言，如同德國戰後年輕世代塑造了一個新的國家，我們如今所處的二〇二〇年世代象徵著一個新的臺灣，年輕一輩擁有嶄新的意識與歷史認同，與我們的父母，甚至祖父母那代的極權過往斷了關聯。

但是，布萊克的作品提醒我們停下腳步、深入挖掘，思考存在於我們身處的現代與我們眼中的過往之間一些更長久的連續性。一九四九年，就在葛洛寧抵達赫福德、為追隨者治療戰爭創傷的那一年，來自中國浙江省的難民蘇烈東輾轉落腳花蓮，當起了賣菜郎。某天，他突然陷入重度昏迷狀態。七天後，他醒了過來，完全不知道發生了什麼事。一名道士告訴他，他被瑤池金母附身了。瑤池金母諭示花蓮的百姓們：

> 他們應該進德修身，彰顯道聖，向善而行……（按：並宣示如此一來，勤積功德之後），他們就能脫離輪迴，扭轉與消除所有阻礙，直到升入碧玉池的不朽之境。（見焦大衛〔David K. Jordan〕與歐丹年〔Daniel J. Overmyer〕合著之《飛鸞：中國民間教派面面觀》（*The Flying Phoenix: Aspects of Chinese Sectarianism in Taiwan*），美國紐澤西州：普林斯頓大學出版，2014年，第130頁。）

消息一出，蘇烈東立刻吸引了五十名信徒，他們付錢讓他正式成為「童乩」，也就是靈媒。透過宗教治療、扶乩與算命，瑤池金母治病的神蹟傳了開來，其教派隨著慈惠堂的眾多分支如野火般蔓延全島。如中央研究院院士李豐楙所述，慈惠堂對臺灣戒嚴時期的宗教與政治風貌產生了廣泛的影響。到了二〇〇三年，慈惠堂已有九百多個分堂。時至今日，其依然是二戰後臺灣最大規模、最具影響力的民間宗教組織之一，也經常有各政黨的政治人物前去總堂參拜以尋求支持。

瑤池金母的諭示聽來與葛洛寧傳遞的訊息如此相似（後者也聲稱能夠識別惡與善），難道是巧合嗎？如同葛洛寧的神奇力量，當臺灣遭遇戰爭、流離失所、饑荒與破壞的創傷時，瑤池金母的奇蹟治療也出現在臺灣。瑤池金母的啟示聽起來很像葛洛寧的勸言：人民需要向善、修身、積德與消除邪惡。難道這也是巧合嗎？布萊克這本精彩絕倫的作品提醒了我們，儘管我們總是趨吉避凶，但惡魔與神靈的故事卻無所不在。布萊克懇請大家傾聽鬼魂的聲音，也許如此一來，我們就能更加認識自己生長的這片鬼地方。

（本文作者為中央研究院歷史語言研究所副研究員）

推薦序——沉默之下，亟欲訴說的傷口

阿潑

「對於避重就輕地稱作『不久前的過去』所抱持的沉默無所不在，但遠遠稱不上完美。沒有人忘得了納粹主義釋放的那些惡魔，他們只是絕口不提，或者只敢以極度隱晦的儀式化方式談論。沉重不堪的往事經常冷不防地掠過腦海，猶如鬼怪在警告生者，噩夢尚未結束。」

——莫妮卡・布萊克，《歐洲鬼地方》

二〇二二年底，卡達世界盃八強賽名單即將落定之際，一則突發新聞短暫地搶掠人們的注意力——在出動三千名警力進行上百次搜查後，德國警方突擊逮捕一群密謀政變的嫌犯，主謀是出身貴族家庭的海因里希十三世（Heinrich XIII）。

據報導，這個名為「帝國公民」（Reichsbürger）的組織因發動暴力襲擊與宣揚種族主義陰謀論，受到警方長期關注。其成員不承認當今德意志聯邦共和國的合法性，認為其是由盟軍所成立的責任有限公司，不具有國家權力，且德意志帝國的時期的領土疆界依然存在，法律仍然有效；結黨成閥的他們，渴望回到俾斯麥時期的德國，主張要建立一個新的君主專制國家，取代當前的德國。

新聞發生時，我人在德國，見東歐研究者不無嘲諷地說，人們不知道德國有訓練精良、出身政府體制的右翼組織，就和不知道柏林機場拖延十二年建成的事實一樣，「這太可怕，不符合一個運轉良好、理性德國的形象。」旅居德國、以右翼為論文研究題目的臺灣朋友則搖頭：「歷史遺緒沒有好好被處理的結果。」

不論人們如何評論這場「王子復仇記」，都不可否認這起密謀與部分德國極右翼的破壞行動，都是歷史幽靈的徘徊，每每引起騷動後，就會意識到：這個國家至今還在跟自己的「不久前的過去」糾纏。如同美國學者莫妮卡．布萊克（Monica Black）在《歐洲鬼地方》所言：「猶如鬼怪在警告生者，噩夢尚未結束。」

布萊克是一名研究二戰後德國文化社會史的歷史學者，除了關注一九四五年後所發生的事情，也聚焦於國家社會主義如何形塑德國文化，又如何融入日常生活的問題。她在自介中表示，自己相當著迷於人們的所作所為，以及對其作為所給予的理由。此外，她對引導日常生活與維持社會秩序的「默契」（tacit conventions）及潛規則（unspoken rules）——時空結構、價值觀或道德規範、習俗與分類，以及社群如何理解自己與宇宙秩序之間的關係——也深感興趣。

換言之，其所長雖是歷史，但興趣所在，顯然是文化人類學的範疇。布萊克曾明言，人類學思考於她而言一直是重要的工具，這個工具讓她得以尋找歷史上引導人們行為背後的文化邏輯，也幫助她提出不同的問題，讓她感受到這個世界的「未知性」，而更為謙遜。

這位歷史學家，甚至將自己的作品界定為「歷史民族誌」，《歐洲鬼地方》便是這樣的一部作品——此書描述在戰火平息的德國所發生過的一連串大規模的靈異事件，包含民眾追捧談巫論惡的民間治療者、信徒進行驅魔、人們爭相見證聖母瑪麗亞顯靈，而指控巫術使用的情事，也頻頻發生。

世人對戰後西德的印象，是迅速走向民主經濟的「奇蹟」，但透過文獻資料，布萊克別具洞見地捕捉到德國戰後的瘋狂樣貌，揭露當時德國社會普遍存在的不信任、痛苦與精神崩潰的狀態——透過文化人類學的視角，布萊克帶領讀者進入戰後西德的信仰、文化與社會的精神世界，而反映這個精神世界的這些荒誕靈異的故事，則與「敗戰」有著直接或間接的因果關係。

※ ※ ※

德國參與了二十世紀初的兩次世界大戰，既是發動者，也是戰敗者。雖說如此，戰爭前後的國體政權皆不相同，德國社會面對戰敗的方式，也很不一樣——第一次敗戰有兩百萬人喪生，並讓德國人面臨經濟困境，被迫接受喪權辱國的條約，因此給予希特勒與納粹崛起的機會。他們帶既給德國人能重建國家、重獲強大國力的希望，也是將這個國家帶上戰場並再次飲敗的推手。

第二次敗戰，德國人付出的代價遠超過前一次——七百萬國民死亡，約莫是當時全國人口的十分之一；四分之一領土被割讓，居民遭到驅逐。而在生命財產損失之外，更讓德國人感到不堪的是「戰勝國正義」與審判，他們被迫接受集中營的存在與猶太人的死難，直面那些視線之外的殘忍罪惡，並遭到「無差別與不當的指控」要求他們懷有「集體罪惡」。

外部的屈辱犧牲無須多道，內在的辛酸痛楚更難以言說：不分年齡的德國婦女遭他國士兵姦淫，在家無男丁的狀況下一肩扛起持家責任，只能吞下艱辛，而好不容易從戰場上歸來的男人非殘即障，抑或精神崩潰，甚至對家人拳腳以對，施以暴力。

戰爭乃至戰敗及其伴隨的內外在壓迫與暴力，影響戰後德國人的心理狀態。猶太裔的德國哲學家漢娜．鄂蘭在一九三三年逃離德國，於一九四九年歸鄉後，觀察到戰後德國人的「冷漠」與「缺乏反應」，她懷疑道：這是半自覺地拒絕向悲傷屈服，還是完全失去了感受的能力？

戰後德國人的心理困境，或許比他們因饑餓寒冷而生的肉體折磨，更值得被注意——國家遭到外國軍隊占領、國土被瓜分，人民則因營養不足、傷殘或壓力承擔而失去身心健康。德國人感覺自己不但輸掉戰爭，還賠上一切：家園、財產，甚至是對歷史正義的主張。美國歷史學家康拉德．雅勞施（Konrad H. Jarausch）在《破碎的生活：普通的德國人所經歷的二十世紀》（*Broken Lives: How Ordinary Germans Experienced the 20th Century*）裡即言：「在占領軍的統治下，作為昔日主宰的民族共同體轉變為一個失敗的共同體，被共同的罪惡感和苦難綁在一起。」

這種罪惡感與苦難以何種形式表現？或許就是「不表現」。鄂蘭發現，納粹罪行、戰爭與戰敗的事實，明顯支配了德國人的生活結構，他們會以各種方法躲避其影響，此外，極權主義宣傳的謊言也已滲入他們的思考，「極權主義經驗剝奪了他們所有自發的言語和理解力，以至於現在沒有官方的路線來引導他們，他們就啞口無言，無法表達自己的想法，無法充分表達自己的感受。」

※ ※ ※

德國人於戰敗後的「沉默」，似乎是研究者們的共識，布萊克亦是如此，她在本書《歐洲鬼地方》細述德國人於敗戰後的損失、避談納粹的表現，以及對「集體罪惡」所築起的防衛心，但比起鄂蘭，她似乎不認為德國人對於納粹罪行是完全閃避的，她反而洞悉「沉默」的妄像，藉著那不甚完美的縫隙裂口，穿透戰後德國的晦暗混沌，以呈現德國敗戰後的社會心理與精神樣態：

> 即便是殘缺的沉默——讓歷史學家頭痛萬分。我們這些學者的工作仰賴文字甚深，能夠輕鬆取得與妥善整理文字是最理想的情況。然而，人類有大量經驗發生在文字以外的世界或者未經記載。某些情況下，沉默本身成了一種證據。

在這本書中，布萊克透過實際案例闡明幾年前還處於「種族滅絕」思想的基督教社會，如何在戰後透過沉默不語、不予追究或是漠視的方式，壓抑這段歷史與記憶，又如何透過神祕的異說信仰，轉化積壓在心的感受與情緒。

以五〇年代聖母顯靈與驅魔的傳聞，以及宗教祈禱的團體形成為例，她說，讓「慣常的沉默出現例外，各種指控受到反責的挑戰，」人們害怕靈魂遭到侵擾與懲罰的恐懼一發不可收拾。布萊克觀察到：如果將戰後的西德人民所經歷、談論、講道與診斷的精神疾病統統放到一個框架中來看，就可以發現一種隱隱作祟的強烈不安，「精神混亂的人們經常將這種感受直接或間接連結到納粹時代。」

她在統整這些發生於德國的大規模超自然事件的共同處後，發現案件都聚焦於「罪惡與過失」、「治癒與救贖」，而《歐洲鬼地方》的主要兩條敘事路徑，也展示了這些關鍵概念：一是飽受煩擾的個人與處於困境的靈魂，尋求精神上的喘息，希望能被治癒、有所轉變或得到救贖；二是使社會沸騰的憎恨情緒昇華成對巫術的深刻恐懼。前者以天主教民俗治療者布魯諾・葛洛寧（Bruno Gröning）的事蹟為主要故事，後者則是藉由近百件的「審巫案」說明「巫術指控」如何成為社會現象，又如何顯現其社會心理。

透過再現這些已被遺忘的事件，布萊克揭示西德人「沉默」背後的精神狀態——對於靈魂蒙受汙染的恐懼、有害的懷疑心理，還有對日常生活的一切感到心神不寧。求助神醫、巫術指控、末世預言，又或是聖母顯靈等等不符合現代常理的種種情事，之所以頻繁地在經歷災難性戰爭與大屠殺後的德國社會發生，便是彼時德國人處理無以言喻的悲傷與創傷、避開直言納粹以談論罪惡的方法。鄂蘭認為的「冷漠」，或許正是西德人撫著傷痕、忍受良心譴責的狀態下，無以名狀的焦慮。

「這些現象帶有強烈的民俗色彩，」布萊克解釋道：「（這）暗示著人們的精神遭到損害與靈魂需要淨化，表現出德國戰後時代特有的社會傷害，它們根植於驚懼、過失與羞恥、責任感，並且象徵後納粹時期生活中所充滿的不信任與失去。它們見證了一段空白的時期（在道德、社會與知識上皆是），而造成這道裂縫的，是戰敗國衰退的事實與一場由同盟國監督的反集體屠殺行動。」

在重大災難過後，人們會將悲傷、失落或難以處理的創傷感受，寄託在非科學實證的物事上，例如信仰又如鬼神，這些物事是人類自有文化以來對世界的感知與觀點，既有普世性，也依據族群文化不同有其獨特性。過去我走訪地震海嘯重創之地時，便時常看到倖存者如此解釋災難的發生與後續——如日本東北災民相信亡者的鬼魂還附著在這片土地上，他們仍能相見；又或者位在南亞海嘯震央的亞齊（Aceh），當地人認為海嘯是阿拉真主的旨意，讓他們可以在末世前悔悟，而災難令他們信仰更虔誠。

在這本書中，則可見布萊克嘗試貼近當時的時空，讓自己置身於彼時西德民眾的處境裡，透過文獻細節再現當時的景況，再引用各家說法解釋這個時期德國人的歇斯底里從何而來，彷彿引領讀者回到時代現場，也適切地進行一場「社會心理快照」。

※　※　※

在戰後廢墟中聲名崛起的葛洛寧，據說比當時的西德總理艾德諾（Konrad Adenauer）還有名。他的追隨者認為他擁有神奇的治療能力，可以治癒由「邪惡」引起的疾病。儘管當時的律法禁止無照醫療，但人們並不理會政府禁令，前撲後繼蜂擁向他求醫。

這名前納粹分子是彼時的輿論中心，在本書中占有極重要的篇幅。布萊克不僅就這個人所創造出的社會現象與討論全面探討，在觸及需要更深入解釋的文化概念時，也不吝於拉出一個視窗，細述這些概念在文化裡的多樣性與深度，例如疾病——在德國民俗文化中，疾病不只是單純生物醫學的問題，還充滿了道德考量與道德判斷的可能性，一個人若罹患疾病便表示可能做錯了什麼事，而維持健康則帶著個人自律且對群體負責的意涵。

疾病與道德（惡）關係的案例，不只德國獨有，從美洲到非洲，都有類似的民族誌可以證明。葛洛寧是天主教徒，根據他的說法：生病代表逾越界線，代表犯了錯，疾病是犯下惡行須受的處罰，但有程度之分，某些罪過與疾病可以被治癒，某些則不能。而他所謂的「惡」，即是讓靈魂附於樹根、使鄰居生病的「惡人」——即便他未曾言明「惡人」是誰，但在德國文化裡，指的是巫師；當你指控某人是巫師，就等於控訴對方圖謀邪惡，造成傷害、不幸與疾病。巫術遂成了文化慣用語，是理解與解釋不幸的方法。而這種對「惡」的看法，也是這本書另一條軸線「審巫案」的背景。

巫術與惡，這放在現代看來實屬邪魔歪道的故事，布萊克卻處理得極為細緻且誠懇，例如透過德國的民俗醫學觀念與超越實證醫學的說法，讓讀者可以理解「身體不舒服」與社會經驗相關，民眾的感受與決定其來有自，更不用說，二戰的劇烈動盪帶給人們一大堆疾病，是源於「有意識或無意識的心靈衝擊」。戰敗與殖民毀壞了德國人的健康。

即使民俗醫學或文化身體觀應該被理解有其空間，但葛洛寧畢竟沒有真的「醫治」了誰，在這股盲目追逐的潮流下，其問題也逐漸顯露，最後便因延誤了一個罹患肺結核女孩的治療，讓她死於絕望之中而吃上官司，最後遭到判刑。但群眾對葛洛寧的信任，從某個角度看，並非沒有道理，布萊克在書中多次指出，人們之所以信任葛洛寧，不斷寫信給他，向他求醫，是因為他會「傾聽」，「這些數以千計的寄信者選擇不依照指示保持沉默，而是向他訴說埋葬於內心深處的羞恥、傷心、愧疚、痛苦與不足。」

誠如前述，當時德國人的身心創傷其來有自，大到國家，小至私己，在政治暴力之下，有口難言。然而，戰爭時期那些難以揮別恐怖經歷的病患就醫時，得到的醫囑卻是：不要說話，埋頭工作。這是納粹時期發展出來禁慾文化，對納粹而言，存在本身是一種非生即死的競賽，只有某些人在道德上有權利獲勝，為了榮譽，即使受苦受難也不吭一聲。葛洛寧儼然成為那個「沉默」背後的導管，讓民眾無能言說處有個流向，甚至重建自己的故事或認知版本。

醫學人類學家凱博文（Arthur Kleiman）在經典名著《談病說痛》（*The Illness Narratives: Suffering, Healing and the Human Condition*）中解釋，疾病（disease）是醫生將病痛（illness）以異常現象的理論術語重新改造創立的，而病痛則是病人或家屬或更廣的社會網絡對於症狀或失能的對照、共處或反應。病痛的形成受到文化影響，而病患在敘述病痛時，會依據自己的方式組織敘事，給予布局，賦予它意義，並給予詮釋。故事可能有道德目的，能重新確定被圍攻的核心文化價值，重新整合被結構壓力所強壓的社會關係，有時候可能有政治評論的效果，讓看得見的不公或個人被壓迫的經驗能被知道且討論。

布萊克在書中援引了民俗學家訪問那些歷經過二戰的西德老兵，她發現這些老兵都提到自己對懲罰、疾病與戰時經歷的看法，並將癌症的未知性連結到戰時的所作所為，卻都不願認為自己在贖罪，或上帝在懲罰他們。他們只是替過往作為辯解。

這就是為何葛洛寧可以擁有無數追隨者的原因——在戰敗與去納粹化的社會，當許多人背負沉重的罪惡感與審判時，自稱天主的葛洛寧或許因此成為一種救贖。

然而，在這個紛亂、虛無的時刻，萬人簇擁的葛洛寧，在某些人眼裡，彷彿是另一個煽動人群的「希特勒」，不得不提高警覺。但布萊克卻認為他喚起了靈魂的一致性、完整性，一種「精神振奮」的感覺，在這種狀態下，人們會在國家社會主義影響下忘卻所有煩惱，德國人非常重視「對群體感的高度追求」。然而，不過短短八年的時間，葛洛寧於一九四九年給予大家救贖的那場聚會，就在一九五七年他受審判時，成了一種離經叛道讓人反感的回憶。一九五九年，葛洛寧胃癌離世，也標誌了一個時代的結束。

「戰後時代最顯著的表現形式之一——象徵戰敗的痛苦、社會的動盪與精神的病態——就此煙消雲散。」布萊克透過社會學家埃佛瑞．戈登（Avery F. Gordon）的話，為她這本書的鬼魂概念作結：在一個迷信怪力亂神動盪不安的社會，「鬼魂往往有話要說。」而我們必須傾聽鬼魂的聲音。

但如果是歷史幽靈在二十一世紀的今天，再次騷動呢？伴隨這個國家產生傷口的一切，是否真的消失了？

（本文作者為媒體工作者、《日常的中斷》作者）

序言

N太太與家人來自德國南部法蘭肯尼亞（Franconia）的一個村莊。她的父親是一名「Braucher」，在德文中意指具有某種治療能力的人。雖然當地人生病都會向擁有這股力量的人士求助，但與N太太同村的居民卻對這種人又愛又恨，甚至充滿猜疑。畢竟，一個人若能夠施展魔法驅走病魔，就表示也能帶來病痛。當N太太的父親飽受折磨而死，許多左鄰右舍都相信他生前的確與邪惡力量有勾結，而如今，那些驚惶不安的眼光轉移到了N太太的身上。他們還說，她跟她父親一樣處世冷漠，總是「逆流而行」，而且太過「勢利眼」。

然而，N太太真正的麻煩從C先生來到村子後才開始。這個男人自稱醫術高超，能從蛛絲馬跡中找出病灶，例如麵包屑、煤炭或漂在水面上的稻草。他在村裡施行各種法術，逐漸變得活躍。他表示自己熟知通靈術（sympathetic magic），還能控制磁力。他也開始散播有關N太太的謠言，聲稱曾透過窗戶親眼看到對方在讀一本寫滿咒語的書籍，這表示N太太效忠撒旦，而他則是上帝的僕人。

C先生終日酗酒、無所事事，對他眾多家人視若無睹。村民們對他的評價並不高。儘管如此，當兩位中年村民猝逝後，關於N太太的謠言甚囂塵上。大家懷疑她與那兩個人的死有關係。當地方牧師的孩子沒來由地食慾不振，人們也將這件事怪到她的頭上，就連豬隻暴斃也不例外。事發後，C先生預言，養豬那家人的孩子也將陸續生病、瘸腿難行。為了避免詛咒成真，他指示那戶人家的母親蒐集孩子們的尿液，灑在N太太的家門外，以遏阻她做壞事。他還預測，N太太會三度上門借東西；而他們絕對不能答應。C先生表示，如果那家人完全按照他的指示做，N太太就動不了他們一根汗毛。

那家人雖然拒絕了C先生的幫助，卻仍感到惴惴不安。他成功在鄰里間創造了一股驚懼的氛圍。就連雞毛蒜皮的小事，村民們也認為那是巫術在作祟。他們不准小孩吃N太太煮的食物或收下她送的禮物。如果她送來盆栽，他們便立刻將植物刨根挖盡。

最終，N太太別無他法，只能與C先生對簿公堂。法官認定他刻意誹謗，但只判處輕刑。此後，關於N太太的謠言儘管仍在街坊間流傳，但已不再像先前那樣繪聲繪影。[1]

※　※　※

初讀這則故事時，我覺得這看起來像是近代歐洲會發生的事，一直讀到結局才產生了意外的轉折。這件事的演變到最後出人意料：遭人誹謗的N太太為了終止這一切，一狀告上法院。原告C先生受到制裁，鋃鐺入獄。若在十六或十七世紀，是不可能出現這種結果的，任何巫術指控都可能引起大規模司法與教會調查。當局對嫌疑犯的折磨，也往往會激怒更多巫師。這類案件有不少都以處決與火刑告終。

但是，N太太與C先生的故事並非出現於十六或十七世紀，而是發生在二次世界大戰結束不久後新成立的德意志聯邦共和國（Federal Republic of Germany）。在第三帝國（Third Reich）的高壓統治下，經歷猶太大屠殺與人類史上最血腥與恐怖的衝突，這片土地上的巫師（被視為惡魔的化身或與惡同道的男男女女）似乎不再受到箝制。大約在一九四七至一九六五年間，不計其數的「審巫案」（媒體如此稱呼）在全國各地頻繁出現，從位於南部、信奉天主教的巴伐利亞（Bavaria），到北部信奉新教的什列斯維格–霍爾斯坦（Schleswig-Holstein）都是。這些案件雖發生在N太太居住的那類農村，但也見於小鎮與大城之中。

在最基本的層面上，戰後德國社會對巫術的控訴在於暗中作惡，指控巫師們心懷不軌。實際上，「惡」的問題似乎在戰後社會的想像與許多經歷過納粹統治的平民生活中縈繞不去。我在一些文獻讀到人們遭到惡魔糾纏與僱請法師驅魔的案例；還有一位廣受歡迎的治療者自稱能明辨善惡、治癒善者與驅逐邪魔。另外有法庭與警方紀錄描述，一些民眾組成祈禱團以對抗邪惡力量的侵擾。其他一些資料還記載，人們集體前往聖地朝聖，尋求靈魂的治癒與救贖。我也在剪報中發現，有末日流言預示，邪惡力量將毀滅，良善之心將得救。

若想知道巫術與其他關於邪惡的幻想如何有助我們瞭解早期的西德，便需要從不同於以往的角度來重新看待巫術。有別於十六、七世紀的恐巫情結，戰後西德社會出現的審巫案並不包含與撒旦交媾、在夜晚騎著掃帚飛上天、飄浮在空中，或是從樓梯摔下來卻能毫髮無傷。這些指控不再牽涉妖魔鬼怪或女巫的安息日。[2] N太太與C先生，以及許多其他相似的故事，相較之下變得平淡無味，不再像過去那樣令人感到驚奇。雖然這些控訴將罪孽歸咎於巫術的惡行，但主要還是涉及一般人對巫師的猜忌與不信任。儘管這些事件從旁觀角度看來微不足道，實際上卻事關重大，因為其中牽涉了事物的善與惡，以及芸芸眾生的病痛與健康。

人們對於巫師、惡靈與魔法療效的信仰，不僅僅是「前現代」世界的遺物，彷彿時間凍止般始終不變，原封不動地一代傳一代。它們還具有隨時間推移而變遷的獨特文化與歷史。儘管如此，這些信仰在不同的時代與地理環境仍具有共同的特徵。舉例來說，幾乎每一個在美國經歷過八〇年代的人，都忘不了當時全國各地據稱對儀式性虐待兒童的邪教的沉迷。雖然其中的大多數細節有所不同，但這種走火入魔的現象仍有某些中心思想與本書所討論的事件相一致：它們通常發生在親密關係中，與家人、照顧者和鄰居有關。這些侵害的指控不只引發人與人之間的衝突，還激起了文化層面的不安與焦慮。同樣地，二戰後的德國社會對巫術的想像，也有助於我們深入認識受其重創的社會。為什麼人們對於隱蔽惡行、心靈創傷及宇宙懲罰的恐懼，會一發不可收拾？面對某些邪惡勢力在納粹主義**之後**逐漸崛起的事實，我們又該如何理解？

※　※　※

每分每秒都包含了不計其數且變化萬千的變數，它們以無可預測的方式影響著歷史變遷的方向與特徵。眾所周知，就此意義上，每一個歷史的時刻都是獨一無二的。但緊接二戰而來的那段時期，其獨特性更甚於此。那場戰爭至今依然讓人們震驚得目瞪口呆。納粹德國帶給世界的災難無遠弗屆，挑戰一般人的認知，也改變了一切。[3]讓大眾常識與專家智慧一起破產的同時，這場戰事對人類學（以及人性）造成了衝擊，讓人們懷疑世界是否真的可以被瞭解。[4]二戰之中精心策劃的毀滅與殘酷，顛覆了人類行為中許多看似明顯或容易理解的因素，啟發了往後數十年的社會科學研究。[5]這場戰爭採取的手段——種族滅絕、屠殺平民、大規模人口迫徙、行刑隊與集中營、醫學酷刑、集體強暴、餓死大量戰俘、空襲、原子武器——消除了士兵與平民之間、家園與前線之間、真實與神祕之間理所當然的差別。誰能相信，在納粹創造它們之前，那些專為製造與銷毀屍體而建的大型軍工廠會出現在這個世界上？[6]

二十世紀初，飛機尚未問世。當時幾乎無人預想得到，不出幾十年會有多座城市徹底遭戰機夷為平地。很少人能想像，僅僅一顆炸彈，就能摧毀一座城市裡的所有生命，將活生生的肉體化為灰燼，只留下淒怨的幽魂，或者使倖存的人們「生不如死」，如同歷經原子彈摧殘的廣島居民那樣，過著「行屍走肉」的生活。[7]科幻小說成了科學現實。來自德國的哲學家兼醫生卡爾．雅斯培（Karl Jaspers）持反納粹立場，致力在原子彈與納粹殘酷醫學實驗的餘波中重整戰後的科學研究。但就連他也在一九五〇年承認，「過去數千年來人類社會相對穩定，相比之下，如今在科學與科技的發展下魯莽推行的運動，正帶領我們走向未知。」[8]

在戰敗的德國，如何認識這個世界，是一個尤其嚴肅而沉重的問題。如果「國家」一詞指的是一個擁有自己的政府、官僚體制與軍隊，並具有全國性經濟、能以國家身分與他國簽訂條約及貿易協定的主權實體，那麼德國在經歷二戰後稱不上是個完整的國家。這個國家失去了發行貨幣，甚至是樹立路標的權利。[9]許多傳統權威——軍隊、新聞媒體、大學院校、醫療場所——均道德淪喪，或者遭同盟國占領軍所廢止。英國、法國、蘇聯與美國將德國瓜分為四個軍事占領區。英美兩國將各自的占領區合而為一，於一九四七年一月正式成為「雙占區」（Bizonia）。一九四九年，法國也加入行列，「三國共占區」（Trizonia）因而誕生。這塊區域甚至還有一首非正式的國歌〈我們是土生土長的特里桑利亞人〉（We Are the Natives of Trizonia），每到嘉年華節慶民眾總熱烈傳唱，因為德國的國歌跟政府和軍隊一樣，也遭到禁止。[10]同盟國大肆討論徹底瓦解德國工業設備、關閉礦場並癱瘓其重工業（德國強大軍事能力的基礎）的計畫。[11]他們認為，德國大可生產鐘錶、玩具與啤酒，而非槍砲。

戰敗德國的空氣中瀰漫一股懸宕不定的氛圍，不只因為上層政府遭到了廢除，強大的經濟倒退到以物易物的狀況，公共體制也幾乎全由外國軍隊掌控。民眾原先在日常生活中直接感受的一切事物全變了調。過去德國人可任意運用的文字與想法、符號與打招呼的形式，甚至手勢，轉眼間都成了禁忌。人人腳下的那片土地已不同於以往：一九四五年夏天，同盟國在波茨坦召開會議，同意重新劃分歐洲疆域，剝奪了德國在奧得河（Oder River）與尼斯河（Neisse River）以東的大部分領土。在隨後的混亂中，約有一百二十至一百四十萬東歐各地的德裔人口（其中有些來自中世紀以來便存在的社群）被迫離開家園，四處奔逃或遭到驅逐（有些還受到暴力對待）。[12]民俗學者威爾—埃里希・波伊克特（Will-Erich Peuckert）逃離家鄉西利西亞（Silesia），成了難民。經歷國破家亡與顛沛流離的苦難後，他意識到「理性與因果思考」已「不足以」支持自己的研究工作，原因或許是，「我們的帝國已然破碎，人民茫然立於黑暗中，除了養家活口外，其他事情已無足輕重了。」[13]

上百萬人失去性命。數百萬人流離失所、與親人失散，再也沒回來過。另有數百萬人被囚禁在世界各地的集中營，挨餓受苦。不計其數的老百姓為了幾乎無人記得曾支持過的原因而失去了一切。「突然間，我們不得不承認，」一個男人回憶道，「過去基於熱忱或責任感所做的每一件事，都徒勞無功。」[14]狼狽戰敗、國土遭敵軍占領與失去一切的事實，加深了尋求答案的迫切。是什麼導致了戰敗？這又是誰的錯？

社會的疏離與失序，早在二戰結束前就已日漸加劇。一九四五年，出自黨衛隊保安處（Sicherheitsdienst，隸屬黨衛隊〔Schutzstaffel〕的情報部門）的一份報告形容，人民感到「悲傷、沮喪、苦痛，而且日益憤怒」，原因是「對於錯信某些人而感到失望與痛心」。該份報告指出，這種感受「在那些對這場戰爭一無所知卻無私奉獻的人們身上最為顯著。」[15]到了戰爭的最後幾個月，德國人不只在自己的土地上抵抗敵軍，有時也自相殘殺。三十多萬名非猶太裔德國人因叛國、逃兵或顯露失敗主義跡象而遭到處死。當局將那些選擇開小差的人們判處絞刑，並在他們的脖子掛上牌子譴責他們的懦弱。[16]這種「就地正法」的行為，尤其是在鄉下村落與城郊地區，在戰爭落幕後仍令人難以忘懷，然而，人們對此等不公深惡痛絕的憎恨，找不到宣洩的出口。[17]

想像你住在一個小鎮，戰前曾向納粹建議將你絕育的醫生，在戰後仍是你的家庭醫師。這種舊帳永遠沒法算；這樣的損失永遠沒法彌補。[18]許多人的日常生活飽受詐欺與背叛所苦。人們輾轉難眠，嘆息摯愛的親友經過一場戰爭後完全變了個人。有人曾經目睹猶太人鄰居遭官兵逮捕，即使當下他們不清楚發生什麼事，但之後也會恍然大悟。一些家庭在戰時收養了失親的兒童；那些孤兒據說來自波蘭或捷克斯洛伐克。然而，有些人想必會在夜深人靜的時刻深思，自己收養的這些孩子，他們的父母去了哪裡、面臨什麼樣的遭遇。戰爭期間，人們在城市的露天市集所採買到的物品，多是從猶太人的家中偷來的東西，例如餐具、書本、大衣與家具，而這些猶太人早已遭到納粹驅逐後在東歐慘死。對比之下，安然無恙的德國人身上穿著原本屬於鄰居的衣物，手上拿著原本屬於鄰居的瓷器與杯皿，坐在桌前用餐。[19]

德文詞彙以豐富表現力著稱。「Schicksalsgemeinschaft」（意指「命運共同體」）一詞在戰時用於描述因為面臨共同命運而形成的群體。現今的歷史學家一致認為，這個名詞應是納粹發明的宣傳用語。[20]當然在一九四五年之後，德國社會完全沒有表現出共同與相互經歷巨變的緊密情感，反倒彼此猜疑、道德衰敗。在第三帝國中，舉報是一種生活方式。政府鼓吹人民舉發身邊任何疑似不忠的人，將許多無辜百姓送到集中營，而他們大多被凌虐至死。[21]就連收聽外國廣播這種小事，也會遭人向蓋世太保檢舉。對於背叛者與遭人背叛者而言，這些經驗的記憶久久不散。精神病學家亞歷山大．米切利希（Alexander Mitscherlich）——後來成為德意志聯邦共和國數一數二知名且備受崇敬的社會評論家——曾經描述，「人與人之間的關係迎來了寒意」——讓人難以理解。他寫道，「全宇宙」都是如此，「猶如氣候的變化」。[22]一份於一九四九年進行的民調顯示，有九成德國民眾認為，大多數的人都不值得信任。[23]

我們對這個世界的認識有許多都來自二手消息，不論是從父母與朋友口中得知，或是從學校與新聞那裡聽說；而對於其中的大部分消息，我們都深信不疑。就如科學歷史學家史蒂芬．謝平（Steven Shapin）所述，我們或許「知道」DNA由什麼組成，但從未親自證實這件事。就此而言，知識與信任互有關聯。想要「知道某事」，必須先信任他人，將他們視為共同現實的見證人，並且相信那些提供資訊而影響大眾日常生活的建制。我們可以將社會本身合理描述為一個有關世界如何運作的共同信念體系，而這些信念作為基礎，再為人們的日常生活賦予意義與持續性。[24]然而，信任從來都不是必然的事實，也從來都不是不言自明的道理：信任這檔事具有歷史特異性，在各種情況下透過不同方式而形成。[25]

在二戰後的德國，即使是日常生活的基礎事實，也未必能輕易或明確得到證實。至少在一九四八年之前，黑市猖獗，經常有食物摻假的情況。[26]咖啡是咖啡豆還是菊苣根磨成的？

麵包是用小麥粉還是澱粉做成的？追根究柢後，才發現事情不像表面看到的那樣。戰後幾年裡，一些官方文件仍然使用「德意志國」的字眼，或者讓人感覺撰文者似乎不確定之前割讓給波蘭的領土是否仍屬「帝國」所有。[27]道德上的困惑使人們渴望「將事實看作純屬個人意見」。[28]如小說家澤寶（W. G. Sebald）所述，「大家都有一種默契」，因此關於「國家在物質與道德淪喪的真實狀態」的討論，成了不可碰觸的禁忌。[29]

一些基本真理太過可怕，讓人完全無法接受，更別說是討論了。一九三三年，年少的哲學家漢斯．喬納斯（Hans Jonas）從納粹德國逃到了巴勒斯坦，加入猶太人的行列。他的母親留在蒙興格拉巴赫（Mönchengladbach，他們位於萊茵蘭〔Rheinland〕的家鄉），後來在奧許維茲集中營遇害。喬納斯在一九四五年回到位於莫札特街（Mozartstraße）的住家探望家人，發現屋子已經有了新的主人。他與新屋主聊了一會兒，對方問他，「你母親還好嗎？」喬納斯回答母親已遭殺害。「殺害？誰會殺她？」那個男人感到不解，「沒有人會對一名老婦做這種事。」喬納斯告訴他，「她死在奧許維茲集中營。」對方回道，「不，不可能。拜託！你不能聽到什麼就信什麼啊！」他伸出一隻手臂搭著喬納斯的肩膀說，「但你提到的殺人與毒氣室那些事，實在殘忍。」過了一會兒，他見喬納斯直盯著屬於父親的典雅書桌看，便問，「你喜歡這張桌子嗎？要不要拿走？」喬納斯對他心生厭惡，婉拒後便匆匆離去。[30]

有些人難以承受戰時經歷的創傷，甚至無法以同理心看待那些有相同遭遇的同胞。小說家漢斯・埃里希・諾薩克（Hans Erich Nossack）在一九四三年親眼目睹同盟國軍隊轟炸自己的家鄉漢堡。之後，他發現「住在同個屋簷下的家人呼吸著不同世界的空氣……他們口中說著相同的語言，但實際上指的是截然不同的現實。」[31] 海因里希・波爾（Heinrich Böll）於一九五三年出版了小說《一聲不吭》(*And Never Said a Word*)，內容描述主角佛萊德・波格納（Fred Bogner）在戰爭結束後不與自己從軍前認識的每個人來往。他為自己的窮困與無能感到羞愧，因而離開了妻子凱特（Käte）與孩子們，成日借酒澆愁、在墓園遊蕩，幫陌生人送終，試圖從逝者身上尋求慰藉。有時那些已故者的家屬會邀請他參加葬禮的午宴，而他發現，比起親朋好友，與那些素昧平生的人交談要輕鬆得多。[32]

※ ※ ※

二戰落幕時，德國滿目瘡痍。城市遭到炸彈與砲火蹂躪，大片土地荒蕪廢弛，樹木全遭砍伐作為燃料，一些區域更是面目全非。然而，比實際的毀滅還要久久不散、比戰敗與遭他國占領的事實更可恥的，是道德的墮落。一九四五年的德國在國際間成了賤民，遭控犯下常人無法想像的罪行。然而，三國共占區搖身一變成了德意志聯邦共和國（或稱西德），在冷戰中加入西方聯盟，建立起傲視歐洲的經濟體，迅速將千瘡百孔的城市重新打造成消費主義興盛的富庶之都。一般認為歷史的進展猶如冰川移動般極為緩慢，如此急遽的變化極為罕見。而在這段戲劇性的變遷中，存在著既耐人尋味又令人不安的問題。

有很長一段時間，學界將德意志聯邦共和國的歷史塑造為一段成功的故事。[33]他們描述國家根深蒂固的保守主義，但也提到社會的穩定，以及在康拉德．艾德諾（Konrad Adenauer）總理的謹慎領導下，所建立的憲政共和國。歷史學家強調五、六〇年代的「經濟奇蹟」，歌頌資本企業遍地開花與社會福利制度健全推行的成果，所謂的「社會市場經濟」為西德人民創造了幾乎無可匹敵的商業繁榮。史學研究強調這個國家融入冷戰西方聯盟的經過、重建的艱辛，還有經濟力量的逐步復甦與國家從戰爭的摧殘中「恢復正常」的過程。其中，關於戰後的那段時期，則簡略帶過。一名歷史學者寫道，「隨著一年又一年過去，德國人又朝……穩定與可預測的文明生活邁進了一小步。」[34]

這是一段引人入勝的故事，也是許多西德人民在經歷戰亂、熬過戰敗與外國占領的創傷之後，一心嚮往的生活。在德意志聯邦共和國成立的初期，一個嶄新的全國性自我形象逐漸形成，背後的基礎不是種族優越與軍事力量無堅不摧的幻想，而是專業的技術、嚴明的紀律與堅持不懈的努力。那段故事無庸置疑地令人安心，因為它的具體、有序及合理，與第三帝國的神奇思維形成極其強烈的對比。從前充滿神話的領袖崇拜、血與土*的神祕主義，已不復存。

如此這般的主軸敘事前後連貫，但也粉飾了不堪之處。洞察力敏銳的評論家注意到，早期的德意志聯邦共和國有點像是黑色電影——三、四〇年代好萊塢流行的一種電影風格，但在美學上根源自德國的表現主義。這類電影透過畫面的深淺與光影變化，強調眼前所見未必就是事物的全貌，有時，華麗的外衣下隱藏著醜陋的真相。在西德光鮮亮麗的外表下，隱約可見的是始終不褪的戰爭與犯罪記憶，而這也是新國家創建最根本的源頭。[35]除此之外，先前超現實的急遽變遷——從殺人成性的獨裁政權到民主體制，從大規模竊盜與屠殺到「正常生活」——極度仰賴納粹罪犯重新融入社會。許多納粹罪犯沒有被追究，在煥然一新的經濟與政治現實中發展前景可期的專長。不少職業領域都可見許多前納粹分子，從政府、法律與警政，到醫學與教育都有。

在此過渡期產生的矛盾衝突，不能用平淡乏味的失業數據與國內生產毛額來解釋。[36]若想瞭解早期西德歷史的黑暗本質，我們就必須接受其他方面的現實。一位學者指出，有關這段時期的文學大多描述「具有魔法的眼鏡、跛腳的先知、與軍事相關的玩具、遊戲與運動、威力強大的引擎、機器人與氫彈，還有墮胎、自殺、種族屠殺及上帝之死。」[37]這些創作不協調地拼湊在一起，未經打磨的尖銳稜角明顯可見。周刊報紙也呈現同樣礙眼的版面配置：以髮型完美、腰細如束的家庭主婦作為模特兒，突顯其身上潔白圍裙的洗衣皂廣告，就刊在當地公園赫見無名萬人塚的新聞旁邊。

一方面，即便在二戰後觀察力敏銳的人士看來，德國人經歷這段重大歷史後，依然沒有改變。這些評論家之中，以德國猶太裔哲學家漢娜·鄂蘭最為著名，她在一九三三年逃離家鄉，直到一九四九年才從她的新家美國回祖國訪問。在她眼裡，德國的一切似乎沒有太大改變。她在著作中寫道，在飽受戰爭摧殘的歐洲，德國比其他國家「更少感受與談論」這些年縈繞不去的夢魘。她描述一群冷漠無感的人口，不知為何總是互相寄送那些刻劃遭到摧毀的過去、歷史景點與國家寶藏的明信片。她好奇，德國人在戰後的「淡漠」，是否意味著「半自覺地不願向悲傷屈服，或者完全失去了感受的能力。」[38] 戰爭結束後，德國人彷彿若無其事拍掉身上的灰塵，開始動手清理斷瓦殘垣與重建家園。多數人如何看待剛落幕的種種——

* 譯注：意指一個民族與其家鄉故土具有緊密關聯的概念。提出者之一為納粹思想家理查·華特·戴爾（Richard Walther Darré，1895–1953）。（編按：本書推薦人之一、歷史學家夏克勤補充道，「血與土」是十九世紀以來歐洲強調的一種種族主義式民族與社群認同。他們相信真正的文化與力量，來自特定血統的人根植於上天注定的鄉土。這種想法有很強烈的反都市〔所謂「無根的猶太人」與勞工階級〕與反移民心態。）

國家徹底潰敗，土地遭外國軍隊占領，人們參與或共謀最慘無人道的罪惡——在外界眼中仍模糊不明，籠罩在巨大的沉默中。儘管德國人滔滔不絕地談論他們在戰爭中失去了什麼，但對許多其他事情絕口不提（至少在公開場合是如此），像是對前代政權效忠、參與反猶太的迫害與劫掠行動、種族屠殺及戰爭罪。

德國哲學家赫爾曼・盧貝（Hermann Lübbe）有一項著名（且備受爭議）的主張，認為閉口不提納粹的罪行，對於國家的脫胎換骨至關重要，在「社會心理與政治上，是讓戰後人口蛻變為德意志聯邦共和國公民的必要媒介。」[39]透過沉默，一個被各種人——全力支持納粹、積極反對納粹，以及介於兩方之間的每一個人——所撕裂的社會，才能齊心協力地重建國家。人們保持沉默，是為了再次達成融合。[40]

當時的社會氣氛似乎一片和諧，但本書認為，事實並非如此。對於避重就輕地稱作「不久前的過去」所抱持的沉默無所不在，但遠遠稱不上完美。沒有人忘得了納粹主義釋放的那些惡魔，他們只是絕口不提，或者只敢以極度隱晦的儀式化方式談論。[41]沉重不堪的往事經常冷不防地掠過腦海，猶如鬼怪在警告生者，噩夢尚未結束。

※ ※ ※

沉默——即便是殘缺的沉默——讓歷史學家頭痛萬分。我們這些學者的工作仰賴文字甚深，能夠輕鬆取得與妥善整理文字是最理想的情況。然而，人類有大量經驗發生在文字以外的世界或者未經記載。某些情況下，沉默本身成了一種證據。雖然不成文的規則限制了人們談論納粹時代的方式，社會也並未仔細討論重罪與小惡，但過往仍有可能、也的確會在罕見的狀況下無預警地浮出檯面。即使情勢逐漸好轉（就像明亮的潔白圍裙），過去仍一次又一次地戳破了今日的表象。

說到底，本書講述的是一個社會在道德與物質生活上經歷頹敗，之後必須開始自我重建的故事。（起初讓國家社會主義成為可能的）舊有價值觀在表面上成了禁忌，但實際上並未消逝。文化——這裡指的是不同群體的人們加諸在這個世界，並且形成他們用來理解世界如何運作的深層架構的各種看法——一點一滴地緩慢轉變。情況必須有所改變，新觀點的確立需要時間，包含生活、存在與行事的新方式、新的風俗與道德規範，甚至是養育後代的新方式。[42]至少，一開始德國各種形式的重建都在外來者的虎視眈眈下進行，在戰爭中獲得勝利的同盟國，在論述的塑造與新思維的傳播方面扮演不容忽視的角色，更別說是掌管日常生活中各種基礎程序了。在此同時，許多前朝官員迅速重返權勢之位。舊有的價值觀不死，新的世界只能在夾縫中誕生。

為了洞察某一個類型的社會如何發展出與原先截然不同的面貌，本書探討兩種獨特、卻彼此相關的戰後夢魘。一種煩擾個人，使這些被困的靈魂找尋精神上的喘息，希望能被治癒、有所轉變或得到救贖；另一種則控制了整個群體，使社會沸騰的憎恨情緒昇華成對巫術的深刻恐懼。

關於第一種夢魘的證據，在二戰的尾聲已隱約顯露，當時有關天啟的傳言甚囂塵上，不僅引起人們對普遍災難的恐懼，更確切地說，還有宇宙審判與神怒的恐懼。這些隨著戰爭的終結而逐漸平息的傳言，在四年後又迅速捲土重來。不計其數的百姓相信突然出現的治療者布魯諾・葛洛寧（Bruno Gröning）是新降臨的彌賽亞，是來解救他們的創造者，即便他譴責所謂的「邪惡之人」，認為那些人無藥可救。雖然葛洛寧不是唯一一個在戰後追隨者眾多的治療者，但他聲名遠播，而藉由各種德國文獻中無數的相關檔案，我們可以從一種無可比擬的角度來看待戰後的文化與一個時代的焦慮。那些焦慮同樣也出現在本書描述的其他事件：在西德境內信奉天主教的區域，有數千起聲稱目睹聖母瑪利亞顯靈的事件；平凡樸實的禱告團體實行驅魔儀式；還有巡迴各地的傳道人向各地民眾灌輸以牙還牙的思想。

葛洛寧對邪惡的恨之入骨，暗示了第二種夢魘的出現，而這樣的執迷席捲了各個地區或村落。自五〇年代初期開始，全國由北到南的報紙愈來愈常刊出鄰里間互相指控施展巫術的案件，就跟N太太與C先生的故事一樣。這種現象之中紀錄最詳盡的一個例子，留給了後世龐大的參考資源——可能是至今唯一尚存關於當代恐巫運動的詳細敘事材料了。這些資料揭露了後納粹時代早期不為人知的複雜歷史，也讓我們得以從難得的角度深入挖掘戰後的社會關係。

研究現代史的專家已經仔細地研究過數百萬不同背景與身分的德國人，對各種超自然信仰與實踐所展現的強烈興趣。不論都市與鄉村、男人與女人、富裕與勞動階級，芸芸眾生都對占星術、心靈學（parapsychology）、降神會（séance）、手相學、通靈（spiritualism）、心電感應與占卜，以及亞利安神祕學（Ariosophy）與神智學（Theosophy）等神祕運動感到好奇。[43]德國高度多元化的醫療環境，長久以來也讓民俗療法與神祕療法的傳統，與直到紐倫堡審判曝光其罪行之前都居於世界頂尖的醫學文化，一同蓬勃發展。

然而，二戰後發生於德國的大規模超自然事件有一個特別之處，那就是它們大多都可疑地聚焦於罪惡與過失、治癒與救贖。讀者可能好奇，為什麼本書所重現與描述的事件之中，有許多都圍繞善與惡、清白與有罪、病痛與治癒的問題打轉？這是一個屬於深度**歷史層面**的問題，一個關於「為何在此地發生」與「為何在此時發生」的問題。這些現象帶有強烈的民俗—宗教色彩，暗示著人們的精神遭到損害與靈魂需要淨化，表現出德國戰後時代特有的社會性傷害。它們根植於驚懼、過失與羞恥、責任感，並且象徵後納粹時期生活中所充滿的不信任與失去。它們見證了一段空白的時期（在道德、社會與知識上皆是），而造成這道裂縫的，是戰敗、崩壞與同盟國監督之下被迫面對集體屠殺的事實。

透過本書提到的那些大多為世人所遺忘的事件，我們得以瞭解那些往往遭到隱蔽的事情：對於靈魂蒙受汙染的恐懼、有害的懷疑心理，還有對日常生活的一切感到心神不寧。在鄂蘭觀察到的冷漠行為之下，暗藏著無以名狀的焦慮，而這種現象在消費主義的健忘背景中，使整個五〇年代騷亂不定。在猶太大屠殺、二戰挫敗與冷戰初期緊張局勢的陰影下，西德的人民承受各種久而不癒的創傷與忍受良心的責備。即使當時國家正在重建，道路重新鋪整，商店、學校與廣場再次恢復生機及商業氣息，但人與人之間的許多關係都伴隨著腐敗，根深蒂固的隔閡持續存在。本書所描述的事件，將帶領你進入一個封閉的存在與心靈疆域，[44]通往鬼魂出沒的那片土地。

第一章 解讀徵兆

十六與十七世紀，今日北萊茵—西發利亞（North Rhine–Westphalia）的萊姆戈市（Lemgo，介於條頓堡森林〔Teutoburg Forest〕與威悉河〔Weser River〕之間）周圍信奉喀爾文教的區域，是處決巫師的溫床。在一五六一年與一六八一年間接踵而至的四波浪潮中，有兩百多位萊姆戈市民因為巫師身分遭判死刑。[1]其中多數為年事已高的女性。[2]人們相信，掃蕩地方上的巫師，就等於破壞惡魔的意圖、揪出其鬼祟行事的同黨與杜絕邪惡之源。揭穿巫師的假面具，就是替天行道。

數個世紀之後，這座城市的過去成了令當地人日益不安的一段回憶。十九世紀的八〇年代，瑪麗安・韋伯（Marianne Weber）——女性主義作家，也是社會學家麥克斯・韋伯的妻子——曾在當地上小學。她回想當時萊姆戈市是出了名的「女巫巢穴」，直說「真是丟臉！」[3]

過了半個世紀，換納粹掌權，萊姆戈剛整修好的市立博物館開幕，全新展出獵巫時代的珍品古物。館內展示過去審問巫師時使用的酷刑工具，像是拇指螺絲與用來輾壓嫌犯的「西班牙靴子」，將這些迫害的歷史描繪成「黑暗時代的不幸後果」。在一九三七年紀念該館開幕的演講中，萊姆戈市長威廉・格雷佛（Wilhelm Gräfer）稱獵巫的時代是「這座城市歷史一個陰沉的篇章」，代表著「德國人的心性、靈魂與本質一種完全無法解釋的扭曲」。[4]

許多市民都抱持著與格雷佛一樣的信心。他們認為，第三帝國的到來為新時代揭開了序幕。渾沌悲慘的日子已經過去。一名記者報導萊姆戈市立博物館開幕時，滿懷「深切的感激……慶幸命運帶給我們比較快樂的時光，這些時刻不僅宣判獵巫時代的終結，也確立與保障了所有德意志種族同胞的生存權」。獵巫的時代顯得如此遙遠，如此安全地塵封在博物館的玻璃展示櫃後面，在一九三九年六月，當地舉辦了一場盛大的地方遊行，其中隸屬國家社會主義德意志少女聯盟的萊姆戈分會的成員們扮成女巫，接待來賓入座。[5]

僅僅七個月前，也就是一九三八年十一月，水晶之夜（Kristallnacht）的反猶暴動事件在德國各地爆發。在各大城市與小鎮，德國人縱火燒毀猶太教堂、砸爛猶太人開的商店，並且攻擊與殺害猶太人。萊姆戈市的居民也同樣在光天化日之下大肆摧毀地方上的猶太教堂、砸毀窗戶與放火燒光斷壁殘垣。生長在萊姆戈的猶太人埃里希・卡贊斯坦（Erich Katzenstein）

所開設的攝影工作室也同樣未能倖免，另外還有兩座猶太墓園遭到蓄意破壞。[6]

巫師禍害於世的幻想在十六與十七世紀的萊姆戈市取得文化權威而引發處決浪潮，同樣地，主張無所不能的猶太敵人決心消滅德國的幻想，也逐漸在三〇年代逐漸被德國人認為可信。二戰開打時，這些想像合理化了戰鬥是生存之必需的信念。一九四三年之後，當戰亂與死亡在德國本土愈來愈常見，各種虛構的鬼怪奇談甚囂塵上。德國人開始相信這些預兆、謠言與傳說，並認為它們可以預測未來。流言蜚語與猜疑臆測主導了人們對世界的認識。大家憑藉徵兆與跡象的解讀來理解神祕甚至難以想像之事：德國即將在戰爭中吞敗。

※ ※ ※

如同德國各地，水晶之夜過後的那幾年裡，在萊姆戈生活的猶太人處境變得更加岌岌可危。猶太人從十四世紀起便在萊姆戈生活。一九〇〇年，該市共八千一百八十四名人口之中，一度有多達一百一十一人是猶太裔。[7]但到了一九四二年，猶太人只剩下二十二名，其中大多已年長。[8]之後，在該年的七月下旬，一大群鎮民圍在市集廣場前，看著最後一批猶太鄰居被政府集合起來準備「驅離」。

目睹這起驅逐行動的那些人，心裡有何感受？就我們所知，至少有些人認為這起行動令人不安且——更糟的是——危險至極。他們警告，德國如此對待「手無縛雞之力」[9]的老年人，「必將受到上帝懲罰」。這個觀點只有少數人認同，但一旦表達了，就不可能不引起注意。之後，當萊姆戈猶太人的悲慘遭遇傳遍大街小巷，一定有人想起，曾聽別人說過、或自己曾跟別人說過這件事。

大多數的德國民眾對猶太鄰居遭到處決的事情漠不關心。但是對某些人來說，這場戰爭是一起殘酷無情的末日行動，甚至牽連了老人，其代表的危險不只與暴力、槍砲與炸彈有關，也危及人們的**心靈**。在二戰災難性的後期階段，一些人感覺彷彿見證了上天的懲罰。歷史學家尼可拉斯．斯特格（Nicholas Stargardt）在著作中寫道，「德國人將心中的罪惡感與被害情結混為一談。」[10]人們聽信各種傳言，理出各種可能的結果。幾乎所有人都投入預測未來的行業，成了解讀跡象的專家。

在斯特格視之為德國戰爭轉捩點的事件——漢堡大轟炸——爆發後，因恐懼與自憐而起的解釋性臆測蔚然成風。一九四三年夏末，英軍與美軍空襲德國漢堡長達一個多星期。三萬四千人喪命，德國第二大城幾乎被夷為平地。同盟國軍隊將這起行動稱為蛾摩拉行動（Operation Gomorrah），取名於《聖經．創世紀》中遭上帝夷為平地的那座不知悔改的萬惡之城。這個名稱除了彰顯強大的毀滅力之外，別有寓意。「蛾摩拉」宣告了上帝站在哪一邊。

這是一個預言。在某種層面上，同盟國深知如何利用精神上的焦慮來對付敵人，明白眼前這場戰爭能激起人們對復仇之神累積已久的恐懼。「我們的家鄉正在死去，」一位牧師在漢堡大轟炸之後對教會信眾如此說道，「我們應該責怪英國皇家空軍嗎？」不，他歸結，操控這一切的不是敵軍，而是「上帝！」[11]

這位牧師明白，徵兆必須加以解讀。它們隱晦不明，需要細細推敲與破解。隨著戰爭陷入膠著，各種預兆陸續冒出。一些德國人認為，漢堡大轟炸的發生明顯與迫害猶太人的暴行脫不了關係。實際上，納粹政權鼓勵人民如此解讀，而且這至少是一種此類的解讀。為了加深全國上下取得勝利的決心，宣傳部長約瑟夫・戈培爾（Joseph Goebbels）散播同盟國的轟炸是「猶太人的復仇」的謠言，指稱猶太人對英美兩國政府施加壓力，意圖毀滅德國。然而在漢堡大轟炸過後，這個想法有了自己的生命。全國各地的民眾都議論紛紛，說這是猶太人為自己在水晶之夜的慘痛遭遇報仇雪恨。許多城市在猶太教堂的舊址築起巨型混凝土碉堡（包括漢堡）。這使得敵軍的轟炸在愈來愈多人的眼裡宛如上帝的復仇。[12]

為了激勵全國士氣，戈培爾承諾將有奇蹟出現，其中包括可扭轉戰爭情勢的「神力武器」。他讓部下將德國獲勝的預言打成文稿，匿名寄出。[13]古老的傳說與民間故事開始到處流傳，形容光輝偉大的德意志帝國猶如一隻巨鳥保護著幼雛般的平民百姓——在以殲滅為目的的戰爭中展現一種超現實的仁慈形象。[14]在電視與廣播上不時可聽到〈永垂不朽〉（Things Will Go On）與〈世界末日尚未到來〉（It's Not the End of the World）等流行歌曲，呼籲人民堅持奮戰。其他還有〈無須擔心〉（Don't Worry About It）、〈我相信奇蹟終會來臨〉（I Know Some Day a Miracle Will Come）與〈送自己一顆彩色氣球〉（Buy Yourself a Colorful Balloon）等歌曲，旨在粉飾太平以鼓舞人心。[15]然而，炸彈不斷落下，前線節節敗退。隨著戰爭接近尾聲，謠言的洪流日益洶湧，持續肆虐第三帝國各處。

於是，人們做了人類長久以來在缺乏理解時會做的事情：在自然界找尋徵兆與跡象。他們尋覓審判、恩惠或懲罰的證據，試圖理解周遭的混亂世界。一九四四年秋天，在蘇台德區（Sudetenland），有人聲稱看到東邊的天空出現一大團煙雲及形似拳頭的血色雲霧令人驚恐地步步逼近。[16]在下西利西亞（Lower Silesia），人們看見太陽「熾烈顫動」，彷彿隨時都會撞上地球。那些目擊者相信，世界很快便會「深陷於火焰與死亡之中。」[17]波西米亞森林（Bohemian Forest）上空幻化出一把火紅色的劍。[18]有人目睹天空中出現一道巨大的十字架，中心是一輪滿月。[19]在下薩克森（Lower Saxony）的弗里斯奧伊特（Friesoythe），一名天生擁有靈視能力的男子預言，全鎮將遭到無情烈火吞噬。[20]

這種預言並非毫無根據。希特勒不願重蹈一九一八年的覆轍，當時一戰結束，德國簽下了許多人民視為恥辱的投降協定。納粹政權傾盡全力奮戰到最後一刻，無論結局如何。「戰事綿延不歇，」歷史學家理查・貝塞爾（Richard Bessel）寫道，「並非出於任何戰略考量，而是為戰而戰。」[21] 稚氣未脫的少年未受訓練就被送到前線打仗，老翁與青年接下反坦克武器，背負捍衛家園的重任。士兵們被迫進行成功希望渺茫的自殺攻擊。到了一九四四年的秋天，東線戰場每天有五千名德國士兵為國捐軀。[22] 一九四五年，光是一月便有四十五萬名德意志國防軍（Wehrmacht）戰死，超過美國或英國在在整個二戰期間陣亡的人數。[23]

德軍愈頑強挽回日益絕望的情勢，平民百姓在戰爭中的處境就愈危險。到了一九四五年春天，約有一千九百萬人從都市撤退至鄉村以躲避轟炸，或是在當時占領德國東部領土的蘇聯軍隊節節進逼之前逃往西部。[24] 其中許多為女性，她們徒步跋涉，背負沉重的家當，有些還帶著年幼的孩子。她們無處可去、三餐不繼，完全無力抵抗地方居民與入侵軍隊的暴力。德軍的空防武力逐漸衰弱之際，同盟國對各座城市的攻勢益趨凌厲而致命。這時，空襲範圍已涵蓋德國的南部與東部，而在此之前，這兩個地區一直被視為安全地帶。一九四五年二月，德勒斯登（Dresden）經歷短短一夜的轟炸，就有多達兩萬五千人喪生。在那之後，人們能做的，只有將無數具屍體堆上鐵柵、澆灌燃油並放火焚燒。那些屍體燒了好幾天才化為灰燼。[25]

隨著紅軍從東邊進攻，蘇聯復仇——以報先前納粹對蘇聯採取毀滅性的殘酷政策之仇——的預言，使德國人倍感焦慮。人們「反覆催眠自己，也許結局不會那麼糟」。黨衛隊保安處一名匿名情報員在一九四五年三月寫下所見所聞，內容令人震驚。「八千萬（按：德國）人民不能就這樣被趕盡殺絕。」毫無疑問地，「蘇聯軍隊不能攻擊工人與農民」，那名情報員大膽揣測，「每個國家都需要他們。」有些人可能因為這種合理的推測而感到寬慰，其他人則沉溺於酒精，即便是「微不足道的小事也拿來當作喝酒的藉口，連那留待慶祝戰爭勝利……或丈夫或兒子光榮返鄉的最後一瓶酒也喝個精光。」人們在公車與火車上當著「素昧平生的陌生人面前」大肆談論「僅僅幾週前甚至都還沒有人慎重考慮的事情」，並在戰爭的最後一段日子裡開始打理真正該做的事情：準備緊急備用金、尋覓藏身之處，或者蒐羅毒藥、手槍與其他自殺工具。[26]

面對未知的深淵與心中深沉的恐懼，一些人不禁自問，德國輸掉這場戰爭代表了**什麼**，還有他們應該從重大的失敗與生命的毀滅中學到什麼。或者更糟的是：他們意識到，這些毫無意義。「認知到這一切毫無意義，竟讓數十萬德國人經歷了生理上的苦痛。」那名情報員寫道。他聽到老百姓說，「我們不該承受這些痛苦，事情不應該是這樣」或「政府不該讓我們遭受這種災難。」畢竟，難道他們沒有善盡本分嗎？難道他們沒有照規矩做事嗎？即便經歷了驚心動魄的空襲作戰、熬過無數個輾轉難眠的夜晚、眼看房子燒成廢墟及家人與朋友相繼離世，德國人民難道沒有「在這場戰爭中拼盡全力地艱苦勞動，並且展現堅忍不拔的忠誠與毅力，以及為國犧牲到別的民族所無法想像的程度的情操嗎？」[27]

這種一開始描述個人的高尚品德、最後哀嘆何以失敗的陳述，與基督教傳統中關於上帝為何容許邪惡存在這種自然神學的討論有關：渴望找尋事件**隱含**的意義，不滿意近因時，便轉而探尋遠因。純粹的事實無法啟發人心，關於道德與存在的深層問題依然無解。「我目睹了漢堡的毀滅。我僥倖逃過遭受其害的命運。」諾薩克回憶道，「我不明白為什麼。我甚至不知道這算不算是上帝的恩典。」敵軍砲轟漢堡時，諾薩克正在鄉間度假，距離近到可以親眼目睹家鄉遭到摧毀，但也遠到不至於有生命危險。後來他想起，以前自己總有一種「病態的厭惡心理」，總是抗拒出遠門，還有寧願工作也不願「浪費寶貴時間」休假。他不知道那次自己怎麼會答應太太米希（Misi）的要求，出城度假。他寫道，「我也不知道為什麼那次我沒有說不。」[28]

※　※　※

經過種種混亂與生離死別，戰爭嘎然結束了。在德國倖存的城鎮與都市中，那些公寓大樓曾經矗立的地方，遍布堆積如山的磚瓦與石塊、彎曲焦黑的鐵條、碎裂的玻璃與參差不齊的混凝土板。

垂掛在一棟棟搖搖欲墜或燒得只剩下鋼筋的大樓窗戶外、隨風飄揚的白色床單，是民眾就地取材以表投降的白旗。戰後的德國燃油耗盡，糧食短缺，物資匱乏，貨幣一文不值。肺結核、梅毒與白喉等各種疾病肆虐。基礎建設倒的倒、塌的塌。數以百萬計的難民不是已經躲到鄉間去，就是正逃往當地。其中有部分是集中營的生還者，在納粹集中營長官的逼迫下行軍至帝國；其他則原本是奴隸勞工。還有一些人是為了躲避紅軍的猛烈攻擊或在轟炸中流離失所而前往鄉下。不久後，數百萬名逃離家園或遭到暴力驅逐的東歐德裔人口，加入了這個「失根者群體」(society of the uprooted)。[29]

起初，同盟國占領軍幾乎掌控了人們日常生活幾乎每一個大大小小的面向。物質層面的工作繁雜艱鉅。需要清除遍地的瓦礫，讓街道恢復通行，修復或重建鐵道、橋樑、排水管、下水道、學校、醫院與公寓大樓。同盟軍還得提供與分配資源，如燃料、醫療物資、住宅與汽車等。他們必須餵飽為數眾多且背景多元的人口。

雖然這些問題十分急迫，但道德方面的工作就容易多了。一九四四年，蘇聯士兵已開始釋放集中營的囚犯。他們親眼目睹了在集中營以外的多數人從未見過的事情，那些慘況遠遠超乎人類所能想像。他們發現了無數座骨灰與遺骸堆成的土墩、焚化爐與集體墓塚，還有一些堆滿了受害者的頭髮、鞋子、行李箱與兒童玩具的房間。幾個月後，法國、美國與英國的士兵們開始解放德國西部的集中營時，發現有數千名囚犯病入膏肓、餓得骨瘦如柴，奄奄一息。他們也發現了死者的屍體，有些堆積如山，有些散落各處。[30] 原為美軍士兵、後來從事哲學研究的葛倫・格雷（J. Glenn Gray）曾協助集中營的解放工作。他在著作中寫下，「我意識到自己偶然踏上了一小時的真相之旅，那樣怵目驚心的經歷很難再有第二次。」[31]

早在二戰落幕之前，同盟國便已商討好戰後要如何進行審判與德國的道德重建。在一九四五年二月舉行的雅爾達會議（Yalta Conference）上，史達林、邱吉爾與羅斯福達成共識，打贏戰爭後，將合力「掃蕩納粹勢力及納粹建立的法律、組織與制度，消除納粹與軍國主義對公共體制和德國人民的文化經濟生活的所有影響」。[32] 勝利者的目標是確保能「瓦解納粹組織、摧毀納粹制度、廢除納粹法律，以及不讓納粹黨人有任何權力或影響」。[33]

所謂的去納粹化包含幾個面向。其中最為人所知的是紐倫堡審判，第三帝國僅存的領袖，以及軍隊與政府的高階官員、企業家與醫生，都從一九四五年開始因危害人類罪陸續面臨審判。其他措施則影響了更多一般人。同盟國展開大規模肅清行動，殲滅所有象徵舊秩序的事物。他們炸毀納粹紀念碑、拆下刻有納粹英雄名字的路牌、廢止納粹紀念日，鑿除建築門面上與納粹有關的徽章與標語。他們試圖透過問卷調查與特別法庭來判定每個人對希特勒政權及其組織的忠心程度，並且將這群人分為五個共謀類別，依照涉入程度從「清白」到「重要犯罪者」都有。那些被視為危險人士的納粹分子通常會關入拘留營。其他涉罪較輕者被指派清理建築瓦礫，原具有公職身分者則予以免職。糧食則根據他們所屬的類別定額發放，其目的如歷史學者艾莉絲．溫勒伯（Alice Weinreb）所述，是要確保「在第三帝國時期愈養尊處優的人，在納粹垮臺後過得愈悽慘。」[34]

打從一開始，探究罪過與歸咎、

柏林檔案館

羞恥與汙點的問題，基本上已成為占領的同義詞。同盟國「認為德國人民道德不潔」，他們將被謀害的受害者照片高掛在樹上與廣場上，還在下方張貼海報控訴，「**這是你們的罪過！**」[35]

他們召集住在集中營附近的鎮民，強迫他們埋葬或重新埋葬死者。他們拍攝軍隊解放集中營的過程；記錄納粹凌虐人民的遺址，長期生病挨餓、氣息奄奄的倖存者，陰森的毒氣室與簡陋的營房，還有那些殘碎枯瘦的屍體多到得用推土機倒入巨大壕溝的畫面。他們大張旗鼓地安排德國民眾進戲院觀賞這些影片，作為讓德國人接受屈辱與道德報應的儀式。有時，同盟軍士兵會拍下德國民眾走進漆黑戲院裡觀看影片（或者因為不忍卒睹而掩面轉頭）的畫面，據此評估他們痛悔、愧疚或不知悔改的程度。[36]同盟國用來記錄集中營內幕的那些照片與影片，成為去納粹化的「原初場景」，那是多數德國人生平第一次被迫直接面對工業規模的集體屠殺。[37]

起初有些德國人支持這些手段。但是早在一九四五年，輿論的風向便開始轉變。去納粹化運動逐漸引起「民眾私下表示的不安與要求根本性改革的聲浪」。[38]決定將一個人歸入哪一個犯罪類別，是一個標準模糊不明的過程。那些忠誠的納粹支持者未必真的犯下任何特定的罪行，而且實際上，同盟國很快便意識到，剝奪納粹組織成員的公眾生活，會嚴重阻礙德國的重建，無法讓人們的日常生活盡快上軌道、經濟恢復運作。他們偶爾會發現，某項特定工作的最佳人選，是某個學識與才幹兼具的前納粹分子。[39]

一九四六年，當局將去納粹化的工作移交給本國人任職的地方法庭。這項進程日趨腐敗，充滿「欺詐不實的黑箱作業、勢利的互相利用，甚至毫不避諱的賄賂」。[40]前納粹黨羽（或同情他們的人）介入其中，調查員飽受威脅，有些證人無故失蹤。到了最後，訴訟案件得以從重罪降為輕罪。[41]德國民眾開始認為這種過程太過耗時、嚴苛、太寬宏大量或標準不一，[42]嘲諷法庭就像一座「工廠」，專門生產無足輕重的「納粹同路人」，洗白他們的不堪過往。無罪開脫的大人物與蒙受牽連的小老百姓到處都有。這項進程當初獲得的普遍支持逐漸消退。到了一九四九年，美國占領區只有一七％的德國人口支持去納粹化行動。[43]

然而，腐敗僅是德國人憎厭這項行動的原因之一。無論是猶太裔倖存者或是占領軍，往往對德國人在罪過這件事上的強烈防衛心感到驚訝。多數德國民眾似乎完全無法承認自己有犯任何過錯、抱持任何一絲反猶太立場，以及對納粹政權及其政策懷有任何忠誠之心。[44]一些人否認國家社會主義的犯罪事實，堅稱所有國家在戰爭中都幹了壞事，或是把責任推給納粹高層與黨衛軍。人們挖掘真相的動機各不相同。德國民眾從那些拍下倖存者病重瘦弱與屍體堆積如山的海報、同盟軍所拍攝的暴行紀錄片、廣播傳來的紐倫堡審判實況所得到的認知，往往與占領軍希望傳達的訊息大相逕庭。從各座集中營運來的成堆屍體面目難辨。過去，第三帝國經常使用德國人民遭受暴力對待的類似照片進行宣傳，因此戰後某些民眾對這些集中營的畫面存有疑慮。[45]一些德國人控訴影片中的畫面經過偽造，或堅稱那些受害者其實出身德裔。[46]因此，同盟國的道德教化舉措，或許致使了某些德國人對他們更加反感。

許多德國人對於遭到「無差別與不當的指控」應該犯下「集體罪惡」一事感到十分惱火。換言之，他們害怕一竿子打翻一條船的控訴，害怕別人不分青紅皂白地咬定他們有罪。集體罪惡的觀念引發了極深的焦慮，以致學界將其比作創傷性記憶。[47]那種記憶的強烈影響與文化共鳴，一直以來都深植於顯著的語言差異。社會學家拉爾夫·達倫多夫（Ralf Dahrendorf）主張，在德文中，「Schuld」（罪過）承載的精神壓力比英文來得沉重。這個詞彙「向來帶有一種無可贖罪的色彩」，指涉某種「無法與形而上的痛苦相互抵銷」的事物。換言之，這種罪過與法庭上判定的罪行不同。它會引發一種更超然的不安，讓人感覺背負著一個無可抹滅或救贖的汙點。[48]

關於占領軍是否有在官方文件中使用集體罪惡這個字眼，學者們爭論不休。不過，更重要的是德國民眾的**感受**，以及他們對外界指控所產生的激烈反應，而那些控訴全是「他們憑空想像出來的」。[49]在此意義上，即便是對集體罪惡的否認，也可視為重要的歷史證據，一種「間接」或「矛盾承認」自己有罪或愧疚的反應。[50]從人們急忙與許多人為其全心全意自我奉獻，且幾乎犧牲了一切的體制與意識形態劃清界線的反應，可看出這種防衛心背後的心理反射機制是多麼強大。對於長期、甚至整個世代被貼上有罪標籤的恐懼，造成了強而有力的社會禁忌。[51]

一方面，不容否認的是，哲學家雅斯培等自由人本主義者與湯瑪斯．曼恩（Thomas Mann）等前納粹流亡人士，在戰後主導輿論風向並發表一些聲明，他們不僅承認德國有罪，更指國家必須勇於認錯，才有可能推動民主復興與轉型。但另一方面，「頑強的沉默文化」確實讓德國人民得以保有榮譽感。他們相信，保持沉默就是保持忠誠，忠於真正的自我。[52]歷史學者湯瑪斯．庫內（Thomas Kühne）主張，猶太大屠殺與戰爭罪帶來的毒害甚深，將每一位有所牽連的人緊緊結合成一個「犯罪共同體」。[53]

然而，儘管令人難以置信的災難性潰敗、遭他國占領的恥辱與對罪過將造成永久汙點的恐懼使某些德國人團結一心，這些事件也成了他們之間的芥蒂。譴責的聲音在戰後持續不散，一些本國人寫信向同盟國官員舉報鄰居，不論是基於發自內心的正義感，或是為了曲意巴結占領軍。[54]來自東歐的德裔流亡者與難民深刻感受到德國人的仇外眼光。為數眾多的他們，在一個遭到戰亂與資源匱乏所撕裂的國家中基本上是不受歡迎的，有時還會受到惡意的對待，並且被德國同胞貼上寄生蟲、盜賊與「外國人」的標籤。[55]這些普遍比其他德國人民失去更多的難民提出令人不安的疑問，為什麼**我們**——言下之意是，為什麼不是**你們**——失去了一切，失去溫暖的家、摯愛的親人甚至是家園？「為什麼我們要幫希特勒擦屁股？」[56]疏離的現象也出現在人們的家庭生活。趁火打劫的士兵們強暴數十萬名各年齡層的德國婦女與少女。由於男性親屬大多不是失蹤、死亡，就是被關進戰俘營，女人們必須一肩扛起養家的重擔，根本沒有時間從這些創傷中緩慢復原。[57]即便是那些有幸得以團聚的家庭，也很快就發現生活不比以往來得好過。丈夫的歸來不見得是一件好事。一些男性返家後變得會對妻子拳腳相向，或者發現孩子已不認得自己；一些人斷了手臂或下肢、眼瞎或耳聾；有些人失去工作能力；有些則不斷想起戰時的所作所聞，夜夜難眠。[58]

背叛與困惑伴隨隱晦的究責問題而來。「一切都是我的想像嗎？」一名士兵在戰後向精神科醫生抱怨，「我的犧牲與損失換來了什麼？什麼都沒有。」[59]

※　※　※

德國西部反對去納粹化的聲浪日漸高漲。飽受其害的人們抱怨，同盟國任意延長拘禁期間、糧食配給不公，以及某些人儘管涉罪較深，卻往往不比其他人容易受罰。到了一九四九年，許多人要求拒絕去納粹化之際，開始有其他聲音進一步呼籲占領國施行大赦，豁免納粹時代的罪行。許多人希望，這樣的特赦能夠抹去那些個人紀錄上因受到去納粹調查或定罪所留下的汙點。[60]

一九四九年五月，新成立的德意志聯邦共和國啟用憲法，亦即《基本法》（Basic Law），並成立新的西德國會，即聯邦議院（Bundestag）。自從同盟國占領以來，這是西德人民第一次能在某種程度上控制立法及其他公共事務。西德直到一九五五年才成為真正的主權國家；在那之前，一九四九年九月訂立的《占領法規》（Occupation Statute）讓西方勢力在西德的經濟、外交政策、貿易與軍事安全方面握有最高權力，並允許大規模外國軍力在往後數十年長駐境內。然而，儘管日常的法律與政治實權重回德國人手中，支持特赦的聲音卻逐漸累積成為不容小覷的政治力量。數個邦開始擬定特赦計畫，同時希望政府能頒布聯邦層級的全面赦免。[61]

同年十二月，議員們在國會辯論此事時，不禁哀嘆國家近來籠罩在「大規模混亂」的陰影下。他們提到了親身經歷過的「末世時代」，還有國家好不容易熬過的「邪惡時期」。那些所謂的混亂、末世與邪惡，指的不是希特勒當權時代的罪過，而是**從那之後**的審判，也就是同盟國占領與展開去納粹化的那些日子。一九四九年最後一天，政府終於正式制定了大赦的法案，範圍涵蓋綁架、人身傷害、「危害生命的行為」，以及針對猶太人的竊盜與財產侵害，例如水晶之夜的案件。[62]

西德政治界的所有人士都支持特赦，就連之前反納粹的政黨——其中一些成員更因此丟了性命——也不例外。為什麼？為什麼這些政治人士不論立場與第三帝國時期的自身經歷（如一名議員在關於特赦的辯論中所說）都一致認為「有必要遺忘過去」？這當然是基於某些政治考量，但更重要的是，如歷史學者諾伯特・弗萊（Norbert Frei）所述，特赦讓所有西德人民能與那段不堪的歷史與過往的罪惡劃清界線，不僅在法律上如此，心理層面上亦然。[63]

到了一九五〇年初，新教周刊《基督與世界》（*Christ and World*）呼籲德意志聯邦共和國擴大一九四九年十二月訂立的赦免保護條款的適用範圍。其認為，唯有徹底消除大家的前科，才能終結在西德醞釀成形的「內戰」。周刊編輯解釋，這場內戰顯現出，每個人隨時都有可能遭到熟識的人（可能是鄰居、同事或曾經的朋友）「扯後腿」——對方在某一天決定向當局密報你的「過往政治經歷」，全盤托出你在「不久前的過去」做了哪些事。該周刊警告，「只要這種不快之事一天不透過真正而廣泛的特赦消除，社會就永遠不得安寧。」[64]

※ ※ ※

戰後初期，神職人員有時會描述所謂「不可思議的天啟主義」（fantastic apocalypticism）

貫穿了整個大眾文化，並呼籲信眾忠於「真正的聖經末世論」。[65]有不少預言夾帶對報復與懲罰的恐懼，或者敦促人們贖罪。在信奉天主教的巴伐利亞，一位名為艾羅斯·厄爾邁爾（Alois Irlmaier）的礦工在戰爭期間因準確預測轟炸的地點與求生之道，而在地方上小有名氣。戰後，許多人慕名前來，請求他感應失蹤的親友死後過得如何。他通靈看到死去的信徒在祭壇前轉過身來的那一刻，便能知道他們是獲得了贖罪的機會還是被打入地獄。[66]一九四七年，占星家與心靈感應術士里昂·哈德特（Léon Hardt）現身慕尼黑的瑞吉那宮廷酒店（Regina Palast Hotel），向擠得水洩不通的滿場聽眾宣示，如果不能實現「人性的靈魂重生」，國家的政治與經濟情況將變得「極為嚴峻」。他表示，「實現天堂或地獄的力量就掌握在我們手中。」[67]同時，文化評論文學期刊《吶喊》（*Der Ruf*）的編輯群，為雪片般飛來的信件與文章感到悲傷，信中「形形色色的靈力療者」聲稱能幫助人們「解決戰後遇到的各種問題，無論是從集體罪惡到馬鈴薯甲蟲都可以處理」。一名自稱「專精文化重建、宗教與政治共融，以及所有現實生活與道德相關議題的特別顧問」，將一九四七年突如其來的「極度乾旱與森林大火」歸因於德國民眾「日益惡化的精神疲態」。[68]

但在一九四九年初，一波預示將天崩地裂的傳言無預警席捲被占德國的西部。這些流言經由報紙與人們的口耳傳播，警告邪惡勢力將起，報應與混亂將至。不祥的臆測急遽增加，很快地，大家都說，世界將被洪水淹沒或一分為二。地球將遭到核子戰爭或飛機的死光所消滅。天體將互相撞擊，部分殘骸會掉落到地球上，引發一連串的災難導致世界毀滅。最慘的是，某些人預言，世界將刮起難以抵擋的暴風雪，扼殺萬物的生命。

謠言向來是德國人試圖釐清與解讀二戰災難性結局的一種重要溝通形式。人們也聘請透視能力者、手相預言者、命理師來幫助他們瞭解發生了什麼事、避開空襲、感應失蹤的親人過得如何，以及探測亡者的靈魂宿命。然而，這一波來勢洶洶的末日謠言卻碰上了有形的重建跡象。到了一九四九年，瓦礫堆大多已被運至城郊堆成土墩，或暫時積放在煥然一新的街道上；重建或新建的學校與大學正式開張；全新的民主政黨成立；交通運輸恢復運作。前一年，西部占領區引進了新的貨幣德國馬克，為的是終結非法貿易與刺激經濟。有了可信的貨幣在國內流通，商店不久後便引進貨物，報攤上也再次出現各種報章雜誌。人們的生活已逐漸步上軌道。

那麼，在戰爭過了將近四年，且經歷「一舉成功」的貨幣改革——許多關於德意志聯邦共和國早期的史料視之為從戰後絕境邁向重建與民主復甦的基礎轉變時刻——之後，是什麼致使災難與死亡迫在眉睫的流言捲土重來？[69]

追溯任何如謠言般短暫的事物源自何處，或許超乎了歷史學家能力所及的範圍。但一九四九年的末日預言暗指，儘管人們的生活條件改善，眼前仍有許多急迫的問題尚待釐清。未來不僅黯淡無光，還充滿了精神的危機。

我們之所以知道這些謠言，是因為有人費時研究並發表結果。阿爾弗雷德・迪克（Alfred Dieck）是一名研究史前時代、民族學與民俗學的學者。在哥廷根大學城的辦公室裡，他仔細記錄傳聞的內容、流傳的方式，以及其在人們口耳相傳過程中的奇特演變。迪克探究謠言的社會學——是誰傳遞了何種故事？又傳遞給誰？是一個女人告訴了一個男人，還是一位店主告訴一位學者，抑或是一名都市人告訴了一名農夫？他發現，故事出現在各式各樣的地方，有工業城市、貿易中心與大學城，也有信奉天主教的小鎮與基督新教的村莊。但是，迪克特別注意發生在哥廷根附近與漢諾威周圍區域的故事。他曾在街上聽聞不可思議之事，也曾在報紙上讀到令人匪夷所思的奇聞，像是有人在戰後無所寄託，把僅存的財產都拿去買酒喝，或是集體改宗與接受洗禮。據說其他人則因為恐慌而遁入山林或絕望自盡。

※　※　※

深入研究一九四九年末日傳言的起因，在某種程度上可說是為迪克量身打造的工作。他非常善於剖析各種光怪陸離的事情。年少時，他曾將埃德加・萊斯・布洛斯（Edgar Rice

Burrough）創作的《火星公主》（*A Princess of Mars*）譯成德文出版。三〇年代，他寫了一篇以泥沼鞣屍（bog body）為主題的論文，探討這種見於鐵器時代（Iron Age）歐洲北部酸沼的人類遺骸。其中有許多亡者在生前遭受凌虐，據悉可能是作為獻祭品。戰爭初期，迪克曾被派往前線打仗，在戰鬥中受了傷，後來成了戰俘。拘禁期間，他瞭解何謂被毀掉。雖然一九四五年後他發表了許多研究成果，但學術事業從未恢復先前的水準。據他自己估計，「戰爭結束後，他是百分之八十壞掉的人。」[71]

迪克不太關心那些傳聞的本質，也沒有興趣分析它們引發的情感或宗教共鳴。他只想記錄這些現象與轉變。不過，他倒是就許多同胞為何驚恐失措一事提出了看法。他看到國家遭到同盟軍占領了四年，前景渺茫，建設頹敗，社會動亂四起。他認為這都是同盟國的責任，並一一細數他們的錯誤決策。他責怪同盟國未能向人民提供一個可以取代希特勒信仰的可靠信念——儘管他們原本的任務是這樣預定的。他譴責各種占領政策，例如「拆解行動」（Demontage）：廢止德國的軍隊後，同盟國開始遏制軍工業與拆解工廠，並取走開採的礦物資源作為一種賠償。迪克也譴責他們在德國民眾三餐不繼的時候禁止與糧食充裕的國家貿易。他也對美國與蘇聯之間日益緊張的關係感到憂心忡忡。此外，他認為美國大眾文化「庸俗」與「乖張」的產物（如廣播劇）充斥國內，正在取代德國人「對生與死莊嚴的敬畏之心」。[72]

迪克也怪罪德國的報紙媒體。第三帝國垮臺後，占領國嚴格管制新聞媒體，任何出版物都需要申請許可。然而，一九四八年進行貨幣改革後，紙張的定額制取消了。一九五四年《外交事務》（*Foreign Affairs*）的一篇文章寫道，「新成立的報社如雨後春筍般冒出」，數量從一九四九年初的一百六十家增加為一九五〇年中的一千家。[73] 戰後新聞管道的爆炸性成長創造了競爭激烈、而且追求聳動的業界環境。他觀察發現，一些報紙除了新聞之外，也刊出與占卜相關的內容，或甚至煞有其事地報導占卜師提出的預言。例如，有新聞提到，地軸即將發生變化，而一些人暗示南極活動將造成「新一波洪災」。

事實上，一九四九年迎來的末日預言起源於人們的口耳相傳，之後再經報章雜誌的渲染與傳播。某些報紙渴望轟動的消息之際，其他媒體也戲弄那些受到煽動的群眾。「**世界末日來臨！**」有報紙頭條如此聳動地寫著。其他新聞則警告，「**世界將在三月十七日毀滅！**」，或者刊出煽情的標題，「**世界末日到來時，人們希望守在家人身邊**」。[74] 慕尼黑《南德意志報》（*Süddeutsche Zeitung*）報導，隨著世界末日逼近，民眾開始進行避難準備。肉鋪開始丟棄肉品，乞丐突然間獲得大量施捨，許多「曾是納粹分子」的人們再次戴上黨徽。[75] 害怕醞釀成形的風暴，成了天大的笑話，而且在新聞媒體看來是值得譏諷的事情。在此同時，迪克聽聞人們熱烈討論從別處聽來的各種預言，你一言我一句地透露自己觀察到的細微徵兆。這些零碎的資訊刊登在報紙上後，重新成為人們爭相走告的傳聞，之後再以新的形式出現在報紙上，形成末日預言不斷流傳的循環。

迪克對於國內無所不在的預言現象所做出的解釋，無法真正幫助我們瞭解，為什麼在這場毀滅性戰爭**告終**的四年後，西部占領區的德國人民如今等待著世界末日的到來。當然，美國與蘇聯之間浮現的衝突，可能是原因之一。蘇聯在西德於一九四八年引進德國馬克時察覺到了威脅。他們在同年六月做出回應，阻斷了柏林的聯外道路與海運航道，這座曾作為德意志帝國首都的城市在當時遭到四國共同占領。這項封鎖行動進而導致柏林空運（Berlin Airlift），同盟國出動數千架次運輸機，透過空運提供城市必須物資。這也是冷戰初期的轉折點。

但等到迪克展開研究時，柏林空運已進行了好幾個月，而且在任何情況下，他都不認為這起事件是因素之一。在他看來，所有的敘述、重述與預言都證明了，「緊張危機」（crisis of nerves）普遍可見於那些過分相信且容易受謠言所驚的人們身上，完美示範了什麼叫作「集體精神病」（mass psychosis）。他回想起，一九四〇年德國入侵法國時，瘋狂的謠言也隨之而起。一九四九年二月在厄瓜多，西班牙文版的《世界大戰》（*War of the Worlds*）在基多電臺（Radio Quito）播出時，民眾的恐慌演變成了暴動。[76]

迪克照本宣科的「集體精神病」敘述，並未（或者無法）點出，戰後德國的「緊張危機」尚未普遍存在，而且起源遠遠不只一處。畢竟，那些傳言是關於遭受詛咒或懲罰的恐懼，而這自從二戰末期便已深植於人們心中的。就此而言，一九四九年的末日預言，成了重要的歷史證據。

倘若從反面角度看待這項證據（除了尋找顯而易見的訊息，也認清其中暗藏的線索），我們便會發現，迪克堅稱同胞們「覺得自己大致是清白的」，對戰爭的結果「只負有最輕微的責任」。他錯誤地表示，第三帝國的罪行「幾乎無人知曉」這件事，「並無太多爭議」。據他觀察，多數人仍一如以往地相信，二戰或多或少是一戰的後果，是他所謂「眾所周知的美國金融界」（這是猶太人的代號）強加於德國的一場戰爭。迪克的言下之意是：「沒有人清楚」納粹犯罪的內幕，但他的許多同胞依然相信，這場戰爭、德國的戰敗及其戰後的困境，都是猶太人造成的。迪克先是解釋末日恐懼為何突然爆發，接著轉而堅稱沒有人應該為這場戰爭或其「後果」負責，除此之外，在這一系列的想像與避重就輕的論述中，還有許多謎團待解。[77]

即使主張同胞覺得無罪，迪克卻忽略了自己研究成果的某些意涵。舉例來說，他所記錄的一些傳言暗示，唯有罪過之人才會遭到即將來臨的洪水所淹沒。還有人預測，只有兩歲以下的孩童（真正無辜的人）將可存活，天使將照顧那些在世界毀滅後活下來的孩子。[78]如同戰時散播的那些傳聞，這些預兆更明顯聚焦於審判與懲罰及責任與罪過——迪克確信沒有人在意這些恐怖的謠言。然而，似乎不是每個人都如此樂觀。

一九四九年的末日預言顯示，罪惡感（甚至是對此的斷然否認）無聲無息地滲透了戰後生活的許多面向。一些人預見了天譴的可能性，或者感受到存在的恐懼。一種不安的感覺揮之不去，難以擺脫。那天在萊姆戈，某個人高聲表示，德國將因為驅逐最後一批高齡的猶太人而遭到天譴。之後，某個人想起了那段話。但是，人們也有可能因為輸掉了戰爭與看到自己犧牲的一切全化為烏有，而感到罪惡。戰敗本身難道不是一個徵兆嗎？

※ ※ ※

末日思維通常與危機有關，但這不僅是從災難將至的角度思考而已。世界末日意味著揭露：也就是揭開神祕的面紗，一窺超凡的真理。《聖經・啟示錄》寫道，「要有智慧」。世界末日關乎徵兆，但也關乎解讀，意即對徵兆的解釋。在猶太教與基督教的預言傳統中，世界末日意指最終的清算，將為上帝的選民創造一個純淨的新時代。曾有人問道，「我們的未來會變得如何？」（這裡指的是德國人民），而先前提過的巴伐利亞奇人厄爾邁爾預測，教堂將被燒毀，眾多神職人員遇害。但是之後，他在預視的情景中看見教宗將加冕三位國王，國家糧食充足，土地肥沃。氣候將變得溫暖，巴伐利亞也將種植可釀酒與生長於熱帶的水果。[79]想解讀徵兆，就必須知道誰將成為天選之民，且還有幸可居住在這個得到救贖與幸福快樂的熱帶水果天堂，誰將受到詛咒，以及在此同時會發生什麼樣的宇宙大戰。[80]一九四九年的末日預言到頭來只不過是一種尋覓：在亂世中尋求預知、洞察與明晰。

世界是否即將毀滅？有任何人能夠存活嗎？當年或許不是每個人都懷有這些問題，但許多人夜裡輾轉難眠，心中盡是悲觀的念頭，苦思神祕浩瀚之事。「世界的局勢讓人煩憂，感覺眼前的一切黯淡無光。」一名男子在民意調查中如此表示。其他受訪者則透露，自己常在夜裡想起失去的家園、離世的親人或在戰時失蹤的親友。他們煩惱金錢、工作、健康與痛失的多年積蓄。他們擔心走在路上會遇到陌生人，「吉普賽人」（在此情況下指的幾乎所有的「外國人」與犯罪行動）的侵擾。「我隨時都提心吊膽，」一個女人說，「但我不知道自己在怕什麼。」[81]要怎麼知道誰值得信任？在一九四九年的卡塞爾（Kassel），在一個自稱反虛無主義好戰聯盟（Militant League Against Nihilism）的神祕團體（徽章為希臘神話英雄海克力士〔Hercules〕斬殺九頭蛇的圖像）[82]宣稱：「我們德國人發現，自己正處在多數人不知什麼是真實與什麼是謊言的時代。」探詢民眾如何看待人心善惡的民調中，只有三分之一的受訪者認為人心本善。[83] 難怪人們依然篤信占卜，希望從中尋得徵兆。

或者，至少是從報紙頭條上得知。迪克一直在研究這個案子，接近一九四九年二月底時，觀察到了末日傳言導致人心惶惶的高峰。有多項預言預測，三月十七日是人類在地球上的最後一天。或許是為了讓這個時刻更具戲劇性，西北德意志電臺（Northwest German Radio）播放了一齣廣播劇，講述一場大規模的流星雨讓世界陷入危機。[84] 如果說當時與一九三八年奧森・威爾斯（Orson Welles）透過廣播向美國大眾講述《世界大戰》的情況有任何相似之處，那想必是，不少聽眾都被緊張刺激的情節嚇得連一口氣都不敢喘。

第二章　鎮上的陌生人

一九四九年發生了一些奇怪的事。八月，蘇聯首度試爆原子彈。從日本到新墨西哥州等地，都有人聲稱目擊了飛碟的蹤影。那年稍早在洛杉磯，一場詭異的暴雪（該城市史上的最大降雪量）使多處沙灘被白雪覆蓋長達三天。[1]

在西德，末日預言仍持續流傳。但在它們之中，突然冒出了一個與眾不同的消息。一九四九年三月，位於西發利亞的小城赫福德（Herford），有一位神祕的陌生人前來探訪一名無法自行站立的男童。儘管包含男童的父母在內，沒有人知道發生了什麼事，但男童見了這個男人之後，數個月來第一次能夠靠自己的力量下床，開始緩慢嘗試走動。

這一起事件帶來了爆炸性影響，出乎大家的意料。不久後，有成千上萬人連續幾天都冒雨等候，只為了一睹讓那名男童復原的神人：一位長髮遮住了大半臉龐、身著深藍色與黑色相間衣服的治療者。尋求治療的人們拜求他的幫助，或者試圖購買他的洗澡水。一些人相信他能讓人死而復生。[2]他成為戰後德國的第一位名人，照片登上了全國各地的報章雜誌。無論走到哪裡，狗仔隊、警方甚至紀錄片團隊都如影隨形。有人稱他為神醫（德文作Wunderdoktor）、奇蹟治療者（Wunderheiler）、帶來奇蹟的人（Wundertäter）、治癒者（Heilspender），甚至是救世主（Heiland）。也有人說他是江湖術士、惡魔、性變態、危險的瘋子、集體恐慌的煽動者。對某些人而言，他是「上帝的聖子」。朋友們都叫他古斯塔夫（Gustav），他的本名是布魯諾・伯恩哈德・葛洛寧（Bruno Bernhard Gröning）。[3]

從最先報導他的其中一篇全國新聞的頭條寫著，「上帝派我來：『赫福德彌賽亞』的真相」（God Sent Me: The Truth About the "Messiah of Herford"），多少可看出當時人們對此的觀感。[4]在接下來的幾個月，葛洛寧接受電臺專訪，還成為新聞主角。他可能現身某處的傳聞一出，那裡的道路便數小時都擠得水泄不通。政府高層官員當著大眾面前讚賞他的才能，上流權貴、赫赫有名的運動員及電影明星也爭相結識。

這位名為葛洛寧的神醫是誰？他要傳達的訊息是什麼？是什麼讓數十萬人關注他的報導、聽他說話，甚至千里迢迢前來朝聖？有部分原因是，人們將他視為傳達天意的使者。赫福德位於迪克末日預言研究的地理範圍內，他把即將來臨的世界毀滅與滔天大雪等可怕預言依時序記錄下來。現在，混亂的情勢受到了某種意料之外的事所壓制：治療。那些渴望得到上天啟示的人們迎來了一個徵兆。

然而，這個徵兆的確切意義模糊不清。如同其他數百萬名同胞，葛洛寧曾經是士兵與戰俘。他也曾是納粹黨的一員。他沒有什麼所謂的人生觀，至少一開始是如此。他不講道，沒有寫書或成立教會。開口說的多是一些隱晦不明、語多省略的格言，偶爾提到心靈相關的主題，但更多時候都在談論善與惡的對立。他並未清楚定義治療方法——至少沒有明確的口述指示。甚至，沒有人知道他在治療**什麼對象**，或者透過什麼方式治療。他的療法主要是靠近病人，有時定神凝視。這種方式並非總是有效：讓他聲名大噪的故事中，那名男童僅僅過了幾個禮拜又回去臥床了。不過，大多時候他的治療似乎都能發揮作用。

許多消息來源敘述葛洛寧對人們的強大影響，也有無數人見證了他成功的治療。但從歷史角度而言，故事真正的主角根本不是他，而是**他們**，也就是葛洛寧走到哪裡、就跟到哪裡的大批群眾；他們投射在他身上的希望、恐懼與幻想；還有他們顯露的激動情緒（通常受到嚴格的抑制）。戰後的德國社會與葛洛寧的互動至關重要，因為在某種真實意義上，是社會創造了他來治癒社會本身的苦痛——不只疾病與損害，也包含更難以察覺的不安與創傷。這是一個關於病痛與治癒，以及尋求救贖的故事。一切得從某個小鎮的一個家庭與一位陌生人說起。

※　※　※

迪特．胡斯曼（Dieter Hülsmann）——赫穆特（Helmut）與安娜莉絲（Anneliese）的獨子——出生於二戰開打的三天後。他在學習走路方面有點發育遲緩。等到兩歲多終於會走路時，腳步躊躇不前，隨著他慢慢長大，雙腳逐漸向內彎。他四歲時，醫生幫他打上石膏，希望能扳直小腿。他的雙腳從小腿到膝蓋都裹在硬梆梆的石膏裡。[5]

戰爭期間，赫穆特離家工作，在德意志國防軍的裝甲部隊（Panzerwaffe）擔任工程師。後來，有段時間他被囚於戰俘營，一九四五年六月才回到赫福德。[6]從戰俘營回鄉途中（不管是搭火車或步行），他看到綿延不絕的斷垣殘瓦，像是面目全非的橋樑、焚燒殆盡的建築、只剩下空殼的機具，還有路邊立有手工十字架的墳墓。他已經不指望前線的戰情，尤其是戰線退回到德國境內之後。此外，他的家人在書信中可能也提到了可怕的轟炸、戰鬥與無止盡的難民潮。但是，聽人轉述跟實際目睹完全是兩回事。

回到赫福德後，赫穆特發現兒子處境悽慘。他立刻幫兒子拆下石膏。然而，迪特的病情惡化。赫穆特帶兒子到離家約一百一十多公里遠的明斯特（Münster）裡的大學醫院求醫。診斷結果不甚明朗，但十分殘酷：迪特罹患了漸進性肌肉萎縮症（progressive muscular atrophy）。一間小兒科診所與另外十位「醫生與教授」都證實了這項診斷，但無人能提出任何治療方法。據說醫生們向赫穆特一家表示，他們無能為力。一九四八年的那個冬天，九歲的迪特躺上床後長達十個禮拜都沒下床。不管做什麼，都無法溫暖他冰冷的雙腳，蓋毛毯、泡熱水或按摩都沒用。後來赫穆特說，迪特嘗試站起來時，「腰部啪地一聲像瑞士刀那樣折倒」。[7]

安娜莉絲的父親說有朋友認識一位治療者。那個男人不久前讓一個癱瘓五年多的女人重新站了起來，也許他能幫上忙。[8]

某天，他們家的一位朋友開車載葛洛寧到赫福德。他與胡斯曼一家的關係之後遭到深入的法律調查，而歷史紀錄顯示，事發日期眾說

赫福德檔案館

紛紜，但應該是三月十四或十五日。[9]時近春季，但赫福德的天氣陰雨多風，氣溫一天比一天低。在拉芬斯堡（Ravensburg）盆地，西邊是條頓堡森林，東北邊是緊臨威悉河的低丘鄉間，暮冬的天空在林木與草地交錯的景色中顯得滯鬱無情，往下則是一望無際的城鎮、農場與村莊。雨天時，濃霧籠罩黑褐色的大地，廣闊的地貌與陰暗的天空融為一體，呈現濕羊毛般暗灰的神祕氛圍。

胡斯曼的家是威廉廣場（Wilhelmsplatz）旁一棟富麗堂皇、以白泥粉刷的別墅。庭院裡曾豎立一座雕像，但它並不如所處的地名那樣意在向德皇威廉致敬。那座雕像是年代更古老的一位英雄：八世紀的撒克遜（Saxon）反叛軍領袖維杜金德（Widukind）。對抗法蘭克國王查理大帝（Charlemagne）十多年後，維杜金德在公元七八五年戰敗，皈依基督教。據說這位撒克遜人（維杜金德的名字意指「森林之子」）騎了一匹黑馬前去受洗。這個舉動究竟是表示對被迫皈依的蔑視，還是宣告過去身為異教徒的自己的靈魂之死，沒有人知道。傳說中，這是一段關於救贖的故事：「森林之子」——就當時的思維而言，不只意味著異教徒，也代表惡魔之子——成為基督徒，成為上帝之子。然而，許多納粹分子認為維杜金德不但是民間英雄，還是意識形態的典範，象徵土生土長的日耳曼人抵抗查理大帝為首的好戰基督教勢力，在其統治下的法蘭克帝國摧毀了基督教到來之前的本地神祇，奪取日耳曼人民傳統的權利。在四、五〇年代的西發利亞鄉村，人們依然使用馬頭來裝飾住家。傳統上，據說維杜金德會附身馬頭，守護家庭與保佑人們身體健康。[10]

從一八九九到一九四二年，維杜金德的雕像始終矗立在離胡斯曼家的大門僅幾步之遙的位置。但是，它在戰爭期間倒塌了，而且跟數千個教堂鐘與其他珍物一樣都被送到工廠鎔鑄成大砲。[11]要是哪個冬日葛洛寧來到胡斯曼家門前時望向西邊，他看到的不會是以青銅鑄造的維杜金德雕像跨坐在種馬上與頭戴翼盔的英姿，而是一根殘破裸露的花崗岩柱。

沒有任何文獻詳細描述葛洛寧抵達赫福德時的情況，但從當時的照片可以想

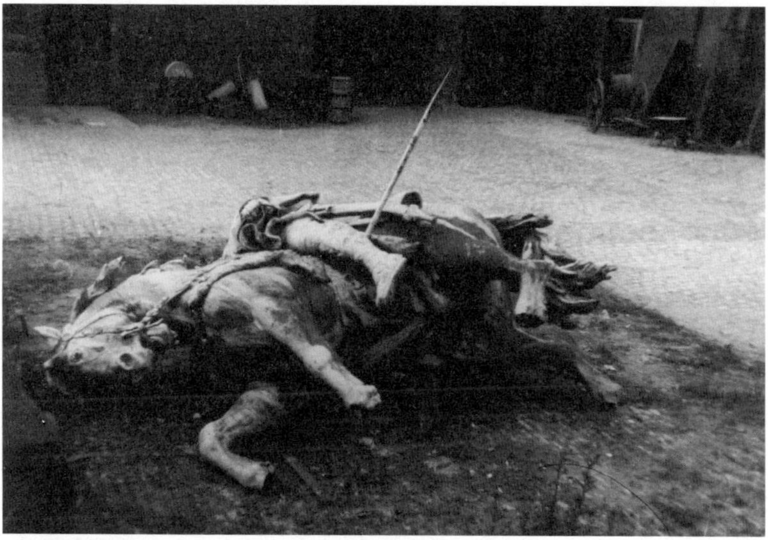

赫福德檔案館

像，他在一個灰濛濛的下午來到胡斯曼精緻典雅的宅邸時，可能曾轉身看到那座傾毀的雕像。他個頭不高，體格雖然強健，但稍嫌削瘦。在一些照片中可見他衣袖捲起而露出的精實臂膀。髮絲烏黑粗硬，以那個年代而言長度頗長，往往是媒體關注（或嘲弄）的焦點；微凸的湛藍雙眼一再為人們所提起；面容看來飽經風霜，甚至顯得枯槁；雙手粗糙欲裂，手指因為抽菸常沾染尼古丁而變黃。[12]他衣著簡樸，總是穿的一身黑。很多人說他話不多。他會拿錫箔紙包裹自己的幾根頭髮與指甲，偶爾放在口袋裡隨身攜帶。他的脖子還有一個明顯可辨的甲狀腺腫塊，據稱可以讓他吸收病患體內的致病能量。

GETTY IMAGES

安娜莉絲身材纖細，打扮樸素，總是綁著簡單的馬尾。而赫穆特則略顯粗俗，是那種會一邊嚼著大根雪茄、一邊大聲嚷嚷的男人。[13]然而，有鑒於赫穆特是工程師，胡斯曼一家在赫福德當地算是富裕的專業中產階級。相較之下，葛洛寧則屬於勞動階級。他不太會說標準德語，據某些文獻顯示更偏好家鄉說的方言。[14]他無時無刻都叼著美國牌子雀斯特斐德（Chesterfield）的香菸，濃重的黑咖啡一杯接一杯。我們不知道他到胡斯曼家後究竟發生了什麼事，不知道他在看病前是否有跟那家人坐下來喝杯咖啡、抽根菸，輕鬆談天或討論男童的病況。不過在某一刻，葛洛寧走進房間，診察迪特的情況。

之後，無數民眾證實，這位留著長髮、骨瘦如柴的難民有超凡的能力，誇讚他一眼就能看出病患的身體出了什麼問題，也知道如何與病患交談。而且他一出現，所有病況馬上好轉。據說，他看病時，房間裡安靜得連一根針掉到地上都聽得見。葛洛寧的目光會緩慢從一個人轉移到另一個人的身上。他會挺直腰桿、雙手插口袋，除了要病患不要想太多之外，什麼也沒說。然後，病患的手指開始顫抖，感覺身體其他部位也起了變化。接著，葛洛寧拿出香菸盒中的鋁箔，捲成小球，拿給病患，要他們雙手握住並專心凝視小球直到身體感覺好轉為止。他還有個習慣，就是反覆唸著音調成韻的奇怪處方，像是「反之亦然」（Umgekehrt ist auch was wert）。給他看過的病患聲稱，在他的凝視下，體內彷彿有一股暖流或過去少有的刺痛感。[15]葛洛寧的手足喬治（Georg）也說，他可以讓牙痛停止，只要全神貫注想著那顆蛀牙就夠了。[16]

葛洛寧初次見到迪特的情形，人們在之後很長一段時間不斷地重述與轉述：起初隨著人們的傳言、八卦、笑話、書信與閒談傳了開來，後經報紙、雜誌、布道、演說、電影、傳單與書籍散播；再出現在控訴、檢舉、揭發、警方與精神科醫師的報告、目擊者證詞、法庭答辯、議會調查與學術期刊，最後（很久以後）是在各種語言的網站中。看病不到一小時，那名男童的雙腿突然恢復了知覺，而安娜莉絲表示，「在這之前他的腳幾乎都沒有感覺」。男童感覺雙腿與背部在燃燒，冰冷的四肢瞬間暖了起來。隔天早上，儘管腳步躊躇不穩，但戰後那年的陰鬱冬日有大半時間都臥床的迪特，終於能起身行走了。[17]

接下來的幾天，他的情況逐漸好轉。赫穆特說，他起初「不敢置信」，但很快便開心接受兒子痊癒的事實。[18]安娜莉絲回憶道，過了兩個禮拜，「我的寶貝兒子可以自個兒……在屋子內外隨意走動了。」然而，男童爬樓梯時還是需要人攙扶，站立時踮著腳尖，而不是整個腳掌穩穩踩在地上。[19]不過，他的父親向媒體表示，這只是過渡期罷了。[20]之後，胡斯曼一家邀請葛洛寧來作客，並提議同住一個屋簷下，而他也接受了。

隨著迪特奇蹟似痊癒的消息傳到赫福德，甚至西德以外的地區，不久後便有大批民眾蜂擁來到這棟位於威廉廣場七號的別墅。數千人湧入這座小城，希望能一睹葛洛寧的真面目、跟他說話，或者尋求各種千奇百怪的疾病的療法。葛洛寧則會在胡斯曼家的客廳或前院會見慕名而來的民眾。有時（尤其是深夜），他會現身別墅上層的陽臺，為樓下的群眾指點迷津。沒有人知道那些療法是怎麼起作用的，但傳聞聽來著實不可思議：下身癱瘓或臥床多年的病患，突然能夠站起來走路；說話結巴的大人與小孩們頓時口語流暢；僵硬受損的肢體與手指變得活動自如，常年的疼痛剎那間消失無蹤；聾啞人士聽見了聲音，眼盲者重見光明。

總而言之，讓一九四九年漸趨失控的混亂穩定下來的，不是傳了數月的謠言所提的末日，而是一個幾乎無人不知的奇蹟故事。那年春天，不斷有人到赫福德求醫，威廉廣場因此成了聖地。世界尚未淪陷；沒有末日火焰延燒千里，也沒有死光將地球劈成兩半。只有耀眼的救贖光芒。很快地，人稱「赫福德的奇蹟」傳遍全國各地。

※ ※ ※

儘管迪特的康復令人嘖嘖稱奇，但幫助他重新站起來的男人，在許多重要方面只是戰後德國的一個普通人。葛洛寧一九〇六年生於天主教家庭，在七個孩子當中排名第四，從小在但澤（Danzig）的郊區奧立瓦（Oliva）長大。奧立瓦位於但澤灣，西部與北部有林木蓊鬱的山谷圍繞，是一處空氣療養勝地（Luftkurort），空氣出了名地清新宜人。葛洛寧一家住在被蔑稱為「出租營房」（Mietskaserne）的廉價出租公寓樓房。如同數百萬名同齡兒童，葛洛寧的兄弟姐妹從小生長在一戰與英國封鎖導致民不聊生的陰影下，歷經饑餓、疾病與死亡。[21]

葛洛寧也跟其他數百萬人一樣，在二戰期間從軍，之後成了戰俘。他在一九四三年三月被徵召入伍，前往位於科爾貝格（Kolberg）的反戰車兵訓練學校（Panzerjäger）訓練學校報到，那裡距離但澤有數百公里遠。反戰車兵搭乘車輛甚至步行移動，配備火箭筒，負責偵察與攻擊蘇聯坦克。這項任務不適合膽小之人。根據他在德意志國防軍的紀錄，葛洛寧在離營區不遠的克斯林（Köslin）遭到蘇聯軍隊俘虜。從一九四五年三月到十月下旬，他都在奧得河畔法蘭克福（Frankfurt on the Oder）的戰俘營裡。[22]

葛洛寧與妻子葛楚德（Gertrud）於一九二八年結婚，育有二子。兩個男孩均不幸夭折，老大在一九三九年死於心臟瓣膜疾病，老么則在一九四九年因胸膜炎去世。（無法確定葛洛寧么子之死發生在赫福德的奇蹟事件之前或之後。）兩個孩子的死使得原本就已不幸福的婚姻關係更加緊張，後來他們便離婚了。[23]葛洛寧的工作一直漂泊不定。有段時間他當木工學徒，擔任一家出口商的信差，到餐廳端盤子，還當過電工與家具師傅。他會修手錶、縫紉，也會騎單車，此外還賣過油漆。[24]一九四五年，同盟國在波茨坦召開會議，同意改變中東歐國家疆界，於是，葛洛寧的家鄉但澤被歸入波蘭，改名為格但斯克（Gdansk），而他成了難民。

在但澤，葛洛寧曾經加入納粹黨。同樣地，這並不稀奇。一戰之後，這座城市的族群問題愈發緊張。《凡爾賽條約》的安排讓但澤受到國際聯盟（League of Nations）的保護，成為自由市（Free City）——即處於準獨立狀態的城市。在傲慢的國家主義把持的時代，德國與波蘭在極度困難的條件下共享這座自由市。二〇年代初期崛起於政治界時，納粹黨曾在所謂但澤「命運」問題上大做文章，但相關的政治衝突後來才逐漸升溫，黨內的摩擦隨著時間愈演愈烈。納粹的勢力在但澤壯大的速度，比在德國境內的許多地區都還要快。到了一九三三年，他們在該市的議會選舉中占了絕對多數。[25]

然而值得注意的是，葛洛寧家族有數個男人都加入了納粹黨，除了他之外，還包括他的父親奧古斯特（August）與哥哥喬治。雖然現存的資料並未明載他們在何時入黨，但據推不晚於一九三六年，也就是德國入侵波蘭並收復但澤的幾年前。這個家族也改了姓氏，從格隆考夫斯基（Grönkowski）或格倫考夫斯基（Grenkowski），甚或是格岑夫考斯基（Grzenkowski）改成葛洛寧——納粹黨的書記員似乎從未弄清楚過。[26]

為什麼要改名呢？原因可能是，格隆考夫斯基這個名字在族群關係緊張的但澤聽起來太有波蘭味。倘若希望被視為德意志民族共同體的成員（加入納粹附屬組織或進入德軍服役，甚至只是為了結婚就得滿足的先決條件），就必須透過「種族修飾」來證明自己「無可置疑」的種族歸屬。[27]但是，他們會改姓，可能也是因為急欲對外展現葛洛寧家族的德裔出身與亞利安血統。同樣值得注意的是改姓的時間點：他們在一九三六年便已改名，距離一九三九年德國入侵波蘭與收復但澤還有很長一段時間。[28]

葛洛寧在黨內一直是個不起眼的成員。但就如之後將提到的，他成為名人之後，身邊不只圍繞其他前納粹基層黨員，還多了高層人士。

不久後，數十萬名德國人大老遠跑到赫福德這種偏遠的城鎮，希望親眼見到葛洛寧，在他的治療下戰勝疾病。一個不可能出現的人來到一個不可能的地方，完成不可能的作為：這是典型的千禧年奇景，是預示轉變的象徵。[29]故事的主角碰巧是一名前納粹分子，他經常談論「邪惡之人」與其他人之間的人間爭鬥。葛洛寧顯然是一個高深莫測的人物，而他與其他同胞的關係也同樣錯綜複雜。

第三章 赫福德的奇蹟

到了今日依然令人訝異的是，葛洛寧的故事在位處西發利亞低丘地帶、充滿中產階級商業氣息的傳統城鎮赫福德展開。如一九四九年某家報紙所述，街廓整齊、人們勤勉工作的赫福德，不僅以「健全的企業精神」聞名，此外也出產織品、廚房用品、巧克力與雪茄。[1]

不可否認地，湧入城裡來向神醫求助的那數千人，讓原本在戰後就已苦難重重的赫福德雪上加霜，或許還令鎮長弗里茲．梅斯特（Fritz Meister）頭痛萬分。梅斯特屬於當地戰後新興的精英階層。作為一個在一九三三年遭到納粹撤職的社會民主黨員，他（以戰後典型的委婉措辭來說）「政治上不再有負擔」。[2] 儘管西發利亞早期對希特勒的支持不像其他地區那樣熱烈，赫福德本身甚至比周圍區域更不熱衷政治，但他並未因此成為大家眼中的英雄。[3] 雖然梅斯特這個名字帶有擅於管理的意味，但多個奇蹟的出現與大批求醫者的瞬間湧入帶來了諸多挑戰，可能是他在戰後公職生涯中面臨最重大的難題。

前來求醫的人們訴說的病症五花八門，有頭痛、氣喘、坐骨神經痛、脊椎鈣化、各種癌症與神經纖維瘤症（也就是神經長出腫瘤），還有甲狀腺、血液循環、腸胃、肝膽、心臟與中耳方面的疾病，以及鼻竇炎與關節炎。有些人長年喉嚨疼痛、骨盆錯位、手腳顫抖，飽受各種形式的癱瘓所苦；有些則患有腦性麻痺、脊椎側彎、心絞痛、癲癇、失眠、結核病與潰瘍。

德國人的健康多年來備受戰爭毒害，而後又遭遇醫療資源與適足住宅的匱乏。除此之外，占領區涵蓋赫福德的英國基於正義考量認為，德國人的生活品質應該受到嚴格限制。當地的糧食配額始終低落，是德國醫療官員眼中導致人民健康水平「急遽惡化」的元兇。[4]

如同德國其他地區，赫福德女性人口的健康狀況在戰後尤其危急。強暴（一些案例的受害者屢遭性侵）造成的後果不勝枚舉，包括被迫懷孕與迅速蔓延的性病。除此之外，女人們也承受許多沉重的負擔。由於男性人口大多戰死沙場、淪為俘虜或失去工作能力，戰後清理城鎮各處的瓦礫與廢墟的苦活就落到了女人肩上。她們不只要照顧小孩、尋覓住所，還得在鄉間奔波，拿值錢的物品向農夫換取食物以彌補微薄的配糧。同時，戰後絕大多數行動不便的人口都是男性。一九五〇年，符合戰爭撫恤金領取資格者包含一百五十多萬名殘障的退伍軍人，其中有二十多萬人截肢、五萬六千人腦部受創、三萬四千人患有玻璃眼，六千六百人喪失視力。[5]

兒童健康也是令人擔憂的問題之一。嬰兒死亡率至少到一九四八年為止，都比戰前高出了三分之一。都市地區的兒童很容易染上寄生蟲與佝僂病。權威醫學雜誌《柳葉刀》(*Lancet*)於一九四八年刊出的一項臨床研究提出結論，父母離世或生病，或甚至是生於大家庭的孩子們，更容易營養不良，但是比起「遭到轟炸的城市危機四伏的社會與心理環境，營養健康的問題不算什麼」。[6]戰後出生的孩童的體型大多比戰前來得矮小，而且比較容易罹患糖尿病、血管疾病及各種精神病。[7]

大致上，赫福德這座城市在戰時受創的程度比許多地方來得輕微，算是相對幸運的了。然而，它仍經歷過數次重大的轟炸。因此，一九四九年該鎮最迫切的問題是住宅嚴重短缺。空襲期間，數千名德國百姓撤離到相對安全的赫福德，戰後，移居該地的近七千位難民加入他們的行列——其中有些從東歐原德裔聚居區域被驅逐，有些則從蘇聯占領區西遷而來。[8]由於赫福德也是英國軍政府（名為德國控制委員會〔Control Commission for Germany〕）的基地之一，因此英國軍隊強制徵用了六百多間住宅，驅逐約六千五百位居民。[9]

在一九四九年春天齊聚赫福德的眾多求醫者，使居住問題愈顯急迫。同一時間，數千名朝聖者的到來惹惱了駐紮在威廉廣場附近的英國軍政府，不久後他們便表示，假使紛擾未平，他們就只能徵用更多的房屋供士兵們居住，地點可能是市內比較僻靜的區域。[10]地方政府承受的壓力日益高漲。

四月下旬，衛生部長西伯特（Siebert）博士邀葛洛寧到辦公室聊聊。葛洛寧在胡斯曼的房子召開記者會作為回應，梅斯特與其他地方官員都出席了。[11]幾天後，梅斯特再度現身胡斯曼家的客廳，當著一百二十位見證人的面前宣布一項禁令：「即刻起」，葛洛寧必須停止「施行治療」。[12]然而，神醫可沒這麼容易就被勸退。面對政府頒布的禁令，他（或代表他的某人）鋌而走險，在鎮上四處張貼傳單告訴求醫的民眾，如果他們想見葛洛寧一面，就必須取得醫生或梅斯特的同意。[13]

雪片般飛來的請願書很快便出現在梅斯特的桌上，信中寫的全是懇求他破例允許他們與這位神醫見上一面的內容。一個名為弗里茲的T先生（Fritz T.）患有肌腱炎、腎臟病、關節炎與風濕病，從一九三五年起便靠輪椅代步，他寫信向梅斯特表示，雖然只能「隔著窗戶與葛洛寧先生交談，」但他「感覺身體變得輕盈、舒適，且比較能自由活動了。」T先生痛斥四面楚歌的鎮長，詛咒「那些禁止葛洛寧先生行醫的官員像我一樣病上個四週，到哪兒都只能坐輪椅」。[14]

原先只是地方新聞的赫福德奇蹟迅速傳了開來。同時，一項標誌性的政治發展也正在上演：德意志聯邦共和國於一九四九年五月二十三日正式成立。

當地民眾一聽到德國建立第二個共和國以期能實現民主、正義與平等理想的歷史性消息，立刻想到赫福德的處境。「他們不該只聽醫生的話。」一名記者無意間聽到聚集在市政廳聲援葛洛寧的其中一位支持者這麼說。他們應該傾聽「民眾的聲音，這才是民主的做法」。[15] 一些市民提出帶有民粹色彩的尖銳抗議。據附近一個小型社區的居民指出，這項禁令「沒有半點兒民主元素，因為它牴觸了民眾的意志」。他堅稱，這是「打在病患臉上的一記重拳」，宛如「過去第三帝國常見的……殘酷手段」。[16]

葛洛寧從民眾身上獲得的熱情支持，某種程度似乎反映了民間反對納粹黨壓制民間療法的聲浪。民俗與巫術治療在德國源遠流長：從德意志民族國家創立以來，幾乎每一個希望醫治病患的術士都能在「治療自由」（德文作 Kurierfreiheit）的實際原則下這麼做。[17] 俾斯麥（Otto von Bismarck）本人就曾在國會殿堂上宣布，國家無權禁止「擁有上帝與自然賦予的治療天賦」的才士醫治病者。[18] 雖然「治療自由」原則從來不曾明文立法，但是從一八七一年德意志帝國建立到二戰前夕，各式各樣的醫術遍地開花。有數百萬人尋求催眠者、睡眠治療者、自然療法醫生與順勢療法醫生、放射線治療者與水治療者、恆星鐘擺術士、草藥專家與虹膜學家、無數的祈禱治療者與人智醫學治療者等人士的幫助。到了一九三三年，也就是納粹黨掌權之際，民俗或另類療者與正規醫師的數量，大約是三比十。[19] 一位著名醫生估計，無照的治療師治癒了半數以上的疾病。光是一九三四年的單一個月，就有二十五萬人自費找民俗療者看病——因為治療者與一般醫生不同，不在醫療保險的範圍內。[20]

國家社會主義陣營起初對民俗與另類治療的態度矛盾不一。某些具有高度影響力的納粹人士與第三帝國高層支持巫醫，例如希特勒的副手魯道夫·赫斯（Rudolf Hess）與黨衛軍首領海因里希·希姆萊（Heinrich Himmler）。《衝鋒報》（*Der Stürmer*）發行人尤利烏斯·施特萊徹（Julius Streicher）更率領德國民俗治療協會（Association for German Folk Healing）。[21] 許多間採行順勢療法與自然療法的醫院在柏林、科隆、斯圖加特與慕尼黑等城市設立。[22] 然而，一個正在籌措大規模種族優生學偉業與全面戰爭的國家，沒有太多空間可供民俗藥草師施展醫術。[23] 一九三九年，納粹終止了治療自由的原則，頒布新法禁止未經國家認證的民俗療者治療病患。[24] 這道法令試圖規範「專業或商業意義上的……治療行為」與控制「專業人士對於疾病、病痛或創傷的判定、治療或改善」。一九四一年發布的修正案更進一步打擊了在當局眼中邪門歪道的醫療實踐。[25]

隨著葛洛寧逐漸有了名氣，許多人主張《民俗治療禁令》是「納粹」律法，如今應該連同其他當時法令一併廢除。但是，關於葛洛寧的爭議開始明顯帶有政治意味，原因不只是這位治療師持續藐視《民俗治療禁令》與赫福德針對他所頒布的勒令。這些爭論也讓市民們有機會傾訴親身經歷，為自己承受的苦痛發聲。在梅斯特收到的海量信件中，寄件者鉅細靡遺地敘述自身的病痛，以及在戰時與一直以來從事的艱苦勞動。舉個例子，來自呂登沙伊德（Lüdenscheid）的華特（Walter S.）表示，自己之所以罹患「慢性肌肉風濕病」，是因為在法國戰俘營遭受了「悲慘的虐待」。這段經歷使他「心理嚴重失衡」。如今，華特舉步維艱，而且幾乎無法開口說話。他在信中寫道，「我不再相信這個世界與醫學了。」[26]

梅斯特收到的信件中有許多出自病殘兒童的家長之手。一個名為古斯塔夫（Gustav B.）的男人在報上看到赫福德的新聞，希望能請葛洛寧醫治不會說話也無法行走的五歲女兒。[27] 另一位名為希爾德的R太太（Hilde R.）提出了「迫切的請求」。她六歲大的女兒發育不良，不會說話，「也聽不太懂別人說話」。R太太曾帶女兒向一些知名醫生求助，其中包括「來自耶拿（Jena）的伊伯拉罕教授」。[28] 尤瑟夫・伊伯拉罕（Jussuf Ibrahim）博士是名聲顯赫的德裔埃及醫生。直到很久以後，大家才知道他曾在第三帝國時期替殘障兒童「進行安樂死行動」。古斯塔夫與R太太的女兒——或許還包含迪特・胡斯曼——逃過如此命運，全都只因為她們年紀太小，醫生無法將他們列入安樂死的名單。

最後，來自赫福德與附近的比勒費爾德（Bielefeld）的多位醫生組成的一個委員會，在公眾壓力下軟化態度，同意讓葛洛寧在英國占領區內的任何大學診所或鄰近的醫院「測試療法」。不過，葛洛寧拒絕了。事後他表明，他並不認為自己是個「民俗療者」。[29]

如果是如此，那他是哪種類型的治療者？又專門治療什麼疾病呢？

※ ※ ※

那正是赫福德的新教教會牧師赫爾曼．坤斯特（Hermann Kunst）在一九四九年五月與葛洛寧的一系列訪談，以及在採訪「形形色色的人」對這位治療者的看法時，試圖瞭解的重點。牧師是地方上的重要人物，在戰後監管許多教區，而當時基督教會基本上是唯一體制完整的機構。之後，他在教會與保守派政治活動中樹立有起顯赫名聲，最終更成為歷任聯邦總統都會公開送上生日祝福的那種大人物。[30]

在之後撰寫的一份報告中，坤斯特敘述了葛洛寧基本的生平經歷。神醫是天主教徒。他並未完成學業或習得一技之長。他不具有「民俗療者的預知能力」，也從未學習醫學。他解釋道，葛洛寧的知識並非來自人們身上。他不讀書，也不看報紙。他嚴厲譴責催眠術，認為其與魔法有不良關聯。他指出，葛洛寧的天賦是天主所賜。坤斯特也記錄了從別人口中聽來的一些怪事：胡斯曼一家「證實，葛洛寧吃得很少，而且幾乎不睡覺」。

坤斯特解釋道，葛洛寧有時看一位病人就會花上好幾個小時。看完後，他可能只會告訴他們，「你很健康」或「你很快就會好起來」。葛洛寧向坤斯特透露，他可以隔空治癒病人，唯一需要的只有一樣東西，那就是病患在一小張紙上寫下「請你治好我」。[31] 坤斯特提到，地方民眾對葛洛寧看法分歧，有人推崇他是「新的彌賽亞」，也有人說他是「騙子」，但「真相是，我認識的人自從與葛洛寧見面後，身體的病痛就再也沒發作了，猶如重獲新生」。那些向其他醫生求助的人們則是過了幾個星期或幾個月後又舊疾復發。坤斯特認為「沒有理由認定葛洛寧先生試圖利用天賦謀財」。葛洛寧曾說，可以的話，他希望能「繼續過窮困的生活」。他描述自己曾經拒絕收受富人病癒後奉上的豐厚報酬，說自己希望服務群體、感化那些被他治癒的人們也能發揮犧牲奉獻的精神。儘管坤斯特發現這些美德與基督教的觀點一致，但他也從神學角度提出了擔憂。他表示，葛洛寧以耶穌之名行醫，「目標卻只是治療生理病痛」，而不在於寬恕。[32]

可想而知，坤斯特認為葛洛寧是某種宗教治療者，而在某種意義上，他的確如此。他開口閉口都是天主，說自己的治療能力是天主所賜，宣稱以天主之名懸壺濟世。但是，坤斯特本人作為一位受基督教神學浸濡的牧師，他更關注在罪惡與寬恕，而葛洛寧則談論惡靈。

六月初，赫福德一家地方報紙《自由報》（*Freie Presse*）引述一個「可靠的資料來源」，指出葛洛寧不久前到鄰近的農場治療幾個病人。他建議他們在農場邊緣附近鏟挖一個深約四十五公分的坑洞，並預言農場主人將在坑洞中發現一棵老枯樹的樹根。葛洛寧表示，剷除樹根，便能驅散鄰居的惡靈，解除長久以來折磨農場主人與導致其家人生病的詛咒。[33]

這實在讓人嘖嘖稱奇，但葛洛寧不斷強調他只醫救「好」人的原則也同樣暗藏玄機。坤斯特指出，葛洛寧自稱，「假使受到邪惡之人的哀求而心軟，兩、三天後我就會發高燒。」善與惡是葛洛寧時常聲稱能夠感應分辨的兩種狀態，他能洞察一個人內心深處的某種記號，判別對方懷有善意還是惡意。根據當代的一篇報導，他告誡一位朋友務必遠離某個女人：「她是撒旦的手下。」[34]心懷惡意之人能夠使他人生病，但葛洛寧也經常提醒自己，即便是善意，也有可能變成惡意。葛洛寧向坤斯特解釋，他從小時候便擁有治病的能力，並多次驗證過自己的天賦，確定這是天主賜予，而非「出自地獄」的惡魔之手。葛洛寧聲稱，他所治癒的患者如果後來做了壞事，必將遭到懲罰，失去健康。[35]某種程度上，生病代表逾越了界限，代表犯了錯。疾病是犯下惡行須受的懲罰，但有程度之分。某些罪過與疾病可以被治癒，某些則不能，因為並非每個人都值得康復。據新聞媒體引述，葛洛寧說他只會拯救「值得被救」的人。[36]

實際上，葛洛寧是宗教治療者，但不像一般做法那樣挨在病人床榻邊低聲地虔誠祈禱。

他醫術的靈性不只一個面向。一方面，他傳布天主的福音與神聖能量；另一方面，他譴責讓惡魔的靈魂附身樹根、使鄰居生病的「惡人」。「惡人」長久以來在民間一直是女巫的同義詞。[37]若想瞭解葛洛寧在**那方面**的本領，我們就必須深入認識德國的民俗醫療及巫術。

※　※　※

歐洲大規模獵巫的時代早在很久以前便告終。在說德語的歐洲，最後一次的合法女巫處決發生在一七八二年的瑞士格拉魯斯州（Glarus）。[38]然而，那並未終止人們對女巫的恐懼，也從未終結人們猜疑群體中可能有人暗中作惡為害的憂慮。

近代的獵巫運動深刻影響了人們對於巫術的想像，同時限制了我們對它的理解及理解的時機。但在最基本的意義上，指控某人是巫師，就等於控訴對方圖謀邪惡，也就是造成傷害、不幸與疾病。[39]就此而言，巫術是一種文化慣用語，一種理解與解釋不幸之事的方式。

在一九三七年出版的民族誌《阿贊德人的巫術、神諭和魔法》（*Witchcraft, Oracles, and Magic Among the Azande*）中，英國人類學家伊凡斯—普里查（E. E. Evans-Pritchard）著名地主張，巫術原則上是一種對不幸的解釋。二〇年代對分布於中非東部的阿贊德人（Azande）進行田野調查時，他發現巫術「無所不在」，而且「在贊德族的所有活動」都發揮了作用。

花生作物凋萎，是有人下了蠱；在灌木叢中捕不到獵物，是巫師搞的鬼；女人們費盡苦力卻只在水池中撈出了幾條小魚，也是巫術害的；……王者對人民漠不關心，仍是巫術在作祟；……任何時候降臨在任何人身上、且有關其生活中的任何活動的失敗或不幸，也可歸咎於巫術。

伊凡斯—普里查表示，如同他看待世界如何運作那樣，阿贊德人將這些現象也歸咎於相同的因果關係。但是，他們也意識到，任何特定情況都可能牽涉了不同**類型**的原因與事實。此外如伊凡斯—普里查所說的，「事實不會解釋自己。」

這位人類學家提出了一個有名的案例：「贊德蘭（Zandeland）不時會有舊穀倉倒塌」。有時候，穀倉倒了，就表示有人將會喪命，因為經常有人在炎熱的中午到穀倉乘涼。阿贊德人非常清楚，穀倉會倒塌，是因為樑柱遭到白蟻啃食。但是，這個因果關係無法完全解釋穀倉在某個炎日突然傾倒並壓傷人們的事件。光是知道白蟻的啃咬導致穀倉倒塌，並不能解釋為什麼建築會在特定時刻倒塌，或者為什麼某些人在穀倉倒塌的當下（而不是一個小時前）正好待在裡頭。伊凡斯—普里查從阿贊德人身上學到，白蟻只是**近因**，坍塌的穀倉還有一個

終極原因，那就是贊德人所謂的巫術。[40]

就如伊凡斯－普里查所述，對阿贊德人而言，巫術主要是充分理解生活、解釋農作歉收與身體疾病等不幸的一種方式。各種故事在已知與未知之間迅速擴散，尤其是生命與知識最脆弱的地方。疾病神祕莫測，來得無聲無息，病灶也往往隱匿難察。透過對死亡、疾病或厄運的闡釋，巫術作為神義論（theodicy）*的一種形式，一種理解為何像穀倉倒塌這類的壞事會在某個時刻發生在某些人身上的方式。[41]

巫術在德國民俗醫療中扮演了類似的解釋性角色。第一本專門探討該主題的全面教科書，描述了各種認識疾病、病因與療法的普遍方式，即是古斯塔夫・榮鮑爾（Gustav Jungbauer）於一九三四年出版的《德國民俗療法》（*German Folk Medicine*）。[42]身為布拉格查理大學（Charles University）民俗學教授，榮鮑爾記錄了一系列預防與治療各種疾病的方法。他說明，民間的醫學智慧自有一套疾病的名稱，而且能夠辨察的健康問題比高學歷的專業醫

＊編按：神義論為哲學與神學研究的一個分支，主要探討有關於神的全知、全能、全善等種種性質，以及這些性質之間與惡普遍存在此事實之間的不一致關係。例如，德國哲學家萊布尼茲於一七一〇年出版的《神義論》一書中，一方面確立了這個專有名詞所指的研究範圍，另一方面也完整闡述何以在不完美的世界中，神看似無作為，但卻不真的與邪惡存在相衝突。

生還要多。例如，在民俗醫學中，發燒分為許多種，病名各異，像是「懶惰熱」（lazy fever，德文作Faulfieber）——這會發生在血液「劣變」的人身上。榮鮑爾指出，民俗醫學也有其獨樹一格的地理學，因為診斷與醫療效力有時會隨氣候而異，加上藥草學家可以依憑不同地區的不同的植物生態開立處方。江湖術士也有各式各樣的醫囑（在復活節破曉前用流動的清水沐浴，或者禁止孕婦從事某些活動）。榮鮑爾在著作中詳細記載了各式各樣的療法：禱念上帝之名、祈求賜福、祈禱、念咒、配戴護身符、利用聖像驅邪、傳播疾病（給其他的人、植物或動物）或將病毒掩埋在地下。[43]

民間的醫學觀念與專業醫療之間真正的差異在於，**解釋**病因的方式。診斷時，專業醫生與江湖術士都會從自然因素著手。但是，如果查無自然因素，江湖術士會轉而查看超自然的因素，例如觀測月球與群星的位置、亡魂、惡魔或罪惡。[44]從這個觀點看來，疾病具有豐富的**意涵**。它可能洩漏了女巫等惡人的陰謀；或者如紅字那般揭露了個人的恥辱或在宗教或社會上的罪過。*疾病充滿了道德考量，以及道德判斷的可能性。

科萊（Körle）是一座位於黑森邦富爾達河（Fulda river）河谷的村莊，在人類學家格哈德·威爾克（Gerhard Wilke）的筆下，淋漓盡致地突顯了某些人對疾病的解讀，以及人們如何將道德價值觀與生理健康混為一談。科萊的居民們大多務農維生，少數人每天搭火車到附近的卡塞爾工作。多數的村民生了病都會自我照護，只有在受重傷或生重病時才會求醫。他們會觀察自然界的跡象，像是倉鴞反常地出現在不對的季節或冒出一座體積特別大的鼴鼠丘，據此預期或解讀疾病的降臨。然而，疾病本身是一種前兆，村民們總是將其與不潔、汙染與混亂聯想在一起。人們往往將疾病視為一種宇宙審判的形式，一種對不道德或不負責任的行為的懲罰。這樣的看法反映了社會秩序與宏觀宇宙，也可能揭示了各種程度的罪惡。依此而言，這建構了該村的道德經濟：村民相信，罹患心臟病或血管問題的人一定是做了錯事。他們可能工作不夠勤奮或不負責任，造成群體的社會負擔。癌症與潰瘍在人們眼中成了處罰，或許是年少時在性方面不檢點所致。維持健康意味著個人懂得自律並且對群體負責，因為唯有每個人都善盡本分，群體才能永續發展。[45]

的確，科萊的居民並未將所有的疾病都看作道德的判決或上天的制裁。他們認為，任何人都可能罹患肺結核與肺炎；這些疾病只是人類本有負擔的其中兩項罷了。[46] 但是，對於生活在科萊這類村莊（在德國有成千上百座）的許多人而言，疾病與治療往往具有重大的精

＊ 編按：「紅字」的意涵乃出自十九世紀美國作家納撒尼爾．霍桑（Nathaniel Hawthorne）的著名小說《紅字》（*The Scarlet Letter*）。在這本小說中，霍桑透過一樁在保守清教徒社會中發生的婚外情事件，探討原罪、內疚與悔悟等概念。

神與社會意義，而這個觀念致使人們探究起因**背後**的起因。疾病可能是一種前兆、一種徵象，值得細細推敲琢磨。在此意義上，民俗療者藉由疾病的精神與道德意涵對病患施行的療效，是那些根據自然科學理論行醫的專業醫生所不能企及的。

另一位民俗學家格哈德・斯塔克（Gerhard Staack）認為，民俗療法必然具有某種二元性或道德上的模稜兩可。他解釋，治療者祈求上帝庇佑來「合理化……自己的法術」，但驅魔儀式牽涉了任人自由解讀的技藝。「懂法術的人可以利用這項技能來做好事或壞事，」斯塔克寫道，「他只受道德律法所規範；如果他任意妄為，或試圖利用才能傷害他人，就代表他受到惡魔的蠱惑，變成了巫師。」換言之，要當一位成功的治療者，可能也必須擁有女巫驅逐者（德文作Hexenbanner）的威名，能夠對抗邪魔或善用這樣的本領。[47]

斯塔克提出的道德二元論，意味著以辨察女巫與破解其法術之能力聞名的治療者有時受人畏懼，但有時亦受人崇敬。那些有本事破除惡意法術、阻擋惡魔的毒害、根絕邪惡影響並治癒邪惡力量引發疾病的人，同樣也能夠作法害人、帶來不幸及導致疾病與傷害。之後，與葛洛寧關係疏遠的手足卡爾（Karl）聲稱，布魯諾小時候非常崇拜住在隔壁的治療師比亞爾克（Bialke）太太，「她是我們社區的巫醫（德文作Wunderfrau）」。民眾大排長龍向她求醫，其中一些治療牽涉了驅邪。卡爾表示，傳聞說她被惡魔附身，不得不將邪靈傳給一個孩子。

她死的時候，左鄰右舍都相信，她的靈魂轉移到了「還是小男孩的葛洛寧」身上。[48]這個故事包含了兩個密不可分的元素：一是上一代的治療者將強大的法力傳給了下一代的治療者；二是那種可治病、為仁與行善的法力，有時還可能與妖術並存。

證據顯示，在醫學與科學文化如此強大且聞名的德國，這些信仰與實踐比人們想的還要普遍。三〇年代展開的一項大規模民族誌研究〈德國民俗學大全〉（Atlas of German Folklore），蒐羅了各種日常風俗習慣、物質文化及語言與信仰的形式，包含民俗醫學知識在內。在這部大全所記載的眾多習俗之中，值得一提的是「誦咒」（德文作 Besprechen），也就是透過祈禱與念咒的儀式來助長療效，其中可能牽涉了驅魔法術。[49]在漢堡、德勒斯登與但澤形成的三角地帶（以柏林為中心），每五人就有四人聲稱自己所屬的群體有「誦咒」的習俗。在巴伐利亞、下薩克森、黑森與符騰堡（Württemberg）諸邦，約有四至八成的受訪者表示地方上流行這種習俗。[50]如之前提過，葛洛寧來自但澤，而巴伐利亞正是他發跡之地。

三〇至五〇年代的德國民俗學家——包括榮鮑爾與斯塔克——往往對他們用以體現基督教出現之前、封存於鄉間萬年琥珀的古日耳曼知識的習俗儀式懷有敬畏之心。但若從民俗醫學的角度出發，鄉村與城市之間的差異，遠比那些學者所想像的還要來得模糊。前述大全研究的數據指出，雖然「誦咒」的習俗在慕尼黑的盛行程度不如其偏遠內地，但在漢堡或柏林等都會區中，這項習俗普及率的城鄉差距並不明顯。[51] 在後來被劃為西德的某些地區，有高達九成的居民深信，某些人擁有能夠扭轉乾坤的高強法力。[52]

※ ※ ※

治療者在傳聞中的二元性（道德界線模糊），致使人們對葛洛寧及其懸壺濟世使命的解讀各執一詞。除了求醫的人們寄給梅斯特鎮長，懇求能見神醫一面這類的大量信件之外，還有其他書信現存於赫福德的官方檔案中，內容指控葛洛寧作惡多端。一位名叫路德維茲（Ludewitz）的筆跡學家在一九四九年五月自稱分析了葛諾寧的筆跡，譴責他道德敗壞與性行為偏差。[53] 名為歐洲宣教協會（European Mission Society）的團體則控訴葛諾寧施展「惡魔之術」，與「邪惡勢力」結盟以「擾亂人心」。[54]「我們無疑生活在惡魔指使邪惡軍團為非作歹的時代。」反虛無主義好戰聯盟的一位代表宣誓，「身為真正的德國人與基督教徒，我有義務幫忙對抗邪惡」（這裡的邪惡指的當然就是葛洛寧）。這位公民在葛洛寧的突然出現與其他人對葛洛寧的回應中，看到了同胞倒退回納粹主義的明確跡象。「那些跟我一樣的人們在第三帝國統治時期曾經落入邪惡力量的手中，得救之後，我們學會從不同角度看待事物了。」[55]

寫信給梅斯特的民眾言之有理：某個來自鄰鎮格羅諾（Gronau）的民眾神祕地稱葛洛寧為「第三位彌賽亞」。[56]難道這位老百姓想像葛洛寧是神聖三體之一，其上分別為耶穌與希特勒？或許吧！戰後的道德界線從來都不明確，當然也不以葛洛寧為中心：韋里斯（Werries，離赫福德不遠的一個鎮）有位民眾六月時寫信質問鎮長，是否明白他頒布的禁令代表什麼意義。他問梅斯特，真的要阻礙「上天派來的天使葛洛寧」奉行使命嗎？他聲稱，畢竟這個國家的天命危在旦夕：人們必須「虔誠信奉耶穌」，才能驅散「始終籠罩在我們頭上的烏雲」。這裡的「烏雲」指的是禍害、災難或不幸，也可指惡魔，意味著「不純潔」與「不完整」。這種禍害的本質是什麼呢？那個來自韋里斯的民眾認為，他的同胞們非但沒有從戰爭與轟炸中習取教訓、淨化心靈，還放任一切沉淪。他寫道，「妓女又回來了，就像那些吉普賽人、流浪漢、殺人犯、姦夫淫婦與小偷一樣。」就連青年們也「無可救藥地墮落」。[57]

過了數週，時序進入七月，米斯巴赫（Miesbach）有一位市民寫信向梅斯特陳情，盼望葛洛寧能找一名助手幫忙看病，因為情況糟得可以。他在信中寫道，「我們正在經歷猶太人的命運」。那麼，他對國家的情勢又有何看法呢？據他表示，同胞們「完全不重視《新約聖經》，而引領我們的卻是猶太《舊約聖經》錯誤百出、描繪上帝憤怒形象的論點。」[58]他的同胞們沉溺於懲罰與神聖的復仇，尚未意識到基督教的寬恕對精神生活的重要性。

在盟友與敵人、善與惡、「亞利安人」與其他種族的方面，德國人習慣以非黑即白的極端角度看待這個世界至少有一個世代之久。梅斯特收到的大量信件證明這一點，即使它們意味著人民持續且一致地努力解讀命運與尋求救贖。在此同時，他們也展現了推卸責任的強烈欲望，大多數的人似乎也都關注**當下**、而非過去的「罪惡」。就此而言，籠罩頭頂的烏雲不是納粹主義，而是戰敗與遭他國占領的恥辱：正是這些傷痛驅使德國人糟蹋自身（就如前述的「妓女又回來了」）。未能「解決」吉普賽人、殺人犯與小偷等問題的，是同盟國；放任青年「墮落」的，是占領勢力。這裡隱約可見戰後德國與第三帝國的對比，而後者在人們眼裡是一股相對正面的力量：它經常透過兇殘手段處理任何社會問題。

新聞媒體極其仔細地觀察葛洛寧的外表特徵，簡直像在研究骨相學，彷彿從那些有關他的出身與階級、行醫動機、才能與興趣的線索可以窺見他的靈魂似的。記者們每次報導都會描述他的眼珠顏色與眼神（熾熱的眼神與亮藍色——抑或是灰綠色？——的眼珠）；頭髮的顏色與長度；步伐與骨架；菸不離手與咖啡一杯接一杯的習慣。報章雜誌的作者有時寫道，葛洛寧可能與「印度的瑜珈修行者」有關係，或者是個「吉普賽人」。[59] 最後的敘述——出現在納粹迫害與屠殺辛提人（Sinti）與羅姆人（Roma）的運動落幕之後——至少可以說帶有複雜的弦外之音。「吉普賽人」被視為危險與不值得信賴的外人，但也被認為具有魔力。

指葛洛寧「與吉普賽人有關係」的說法，暗示了他擁有令人嚮往的特質（深刻的洞察力與神奇的超能力），但也意指他與惡魔打交道。

※　※　※

到了一九四九年六月中，赫福德鎮長憂心忡忡地表示，由於「未充分瞭解為了保護公眾而頒布禁令的必要性」，數千名求醫的民眾日夜冒雨在外等候，這樣的舉動「違反常理」，而且「危害自身健康」。[60] 梅斯特希望一勞永逸地驅離那些群眾，於是宣布將准許葛洛寧進行「一次性的集體治療」。但在那之後，群眾依然不散。[61] 到了六月下旬，胡斯曼大宅位處的街道上，汽車甚至於巴士皆大排長龍。[62] 大老遠跑來求醫的人們無處可待，每一間飯店、旅館與民宿都客滿了，疲累又拖著病軀的旅人只能露宿火車站的長椅、睡在車上，或者就地以星空為幕、胡斯曼家院子的草皮為席。[63] 根據《自由報》的描述，群眾在鎮上的各處街道、廣場與公園餐風露宿，形成一個「範圍廣大且不斷擴散」的露營運動。反對當局的人們發起喧鬧、甚至脅迫性的示威活動，要求解除對葛洛寧行醫的禁令。[64] 無法親自參與的支持者便寫信陳情，據一家報紙指出，信件來自各地，「從多特蒙德（Dortmund）、柯布林茲（Koblenz）、曼海姆（Mannheim）到慕尼黑，」甚至還有「英格蘭、法國、荷蘭、比利時與澳洲」。[65]

一些記者與報社編輯似乎也跟其他人一樣，對赫福德的奇蹟深感著迷。即便在當局禁止葛洛寧治療病患之後，《明星周刊》（*Stern*）等全國性雜誌仍多次刊出葛洛寧與小男孩迪特第一次見面的故事，還有其他一些不可思議的軼事，例如梅斯特鎮長曾親眼見證自稱天主使者的葛洛寧只花了短短幾小時就讓「瘸腳的病患不靠拐杖就能健步如飛」，以及「他用手輕輕一揮，病患的潰瘍就痊癒了」。[66]

赫福德的眾家媒體對此仍持謹慎態度。六月初，《自由報》報導，迪特又「回到臥床的生活了」。[67]但是，他的故事無論是真是假，已有了自己的生命。就在這則報導刊出的同一天，圖畫周刊《家庭的益友》（*Der Hausfreund*）以一篇文章引起了潛在求醫者的注意，指駐守在胡斯曼家門外的警察破例放行那些「千里迢迢來求醫的重症病患」。文章的編者評論道，「警方屈服於鐵證如山的事實。」[68]眼看苗頭不對，梅斯特不得不通知縣長，鎮上的情況開始「失控」。[69]外地的記者報導，「情緒激動的群眾」聚集在市政廳前抗議，高喊「吊死鎮長」。警方被迫介入「以遏止暴力攻擊」。一些示威者遭到逮捕。慕尼黑的媒體《水星》（*Mercury*）報導，「這就像一場小規模的起義。」[70]

過了數週，人潮仍源源不絕地湧入赫福德。「他們來自西德各處。」一名通訊記者在六月下旬的新聞中寫道。胡斯曼家「無時無刻」都人滿為患。「早上有五十到一百人，晚上有兩百人，半夜更擠滿了五百人。」唯有到深夜時分，大宅二樓的陽臺窗戶才會打開。葛洛寧會「向群眾致詞，分發他的照片」。有些人「在雨中等了三、五天，沒有食物可吃，晚上就睡在等候的房間」。[71] 多家雜誌刊出求醫的民眾病癒後開心返家工作、神經麻痺症瞬間消失，或在氣喘治癒後重獲元氣的畫面。[72]《自由報》警告人們留意葛洛寧「近乎詭異的影響」，並暗指他精神有問題，「精神科醫師絕對能在葛洛寧的怪異行為中發現病徵」。[73]

一名年輕的糖尿病患者聽聞葛洛寧表示「信天主者必能得救」，便

赫福德檔案館

停止注射胰島素。不久後他變得身體虛弱，陷入重度昏迷。事後他撿回一命，但需要接受密集照護。[74]對此，北萊茵—西發利亞邦的社會福利部部長指示縣長立即展開對葛洛寧的刑事訴訟，以違反《民俗治療禁令》、詐欺與過失傷害罪起訴他。[75]葛洛寧得到了律師的協助。面對這些刑事控訴，他的律師團辯稱，由於葛洛寧幫人治病沒有收取任何費用，因此不算違反禁令，他純粹是在回應「無數受苦的人們」的需求而已。他基於宗教理念、慈悲心與大愛救助眾人。他們在答辯狀中寫道，葛洛寧「透過精神醫治患者，不靠任何藥物」，沒有實際碰觸任何人，就治癒了疾病。[76]

很快地，北萊茵—西發利亞邦（赫福德所屬區域）全境，以及海港大城漢堡，都嚴格禁止葛洛寧幫人們看病。[77]然而，其他如位於北邊的什列斯維格—霍爾斯坦等地則宣布不會阻礙他完成使命。消息一出，漢堡的《世界報》（*Die Welt*）隨即報導，「從弗倫斯堡（Flensburg）到萊茵，不管走到哪裡，都有人談論神醫。」作為「英國占領區的話題人物」，葛洛寧「轉瞬間讓各大時事黯然失色，讓人們忘卻大大小小的煩惱」。[78]在六月底於漢堡舉行的一場記者會上，媒體問葛洛寧是否篤信宗教。「是的，我信奉天主，」他回答，「我與天主同在。」[79]

第四章　靈魂醫學

人們懇求葛洛寧治好他們身上千奇百怪的疾病，但赫福德鎮長梅斯特在一九四九年春夏所收到的信件中，有許多來自癱瘓症的患者。「我聽說葛洛寧先生最成功的是治療癱瘓（德文作Lähmung）的技術。」一個在一九四九年六月向梅斯特投書的男人如此寫道。[1]一張完全符合當時攝影新聞風格的照片顯示，人們或坐輪椅、或持拐杖來請求神醫的幫助。報導威廉廣場情況的記者們對這股趨勢做出了評論，筆鋒未必和善。其中一位形容那些群眾「大多瘸腳跛足」，另外還包括了「說話有氣無力、手腳不停顫抖與在戰爭中受傷的人們」。[2]自一戰以來，肢體部位的癱瘓向來是與戰時經歷有關的一種症狀及砲彈休克症的後遺症，但是根據一項資料統計，二戰過後肢體殘疾的德國退伍軍人是一戰的三倍之多。[3]

延斯・伯格菲爾德（Jens Bergfeld）博士在一九四九年出版《赫福德的神醫》（*Herford's Wunderdoktor*），書中也描述了幾名求醫者的說話能力受到戰爭導致的傷害所影響。[4]另一本著作則描述，一名女性「失去了唯一的兒子與面臨蘇聯人的侵犯（可能是委婉意指強暴）」後，再也無法開口說話或聽見別人說話。[5]一些求醫者在戰後瞎了雙眼（德文作Kriegsblindheit）——這也是一戰結束後常見的症狀之一。[6]雖然有許多其他的病痛持續折磨人心，但隱約可歸因於戰傷、肢體與感覺器官殘障的疾病，這些都成了特別引人關注的主題。

醫藥歷史學家安・哈靈頓（Anne Harrington）描述「身體出毛病」的各種情況——病痛的起因與個人的生理、生物機制或心理因素無關，而是源自於**社會**經驗。[7]在納粹當權時期從德國流亡至美國的曼恩曾評論，流亡的人們「似乎特別容易罹患心臟病，發生冠狀動脈血栓或心絞痛」。他指出，有鑒於他們的痛苦與恐怖經歷，這種現象「不足為奇」。[8]他一度將其稱為「流亡者的心臟哮喘」。[9]

哈靈頓好奇，「遭人背叛、人際疏離與權力鬥爭」的經歷，是否有助於解釋疾病或無預警失能的現象。她提出的驚人案例之一是八〇年代早期發生的空中交通管制危機，相信某個年齡層的美國讀者並不陌生。一九八一年，空中交通管制人員上街遊行，要求改善工作條件與減輕執勤時必須承受的龐大壓力。然而，儘管早有多項研究發現這些管制人員長期處於高壓狀態，卻找不到對應的實質證據，例如皮質醇分泌量增加或血壓升高。最終，美國聯邦航空總署（Federal Aviation Administration）研究小組的知名精神病學家羅伯特・羅斯（Robert

Rose）歸結，空中交通管制人員在工作上遇到的困境，不是壓力造成的，而是缺乏社會支持所致。他們覺得沒有人在乎這份工作的難度或他們在過程中的經驗。羅斯認為，他們所面臨的壓力不只在於生物或生理方面，也「不在於個人因素」。[10] 這種困境是社會經驗的產物。

若將這些觀點套用於戰後的德國，我們可能會問，無所不在的焦慮、集體失敗感、縈繞不去的羞恥問題及對背叛的恐懼，如何影響了人們看待自己在納粹時代後所出現的肉體脆弱。有人突然間眼盲或耳聾，是因為無法忍受周遭的所見所聞（無法承受戰敗的事實及其後果）嗎？有人一夕之間變得無法站立行走，是因為潛意識在對抗意志、反抗權力，想逃避種族屠殺與戰爭罪行的責任嗎？人們無法開口說話，是因為有太多事情——除了迫害與屠殺猶太人之外，還包含去納粹化運動引發的焦慮、以及戰敗的恥辱——不能拿出來光明正大地討論嗎？一位匿名的納粹情報員在二戰末期寫道，戰敗的結果導致了**肉體**的苦痛。在當代的某些人形容為「內戰」（出自哲學家梅洛龐蒂〔Maurice Merleau-Ponty〕的論點）一觸即發的社會環境下，言語能力的喪失意味著「拒絕共存」，而這很有可能是真相。[11]

葛洛寧及一九四九年圍繞他而迅速形成的現象，讓我們有機會好好思考這些顯著的問題。許多人在戰後變得體弱多病，是顯而易見的事實，但是什麼促使他們摩肩接踵地向一個穿著邋遢、作風神祕，還曾經是個納粹分子的矮小男人求助？是什麼驅使他們不惜冒雨露宿街頭，只為了見他一面？為什麼他們稱葛洛寧為「彌賽亞」？顯然，許多德國人賦予他遠遠超越一般醫生所具備的特質。原因不明，但這位神醫就是有辦法治癒其他醫生無能為力的病症。

※ ※ ※

葛洛寧在漢堡舉行的記者會上宣稱自己與天主同在之後，就突然間消失了。在赫福德引起騷動後，這個舉動又為他這個人添了一些神祕色彩，也使他即使未現身公眾面前，仍持續占據媒體頭條版面：七月初，他的照片登上了西德新聞雜誌《明鏡》（*Der Spiegel*）的封面，看起來整個人懸浮在空中，而下方是一大群目瞪口呆的女人。附文的內容並未深入探究是什麼讓眾多民眾拜倒在他的神奇醫術之下，他們大多對葛洛寧的各種懾人事蹟感到敬畏不已：在一個充滿「美國作家愛倫坡筆下浪漫奇異氛圍的夜晚」，「彌賽亞與信徒們一同」安靜打坐。[12]

人們很快便發現，葛洛寧隱居於海德堡（Heidelberg）一棟名為魯騰堡之家（Rutenberg House）的出租別墅（他會選中此地，有部分是因為庭院築有高聳圍籬可防止民眾侵擾），專心從事一連串的奇特實驗。這項計畫是廣受歡迎的圖畫新聞雜誌《評論》（*Revue*）——其形式與

《週六晚間郵報》（*Saturday Evening Post*）雷同，但是多了名人與美女的照片——提出的主意。[13]兩名力爭上游的記者赫穆特・勞克斯（Helmut Laux）與海因茲・邦加爾茲（Heinz Bongartz）受命延請葛洛寧及其他一些醫生監督這項實驗與進行「臨床測試」。[14]實驗的結果在一九四九年的八至十月定期每週發表。這一系列的報導受到熱烈迴響，每一期的雜誌都大賣十萬到四十萬本不等。[15]而原因從第一期的封面故事便可窺知一二。在那滿版的特寫照片中只見葛洛寧目光炯炯有神，底下則印有斗大的粗體字標題：醫學界的革命？這一系列報導的頭幾期都在探討一個論點，那就是「不可忍受的」醫療體制阻礙了人們重獲健康的腳步。葛洛寧向《評論》表示，「我專治不治之症。」[16]

這項任務困難重重，勞克斯與邦加爾茲必須四處奔走才能完成使命。他們請求馬堡（Marburg）一位醫生與心理學家費雪（G. H. Fischer）教授提供協助與專業知識。這兩位記者希望讓葛洛寧在海德堡對他們招募的對象進行實驗，而費雪與其他醫師負責觀察測試結果。[17]他們從法蘭克福的辦公室開車往北到赫福德，找到了曾被葛洛寧醫治過且願意分享經驗的病患，以及一些還未見過葛洛寧本人的民眾。在那些曾向葛洛寧求醫的患者之中，有一位是健康保險計畫的負責人蘭岑拉特（Lanzenrath），他患有腎臟病，但兩個月前給葛洛寧看過病後就全好了；另一個來自比勒費爾德的男子克魯格利希（Klüglich）在戰爭中腎臟遭到

7. JULI 1949
DER SPIEGEL
PREIS
1
DM
HANNOVER · 3. JAHRGANG · NR 28
ERSCHEINT JEDEN DONNERSTAG
„ICH HABE VERBOT", RIEF GRÖNING
„Aber ich will es noch einmal mit Deutschland versuchen" (siehe „Deutschland")

©《明鏡》，28/1949

槍擊，但自從與葛洛寧交談過後，「病痛就逐漸好轉了」；還有來自溫泉小鎮巴特恩豪森（Bad Oeynhausen），名為卡格斯邁爾（Kargesmeyer）的四十七歲男性，他長年患有嚴重的三叉神經痛，見過葛洛寧之後，頭痛大有改善。其他尚未見過葛洛寧的病患則包含比勒費爾德一名經營單車店、患有風濕病的寡婦；住在海德堡隔壁的黑姆斯巴赫（Hemsbach）、飽受腸胃消化問題所苦的約斯特（Joest）太太；以及曼海姆的史托貝爾（Strobel）先生，他在戰爭期間受了三次傷，患有僵直性脊椎炎。

找到這些人並不難，倒是神醫本人要難找得多。起初，勞克斯與邦加爾茲尋找葛洛寧未果，於是請健康保險官員蘭岑拉特代為傳話。不久後，葛洛寧捎來一封電報，沒多久便開著一輛借來的福斯汽車親抵法蘭克福。雜誌社已安排好他入住海德堡的魯騰堡之家，實驗萬事俱備，就等葛洛寧大展身手。[18]

雖然葛洛寧住在那棟別墅（儘管圍籬高築、雜誌社保密到家，仍有大批群眾聚集在外），但實驗地點在費雪教授的建議下定為海德堡大學（Heidelberg University）魯道夫—克萊哈爾診所（Ludolf-Krehl Clinic）。[19]那間診所素以身心醫學見長。勞克斯與邦加爾茲似乎從一開始便認定，葛洛寧特別擅長治療「seelisch」方面的疾病。[20]「seelisch」在字義上指的是「靈魂的」，但依據不同情況也可意指精神、心理、情感或心智方面。[21]兩位記者也經常使用過時的「Seelenarzt」一詞（意指「靈魂醫生」）來形容葛洛寧。《評論》雜誌的系列報導不斷暗指，葛洛寧的醫療屬於靈魂醫學。據費雪指出，很少有醫生知道如何診治精神病，因此病患「看遍醫生仍束手無策，而藥物對他們無濟於事」。他表示，那說明了那些患者為何會「發狂似地渴望奇蹟出現」，還有與葛洛寧見面。[22]

至少在一開始，費雪相信葛洛寧有能耐可以解救醫學、為其注入新能量，以及讓醫學界重新認識心靈與肉體之間的互動。基於當代特有的禮儀，他從未確切說明這種救贖何以必要。例如，他不談論醫學在第三帝國時代如何被當作工具以實現國家的優生學計畫，還有其他所有領域如何受到種族專家統治的荼毒。他也不討論國家以種族來劃分健康與生病的可恨做法，這樣的分類從極端角度重新定義與限縮人類的價值，創造了一個排他性強烈、只有「適者」與「不適者」之分的社會階級。那些在第三帝國中被視為「適者」的人們（屬於「亞利安」種族的人身上沒有遺傳性疾病，而且具有積極工作與生產的能力），受到國家的豐厚待遇，包含生殖的特權（儘管由於墮胎的非法化，這有時成了一種義務）。相較之下，「不適者」連最基本的保護與糧食都不配擁有。在當局眼裡，他們在生物學上有害，因為種族（猶太人、辛提人或羅姆人）、不利條件與各種遺傳疾病（或在當時被認為是遺傳所致）等方面的缺陷，而必須加以排除。德國醫學界為一項體制背書，造成至少四十萬人被迫接受絕育手術，還有

（照政府的說法）二十六萬人「不值得活在世界上」而遭到醫學謀殺。[23]這些事情費雪也沒有提到。

海德堡大學的近代史也不是費雪教授或《評論》雜誌的系列報導討論的主題。這所大學坐落於綠草如茵的尼卡河（Neckar River）河畔，是德國最古老的教育機構之一。一九三三年後不久，學校的教職員與學生便遭到納粹吸收。猶太裔、支持和平主義與傾向社會主義的教授遭到肅清。其餘教職員與學生順勢而行，對於新政權大多抱持熱情或接納的態度。在戰後主導海德堡去納粹化運動的美國占領軍對教職員進行了審查。這項原本立意公平公正而周密完善的程序，到了最後仍不甚完整。就醫學院而言，重開大門的渴望很快便使得將近半數的人員符合復職資格，儘管「大多數的醫生過去曾與納粹有所牽連」。[24]

那家預定作為葛洛寧實驗地點的診所的負責人是神經學家維多・馮・魏茨澤克（Viktor von Weizsäcker）。在一九四五年回到海德堡之前，他是布雷斯勞大學（University of Breslau，位於今日波蘭的弗羅茨瓦夫〔Wrocław〕）神經醫學門診暨研究中心（Neurological Clinic and Research Institute）的所長。馮・魏茨澤克出身貴族家庭（他的姪子理查・馮・魏茨澤克〔Richard von Weizsäcker〕後來還當上德意志聯邦共和國的總統）。維多的哥哥恩斯特（Ernst），即前納粹外交事務部次長兼教廷使節，於一九四九年四月在紐倫堡的美國軍事法庭上，因為參與將法裔猶太人驅逐到奧許維茲集中營的行動及其他戰爭罪行而遭到判刑。

在布雷斯勞，維多・馮・魏茨澤克曾經參與利用「安樂死」兒童的大腦所進行的科學研究。即便經過紐倫堡審判，他仍舊支持安樂死與人類實驗，公開聲稱「暴力與人類的犧牲」是「人類史悲劇不可或缺的一部分」。[25] 馮・魏茨澤克長久以來都抱持這種看法，至少從一九三三年便開始認為，「基於合理結論而構成並在全國各地實行的政策」十分「具有建設性」。[26]

然而，馮・魏茨澤克至今最廣為人知的，依然是身心醫學史上關鍵人物的地位。起源自十九世紀初歐洲浪漫主義的身心醫學領域，在二〇年代經德語國家列為正式制度。其研究聚焦通常為慢性的疾病，這些疾病屬於生理方面，但受到心理與肉體之間的病理互動所影響。身心醫學的專家往往會批判主流醫學，針砭其他醫學界同僚太過小看疾病，未能從完整的生命、肉體與靈魂的角度去治療病患。[27] 身心醫學領域的醫生們反對以局限的自然科學觀點看待疾病與殘疾，並在從事科學的同時也探討意義問題。他們將病患的生平經歷與社會環境置於治療與行醫哲學的中心。馮・魏茨澤克的良師益友魯道夫・馮・克雷爾（Ludolf von Krehl）認為，要治好病人，就必須瞭解他們的「人性」。馮・克雷爾稱自己不是「神祕主義者，也不相信祕學法術。但靈性就是靈魂」，他表示，「人是一個整體，是靈魂，也是肉體。」[28]

馮・魏茨澤克深受這些觀念浸染，相信一個人除了疾病的表徵或器官的失能之外，也必須認真思考其象徵的意義。他仔細傾聽病患訴說的故事，尋找病痛背後意涵的線索。他根據病人們的生活經歷寫成了「病理哲學」，分析病患生活的各個面向，以釐清其病痛代表的意義。他看病時不會問「哪裡不舒服？」而是有如精神分析師般地詢問病患，「為什麼出現這個症狀？為什麼症狀在這時出現？」[29]

《評論》雜誌提出的一個主要論點不著痕跡地假裝批評過往：這本雜誌主張，醫學讓病者失望透頂，不僅將他們的身體當作故障的機器般對待，也忽視他們的靈魂。之後，葛洛寧帶領醫學的身心轉變朝更整體的方向發展，在治療的同時也將人們的內在生活與生命經驗納入考量。《評論》雜誌反覆重申，葛洛寧將重拾「信任」。然而，必須重拾信任的原因（強迫絕育與對殘疾者施行「安樂死」計畫的近代史）卻再次被遺漏了。如同在戰後西德許多千真萬確的情況中所顯示，刻意忽略的行為本身成了一種證據，猶如房間裡的大象。然而有鑒於葛洛寧的實驗在好不容易恢復運作的海德堡大學裡展開，加上診所的負責人是安樂死的擁護者，會有絕口不提納粹時代殘忍醫療實踐的舉動，也就不足為奇了。

神醫在赫福德獲得的諸多關注，本質上與宗教密切相關。坤斯特牧師不僅認為葛洛寧提出的某些看法有待討論，還批評他虛偽。葛洛寧的律師以**精神上**的治療來辯駁，他的客戶並未違反《民俗治療禁令》。如果說《評論》雜誌在這一系列報導中所編織的第一個幻想，是醫學忽視了病患的靈魂而未能治癒他們，那麼第二個就是，在一個準備好認同靈魂一旦受了傷、身體也會生病的看法的環境下，葛洛寧的所作所為可以透過科學方法（如實驗與觀察）來解釋。

然而，這一系列的報導所捕捉到的，大多是葛洛寧與病患交談、詢問他們有何病痛的畫面。他不將這些資訊視為某種壓力的線索，而是當作不斷變化的內在狀態的指標，並對此——或藉由某種不可見的外在力量——施加影響。舉個例子，馮・魏茨澤克有一名女性病患叫約斯特，她飽受消化不良、便祕與頭痛問題所苦，子宮還長了一顆良性腫瘤。據雜誌刊出的治療紀錄所示，葛洛寧要她不要老是想著身體的病痛，而應該「全心全意地」關注身體。「身體有發生任何變化嗎？」過了一段時間後他如此問道，「有沒有感覺體內有股電流通過？」他強調感覺沒有對錯，只要求她「務必照實說……說出事實就對了」。如同在其他情況下，葛洛寧語多省略，從未明確指示療法，而是輕聲地與病患談笑，同時憑直覺判斷對方的身體狀況。他向約斯特表示，「我們會找到病因的，但你不能把心思都放在身體的病痛上，這樣會干擾我，使我無法找到原因。不需要讓事情變得複雜。」遺憾的是，我們無法得知約斯特究竟感覺到了什麼。《評論》雜誌只簡短記錄了她的回應：腎臟有一股暖流，下背部隱隱作痛。

在雜誌的側欄中，勞克斯與邦加爾茲向讀者解釋了約斯特太太的其他狀況，內容聽來像是馮．魏茨澤克論述的病理哲學。她如此飽受病痛折磨已有十多年了。二十二歲時，她不顧家人反對嫁給了一個五十五歲的鰥夫，而他的前妻生前正是由她照顧的。那個女人得了腹腔或婦科方面某種不明疾病。有段時間，約斯特太太擔心自己會「染上」那種病。她與丈夫生了一個兒子，也一起扶養丈夫前段婚姻所生的三個女兒。她想生更多孩子，但丈夫不想。馮．魏茨澤克認為她的「腸胃問題」起因於丈夫的前妻，而子宮會長腫瘤，是因為她「沒能實現生更多孩子的心願」。[30]

沒有證據指出，這件事與葛洛寧治療約斯特太太或其他病患的方式有任何關係。如同赫福德的情況，海德堡的民眾同樣也將自己相信的所見所聞投射在葛洛寧身上，而就約斯特太太的案例而言，人們眼中的他就像一名心理治療師。《評論》雜誌在系列報導中清楚呈現，不論葛洛寧對成千上萬名前來求醫的民眾還做了什麼事，他總是願意傾聽，也因此能取得病患的信任。根據坤斯特牧師在赫福德對他的觀察，他一坐就是好幾個小時，靜靜聆聽病患訴說他們的煩惱。勞克斯與邦加爾茲寫道，葛洛寧與病患交談時「輕聲細語，充滿了自信」。[31] 葛洛寧對於那些求醫者的意義在於，「奔放不羈的天賦，有時看似偏離常軌，卻具有治癒靈魂的強大能耐」。[32] 他們用了「Seelenbehandlung」一詞，也就是「靈魂治療」的意思，但也表明葛洛寧的成功在更大程度上是與生俱來的某種讀心術所致，而非醫術高超。

葛洛寧在赫福德經常闡述的宗教觀念幾乎未見於《評論》雜誌。裡面的文章鮮少提及他對天主的信仰。相反地，那一系列的報導將葛洛寧塑造成世俗的江湖術士，一個靠直覺就能洞察病灶的鄉野奇人。文中表示，他有千里眼，而迪特的母親安娜莉絲有時會擔任他與病患之間的媒介。應葛洛寧的請求，她憑直覺判斷求醫者的病痛為何，然後向葛洛寧描述，接著他就能理出線索，即使與病人隔了一段距離也無礙。[33]該雜誌也提到了葛洛寧從菸盒裡拿出並揉成小球的錫箔紙。他表示，這些紙球可以傳導他的治療能量——他稱為「Heilstrom」，即具有治療作用的電流。[34]勞克斯與邦加爾茲描述，有一次費雪博士毫無防備地坐在葛洛寧看診時常坐的椅子上，突然間臉色變得「死白」。他先是「喘不過氣來」，但很快又恢復正常，彷彿「被一股不知從哪冒出來的神祕力量電到一樣」。

費雪深信葛洛寧有一部分的能量蓄積在那張椅子上，於是從達姆施塔（Darmstadt）找來了一名二十一歲女子安妮・施韋德勒（Anni Schwedler）試坐。戰爭期間，安妮與另外二十個人躲在一座釀酒廠底下的防空避難所，工廠遭到轟炸時，他們慘遭活埋。她設法逃了出來，但之後那幾天行動變得愈來愈困難；她時常摔跤，逐漸喪失行走的能力。如今，她坐在那張神祕的椅子上，費雪開始告訴她，葛洛寧如何在這個房間讓許多癱瘓難行的民眾重新站起來。接著，他給她看了葛洛寧的照片。據那篇文章描述，過了一會兒費雪「突然要她起身」時，安妮「精神奕奕地站了起來，不敢相信自己前一刻還步履蹣跚，下一刻就能站了」。腳步不穩地嘗試了幾次後，安妮終於能夠「行動自如地在房間裡走來走去，不但能在屋子與院子裡活動，走到隔壁的街上也不成問題了」。[35]

※　※　※

安妮奇蹟般的康復，同時透露了兩個故事。一個是葛洛寧的神祕力量，另一個則是一個女孩在戰時僥倖逃生後逐漸癱瘓的過程。「二次世界大戰帶來的劇烈動盪留給了人們一大堆疾病，」勞克斯與邦加爾茲指出，包含「不計其數的腸胃病、風濕病，還有各種精神官能症與癱瘓症。」[36]他們認為，這些疾病有許多都根源自「有意識或無意識的靈魂（德文作 seelische）衝擊」。[37]

夏末秋初之際，《評論》雜誌發行了新一期內容，涵蓋了費雪博士研究截至當時求醫者寄給葛洛寧的八萬多封信所得出的結果。從兩千多封的取樣中，費雪發現有半數多的信件來自女性。他推測，其中多數寄件者介於二十到六十歲之間，而且大多屬於中下階層。線索是這些信件的寫作風格，文字有時讀起來顯得「拗口」，感覺得出是「不常寫作的人」會有的

「拙劣用詞」。[38]假使費雪猜對了，那麼其中一些寄信者有可能就是深受納粹優生學政策所荼害的那群人。第三帝國時期常用於判定哪些人應該絕育的一種機制是「智力」測驗，考的多是曾受過中產階級教育的人所應該具備的知識。這讓接受實踐教育的勞動階級處於明顯的劣勢。[39]舉例來說，赫福德接受絕育手術的民眾大多出身低層，也就是雪茄工廠的工人、農民與接受福利救濟的弱勢青年。[40]至於其他地區也大多是如此。

那些寄給葛洛寧的信件，不論寫作水準是高是低，關係到的並不只是疾病與體弱。求醫者向他訴說痛失家園與摯愛的遭遇，悲傷、愧疚與失落的情緒，還有家庭中的衝突、恐懼與羞恥，而這些大多與戰爭脫不了關係。「我六歲大的兒子在醫院躺了六個星期，」一名母親寫道，「他的腎臟停止運作，情況非常危急。」這位母親相信兒子會生病一定是「靈魂因素」的關係：丈夫死於戰爭，於是她與兒子被迫投靠娘家，飽受家人的冷漠對待。另一名母親則在信中描述，自從一九四四年在空襲中受傷後，就得了嚴重的風濕病，走路「變得愈來愈困難，到哪兒都必須靠人揹，靠人攙扶。」[41]《評論》雜誌特別提到了韋蘭德（Weiland）先生，他在一九四三年遭到國防軍以「完全不適合從軍」為由而除役，因為他的視力逐漸退化。但是在赫福德給葛洛寧看過之後，他恢復了一部分的視力。[42]

據費雪指出，約有四分之一的寄信人表示自己被醫生診斷為無藥可醫。許多人罹患「慢性疾病……起因在於靈魂問題」。費雪描述，許多寫信給葛洛寧的患者「精神錯亂」。他們「找不到出口」，倍感孤單，有尋死的念頭，覺得「沒有人值得信任」。其中一位還說，自從女兒去世後，妻子便得了心病（德文作herzkrank）。另一個女人則描述，自己的女兒被強姦了八次，從那之後就病懨懨的，食不下咽。

在一九四九年的多數醫生眼中，除非疾病有「器官基礎」，否則便不算存在。如果病患訴說的病痛找不到明顯的生理原因，他們就找其他的理由搪塞。如同現代的慢性疾病，這些解釋有可能掩蓋了患者的道德組成，透露家族的不堪汙點，或者暗示個人品行有缺陷。[43] 前來看診的病患也許是為了逃避工作而裝病、為了符合救濟資格而謀取殘疾證明，或者缺乏毅力或堅強的性格以克服難關；也許過於敏感或意志薄弱，又或者他／她在戰前就已經發生了一些問題。[44]

費雪認為，從人們寄給葛洛寧的信件可明顯看出，傳統醫學對於身心醫學在應用上過於狹隘的觀念需要被修正。那些病患描述的症狀並非空穴來風，而顯然是源自於靈魂的生理疾病。個人的不幸故事，顯露了費雪所謂的「集體命運」的影響：炸彈不斷落下與轟炸聲隆隆作響的夜晚，民眾倉皇逃難、餓得不成人形，前線戰敗，許多家庭失去了父親與兒子，姦淫擄掠的事件四處頻傳。

費雪宣稱，葛洛寧讓世人看見，身心方面的疾病是「現代的流行病」。那些信件無疑記錄了個人的悲慘遭遇，但也顯示出「德國人的苦難史」。他指出，四肢突然間動彈不得、胃痛發作或孩子的腎臟失能，這些與其說是個人經歷的產物，不如說是國家的共同命運。它們是「人們背負沉重壓力而生的反應」，是「過去幾年來淒風苦雨下的產物」。[45]

費雪在這裡的用詞值得仔細檢視。首先，當他說到命運驅使的集體疾病時，指的不是心理創傷。雖然在現代，創傷已成為恐怖的事件如何長久影響個人生活的普遍解釋，但這個概念在一九四九年葛洛寧引起關注的德國並不流行。[46]（當人們開始使用這個詞彙，指涉的是肉體收到的衝擊或傷害，而非不安情緒導致的影響。）相反地，費雪指的是肇因於**共同**命運的病痛：如他所述，是「多年來」德意志民族的經歷中獨有的病痛。他指出，近年來在好幾個「外國國家……尤其是瑞典、瑞士與美國，（按：身心）疾病的案例不知為何迅速增加」。然而，這些國家「在靈魂上遭受的衝擊要比德國來得少」。[47]費雪指的是與德意志民族的經驗尤其相關的那些疾病。

費雪話中的「過去幾年來淒風苦雨下的產物」，指的是納粹掌權的時代，甚至是二戰時期——至少，指的不是由古至今。他指的只有戰爭最後那幾年無可挽回的時光。如果讀者是德國人，看到《評論》雜誌中關於轟炸，尤其是姦淫擄掠的參考文獻，一定知道他在說什麼，他們明白，那意味著戰敗與殖民，而殖民無疑是戰敗的第一個苦果，是後續帶來所有其他恥辱的集體失敗。根據費雪的說法，是戰敗與殖民毀壞了無數德國人的健康。

單純聚焦於對「戰時」發生的一切的有限理解，以及只談論自身的失去、犧牲與掙扎，讓這個國家得以脫罪。在新興的戰後敘事中，西德人民開始認為自己是「希特勒一手挑起，但沒有人是贏家的一場戰爭」下真正的受害者。[48]當鄂蘭在這個時期（一九四九年末）造訪西德時，對她口中德國人的「普遍自憐」感到十分震驚。當她在旅途中向其他德國人表明自己是當年被迫逃亡的猶太人，他們的回應不約而同都是譴責德國的「可悲」。[49]第三帝國犯下的罪過使數百萬人成了共犯，另外數百萬人被迫流亡，如今這一切都可歸咎於少數的「狂熱者」，也就是希特勒與納粹黨衛軍，是他們誘使這個國家誤入歧途，一去不返。集體的受害記憶，與對去納粹化的堅決抵抗和全面赦免納粹時代罪行的倡議密不可分。這全源自於人們的渴望，渴望「遺忘過去」，或渴望至少保留一段形式極度有限的記憶。

最重要的是，強調德國的損失，是一種逃避集體罪惡責任的手段。歷史學家阿緹娜．格羅斯曼（Atina Grossmann）在著作中表示，二戰過後，在德國的猶太人——不管是重回祖國的德裔猶太人、各國占領軍的士兵，或是在遷居以色列、美國或加拿大等地的途中短暫停留的移民——意識到德國人普遍懷有「不成熟的恥辱」，而這種心理「導致深切的憎恨」。這種恥辱的本質，其實不是今日生活在承平時代的我們所能想像的。格羅斯曼寫道，對德國人而言，猶太人「一直是種侮辱，不斷提醒著他們的罪惡與失去」。換言之，猶太人象徵著極度不受歡迎的戰敗記號。[50]另外別忘了，費雪也提到**集體的命運**，意即**降臨**在每個人身上的命運。這樣的語言巧妙地令人困惑：「共同的罪過」帶有主動的意味，因為集體的命運則不容任何人主動尋求改變。

同時，在這個人們弔詭地避重就輕與選擇集體沉默的時代，西德民眾如此希望與葛洛寧**對話**的現象令人玩味。費雪博士在《評論》中指出，「他們都渴望進行深談。」[51]在這種時空下，展現這種渴望並不尋常。特別是在第三帝國時期，德國發展出一種極端的禁慾文化。對納粹而言，存在本身是一場非生即死的競賽，只有某些人在道德上有權利獲勝。為了榮譽，即使受苦受難也不吭一聲。納粹注重嚴明的紀律與耐苦耐勞的情操，將淡然面對死亡與失去的胸懷視為一種品德：「高尚的順從」（德文作 stolzer Trauer）。有時黨領袖甚至會責罰流露悲傷之情的平民，在他們眼裡，這種感受特別有害，「不夠英勇」。[52]一些知名的醫生更主張，生病受苦的人不應該渴求得到呵護照顧，而應該學習平靜地忍受痛苦。[53]

戰爭期間，那些難以揮別恐怖經歷的精神病患者就醫後得到的醫囑是，不要說話，埋頭工作就對了。[54]最高原則是，認命工作並且保持沉默。一九四四年，有一項心理研究針對那些認為自身疾病與戰時的空襲經歷有關的人們進行了調查，警告大眾，談論內在的感受可能會使人變得憂鬱。[55] 換言之，沉默的文化不僅是圍繞納粹主義與戰爭的禁忌而生的一道普遍社會命令，還是權威性的醫學建議。

然而，人們希望葛洛寧能傾聽他們的問題。這些數以千計的寄信者選擇不依照指示保持沉默，而是向他訴說埋藏於內心深處的羞恥、傷心、愧疚、痛苦與不足。儘管費雪試圖揭露戰後德國牽涉了不僅僅是複雜的道德問題，還包含懸而未解的人類苦難，但《評論》雜誌的系列報導道盡了人們的心聲。不論葛洛寧透過神祕的能量與錫箔紙揉成的小球還做了什麼事，對向他求助的成千上萬人而言，他似乎願意傾聽。他激發了人們的信任。

或許最重要的是：他不是一位醫生。

第五章 慕尼黑的彌賽亞

勞克斯與邦加爾茲為《評論》撰寫的系列報導（包含令人瞠目結舌的故事，例如病痛突然痊癒及椅子具有神奇能量），於一九四九年八月初出現在報攤。在此之前，葛洛寧消失在公眾面前已經好幾個星期了。現在，他突然再次現身：《南德意志報》宣告，「從前天中午開始，赫福德的『神醫』就在慕尼黑了。」[1]數週前，漢堡一家報紙披露，葛洛寧受到「慕尼黑一群感興趣的科學家」邀請前往巴伐利亞，他們希望安排一間鄉間別墅，好讓他在那裡治療病患，萬事俱備，只等「地方政府與教會點頭了」。[2]不論這則報導是真是假，葛洛寧當時的確人在巴伐利亞首都一間私人住宅作客，「身邊還跟著一小群助手，包括兩位醫生」。報導指出，他來到此地是為了幫助一個眼盲的女人恢復視力，「據信……還治癒了」另一名「雙腳癱瘓多年的高齡婦人」。葛洛寧不希望自己的行蹤曝光，至少在那段時間是如此。[3]然而，隨著當地媒體報導《評論》雜誌刊出病患給葛洛寧看過後就自動痊癒的重點細節，政府官員們借鏡赫福德的情況，開始為大批求醫民眾即將湧入做準備。[4]當地內政局官員警告上巴伐利亞（Upper Bavaria）政府，葛洛寧沒有醫師執照（《民俗治療禁令》所限），如此替人看病仍屬違法。[5]

《評論》的系列報導突顯了，某幾種疾病似乎讓戰後德國的許多人口飽受折磨——主要是一些在醫生眼中無藥可救的慢性疾病與憂鬱症。一九四九年夏秋時節，這個觀點在慕尼黑與其鄰近的羅森海姆（Rosenheim）引起的廣泛共鳴更甚於其他地區。《評論》將葛洛寧塑造成對現代醫學的貧乏與脫節的精神解藥。他懂得傾聽人類的問題；他能夠醫好無人可治的病症，療癒無人能察的傷痕。在巴伐利亞熱烈歡迎葛洛寧到來的民眾人數，讓赫福德相形見絀。一個充滿痛苦與疾病、受限於家戶隱私而不為人知的世界，逐漸浮上檯面。就連葛洛寧也備感訝異。他向記者們表示，「德國的每一間房屋都是醫院！」[6]

那些見證葛洛寧在巴伐利亞引起轟動的人們，往往不是從科學的角度看待這件事（如同海德堡），而是帶著宗教的眼光。他們說那些事件體現了《聖經》的啟示，預示了集體的心靈淨化。而如本書之後將述，我們有充分理由可以解釋情況何以那樣演變。這段期間，葛洛寧成功治癒病患的情景滿溢著宗教情感。這實在令人震驚，原因有很多，其中值得一提的是，歷史學家只看到在戰後的德國（巴伐利亞等天主教區與新教教區），人們適度而短暫地「回歸教會」。[7] 慕尼黑與羅森海姆的民眾對靈性的渴求——並非以週日上教堂做禮拜的形式展現，而是病痛纏身的數千人聚集街頭，期盼能見葛洛寧一面——或許有別於傳統，但不容否認。最終，這般虔誠的情感就如同赫福德的情況，再次演變成了一種「支持」民主與「反對」納粹醫療行動的社會起義。

隨著葛洛寧的事蹟與德意志聯邦共和國持續發展，群眾不斷蜂擁而至，這位民俗療者的故事其本質起了變化。等到他在一九四九年八月抵達慕尼黑時，神醫已建立起一群持續擴大與各形各色的追隨者及伙伴。這群隨員不斷變動其組成分子，最終涵蓋了出版業人士、攝影師、律師，甚至還有一名為了創作葛洛寧的雕像而如影隨形地跟著他的雕塑家、來自赫福德的胡斯曼夫婦，以及一對從事紀錄片製片的夫妻檔勞夫・安格勒（Rolf Engler）與艾芮卡・安格勒（Erika Engler）。[8]

其中還有伊貢・亞瑟・史密特（Egon Arthur Schmidt），他曾在第三帝國宣傳部的廣播處打雜，後來成為葛洛寧的第一任經紀人，[9] 協助處理媒體事務、安排公開行程與回覆信件。史密特在一九四九年也出版了一本書，描述葛洛寧在赫福德的種種事蹟，名為《布魯諾・葛洛寧的奇蹟療法》（*The Miracle Healings of Bruno Gröning*）。書中，他提出了一個在今日廣為人知的論點，那就是未能考量靈魂生命的醫學，是失敗的醫學。他寫道，「信念是奇蹟最鍾愛的孩子。」[10] 信念是這位前宣傳部雇員再熟悉不過的事了。值得一提的是，他的國家社會主義德意志勞工黨（Nationalsozialistische Deutsche Arbeiter Partei，編按：即納粹黨的正式全名，德文縮寫NSDAP）黨員檔案中包含了一張X光片，上頭的影像顯示他患有嚴重的髖關節炎，因此行動不便。[11]也許，一開始正是這個問題驅使他前往赫福德，在那裡第一次見到了葛洛寧。又或者，他會去到那座小鎮，純粹是因為他跟一些前納粹分子一樣找不到工作（至少有一陣子是如此）。

當初在赫福德一棟別墅的客廳裡發生的奇事，到了這時已向外傳到了德國各地成千上萬名尋求治療的病患耳裡——起初是漢堡，接著是海德堡，如今是巴伐利亞。在見獵心喜的媒體的推波助瀾下，葛洛寧成了一種全國現象。隨著信眾成員持續變動與知名度漸增，他在公眾面前的形象也起了變化。如果說當時的人們不清楚葛洛寧在治療的是什麼，那麼即使是今日的我們在相隔數十年後研究此事，也無法得到更明朗的結果。

※ ※ ※

當葛洛寧來到慕尼黑時，戰敗的跡象仍隨處可見。在一九四〇年六月至一九四五年四月間，同盟軍一共對此地發動六十六次空襲，徹底摧毀了約一萬三千棟建築物，嚴重破壞的則有八千棟（市內共有六萬零九十八棟建築）。在火車站等市中心區域，高達七四%的建築成了斷垣殘壁。[12]在極短的時間內，市政府動員將清除的瓦礫整齊地堆在建築物腳下，街道掃得一乾二淨。但戰後過了四年，就如下頁照片所示，美國占領軍張貼在建築物上的標牌，依舊令人毛骨悚然地諷刺著死亡的永恆。

葛洛寧的突然造訪，震驚了慕尼黑的大街小巷。報社的編輯遭到急欲見到葛洛寧或打聽相關消息的民眾團團

慕尼黑檔案館

包圍，接電話接到手軟。[13]

醫療院所擠滿了熱切詢問能否見葛洛寧一面的病患。[14]有一次，當局不得不派遣警員到一對姓梅茨格（Metzger）的聾啞夫妻的家門外，驅趕那六百到八百名聽聞葛洛寧將現身該處而蜂擁前來的群眾。[15]

如此熱烈的反應遠遠超越了當時赫福德的盛況。的確，慕

慕尼黑檔案館

尼黑是一座比赫福德要大得多的城市。即使其人口因戰爭銳減，但仍有赫福德的十五倍之多。除此之外，這兩個地方還有其他差異。赫福德以信奉新教為主，慕尼黑的人口則大多篤信天主教；雖然慕尼黑的民眾——比赫福德的民眾——相對排斥納粹黨（更甚於赫福德的人口），但這座城市畢竟是國家社會主義德意志勞工黨的發源地，關於這事，該黨還曾將慕尼黑稱為「（納粹）運動的首都」（Hauptstadt der Bewegung）。身為奧地利人的希特勒即在此地應募入伍，加入巴伐利亞軍隊，在一戰期間踏上沙場。戰後，他也留居於此，在軍事情報部門工作，以揪出叛亂分子。他在慕尼黑協助發動的一九二三政變——啤酒廳政變（Beer Hall Putsch）——更讓他首度獲得舉國關注。

但是，慕尼黑還有其他頭銜。在一九一八至一八一九年的德國革命期間，這座城市是社會主義黨暴動的前線，同時也是為時短暫的巴伐利亞蘇維埃共和國（Bavarian Soviet Republic）的首都。這座城市被譽為「伊薩河畔的雅典」（Athens on the Isar），體現了某種悠然自得與心胸開闊，在歷史上也吸引了無數的藝術家、作家、表演者與學者，更不用說是形形色色的神祕主義人士、寓言作家及前衛主義分子，並因為他們的到來而孕育出斑斕多彩的文化。一戰之前，這些人士包含了宇宙圈（Cosmic Circle），一個結合通靈、性解放、異教與吟詩的團體，而在一戰後，更加入了極右派反動分子，以及信奉神祕主義的圖勒協會（Thule

Society）——取名自一座宛如亞特蘭提斯般失落的北歐城市（之後，協會中許多成員成了納粹黨的重要人物）。[16]威瑪共和國時期，慕尼黑以超自然研究重鎮之姿崛起。[17]日記作家維多．克倫培勒（Victor Klemperer）針對德國革命所做的觀察提出了適切的結論：在慕尼黑，藝術、政治與表演密不可分。[18]

這充分說明了葛洛寧的巴伐利亞旅程為何始於慕尼黑，儘管圍繞他身邊的群眾在鄰近羅森海姆的地方達到了史無前例的規模，那是一座馬場改建的鄉間渡假村兼賭場，名為特洛特農場（Trotter Farm，德文作Traberhof）。誰都想不到，那個地方會成了集體靈魂再生的場所。坐落於慕尼黑東南方約六十五公里的山麓丘陵間一大片廣闊草原，周圍環繞遼闊的賽馬場與壯麗景色，特洛特農場是一個可讓人開心品嘗咖啡與糕點、打網球、跳舞、四處走走或喝杯飲料的地方。至少一位記者指出，當渡假村的餐廳滿是「優雅的先生與女士」時，「聞起來全是銅臭味」。[19]

特洛特農場的主建築是一個外牆以白漆繪有庸俗的馬靴與賽馬馬車的兩層樓結構，二樓有一個陽臺。礫石鋪成的停車場位於主建築前方，作為遊客的停機坪。

這座渡假村的經營者里歐．霍華（Leo Hawart）據說患有相當嚴重的癱瘓症，他希望能找葛洛寧來為自己看病，因此送出了一封邀請函。但出於「生意人的本能」，他邀請葛洛寧來的動機不僅如此。[20]在報導葛洛寧抵達慕尼黑的第一篇新聞刊出後不到一個禮拜，就有數百名求醫的民眾湧入霍華的渡假村。

政府注意到了這件事。郡政府警察局的一名警探卡斯貝格（Käsberger）在某個週六晚間前去巡視，發現約有五百位民眾聚集在特洛特農場的停車場焦急等候。從農場主建築的陽臺可俯視下方的場地（及群眾）。卡斯貝格指出，大約八點十五分時，葛洛寧短暫現身；他只露面了一分多鐘，不發一語，然後就回到屋內。霍華走出來傳達訊息：葛洛寧會再回

慕尼黑檔案館

來，但他需要一些時間凝聚注意力。在此同時，第三個人出現，同樣也要群眾稍安勿躁，指示他們不要擠在一起，站開一點。這是葛洛寧經常下的指令；騰出一些空間，這樣大家才不會讓治療能量的電流「短路」，因此才有可能達到療效。約八點半，葛洛寧再度現身，這次開口說話了。他向底下的群眾表示，「與外界想的相反」，他「並沒有要求任何人前來」。在卡斯貝格看來，葛洛寧可能有點被陣仗龐大的求醫民眾嚇到了。葛洛寧說，「大家應該等到他獲得天主的恩准」。這位警探在報告中草草寫下，葛洛寧「想幫助每一個人，但他希望事情能夠按部就班，不要一團亂」。他還說，他「只能幫助相信他的人與堅定信奉天主的人，是天主賜予他治療的力量。」葛洛寧表示，他「只是在履行自己的職責罷了，就跟大家善盡本分一樣。」「所有來看病的患者不用帶錢；他不需要。他們只需要帶上疾病與時間，也就是他之後將從他們身上帶走的東西。」[21]

那個週六，卡斯貝格警探不是羅森海姆唯一一個從旁觀察葛洛寧的人；還有另一位名為阿爾弗雷德．休伊克（Alfred Heueck）的記者與編輯。休伊克騎單車環遊阿爾卑斯山時，聽聞葛洛寧也在附近。記者的本能使然，他決定繞道過去一探究竟。他抱持「堅定的懷疑態度」，在中午前騎到了農場，走進人群裡。他聽周圍的求醫民眾談論身上大大小小「輕易可察與不為人知」的病症聽了有五個小時之久。[22]

卡斯貝格警探在報告中的語氣讀來「像是僅僅陳述事實而已」，平淡而乏味。相較之下，休伊克將現場氣氛描述得慷慨激昂，有如一場「靈性的起義」。休伊克寫道，葛洛寧對群眾的影響力明顯非同小可：他一出現，大家一片「肅穆靜默」，就像「電影播到一半畫面突然靜止不動那樣」。臉上「寫滿憂愁與痛苦」的群眾猶如「磁鐵般」被這個身穿皺爛破舊的長褲、扣子扣到脖子的深藍色襯衫、「毫不起眼的矮小男人」所吸引。休伊克描述，在某一刻，「葛洛寧沉默了很長一段時間，一動也不動，目光銳利的藍色眼珠……直盯著遠方的某處，而不是底下的群眾。苦行僧般的滄桑面容顯得嚴肅緊繃。」他開口說話時，聲音極輕，彷彿絲毫沒有牽動臉上任何肌肉，雙手垂放兩旁，沒有比手勢。對休伊克而言，葛洛寧看起來就像一個「純真且真摯」的男人，「必定發自內心地虔誠」。[23]

這兩位見證人回憶道，某一刻葛洛寧問那些群眾，誰正處於痛苦中。據休伊克敘述，「至少兩百人想都不想就舉起雙手。」過了幾分鐘，葛洛寧再次詢問。[24] 他要那些人將手放在疼痛的地方然後閉上雙眼。十秒後，他請他們張開眼睛，並問他們感覺如何。大家的答案各不相同，但都說體內有一股奇怪的刺痛感。[25] 之後，葛洛寧走到陽臺角落的陰影處抽起菸來。休伊克提到，他「顯然精疲力盡」。[26]

一週後，卡斯貝格警探再度前往特洛特農場，這次身邊多了一位高個子同事。那時，聚集在農場的群眾已增加到數千人。他們「歡欣鼓舞地迎接葛洛寧」。

葛洛寧的一名伙伴向群眾致詞時，並未讚頌他的高超醫術，但在卡斯貝格看來，「拐了彎地推崇」葛洛寧是「拯救窮人與病者的神醫與治療者」。臺上在演講的同時，卡斯貝格與同事在臺下跟幾名觀眾聊了起來。七十歲的L太太對他們透露，她「從四月以來兩隻腳就癱瘓無力，沒辦法走路」。但當下如卡斯貝格所看到的，她能夠站起來走個大約三十至五十公尺的距離，「有時靠自己就行，有時需要旁人攙扶」。有個九歲孩童「從出生以來就下肢癱瘓」，「頭部一直無法自由轉動」，他的父母表示，遇到葛洛寧之後，他突然「可以轉動頭部了」。雖然那個孩子依然無法站立或行走，但如他父親所示，他的雙腳可以彎曲與活動（警探推想，那孩子「天生腳就沒力」）。人們告訴卡斯貝格，「他們感覺自己變得跟以前很不一樣。」而他認為，「這些患者的問題在於心病」。27

※　※　※

葛洛寧治癒了人們。官方檔案、當代的報紙與其他資訊來源，記載了不計其數的證據。但問題是，他治好了那些病患的**哪裡**？假使他是彌賽亞，又帶來了哪種救贖？

一九五一年，如本書稍後將詳述，葛洛寧被迫上法庭為自己違反《民俗治療禁令》進行答辯。當時，法庭請來精神病學家米切利希——他曾是馮．魏茨澤克的學生——提供專業見解。儘管反納粹的米切利希在五〇年代大致持保守派觀點，但戰後他毫不畏懼地展現自己的社會良知。他與同事佛萊德．米爾基（Fred Mielke）針對紐倫堡醫生審判（Nuremberg Doctors Trial）所撰寫的報告——英文譯為「惡名昭彰的醫生」（Doctor of Infany）——完全證明了納粹主義下的醫學犯罪。這本書讓米切利希遭到其他同僚的憎恨，而且差點連事業都賠上了。[28]

一九五一年米切利希在法庭上

慕尼黑檔案館

提出的主張，看似符合精神分析學家的立場：他形容葛洛寧是人們所願與所需的投射和產物。米切利希認為，是圍繞葛洛寧身邊的群眾**成就**了他，是他們將他的地位推升成上天派來的特使。[29]民眾的熱情、希望與夢想，還有他們對病癒的強烈渴望，讓彌賽亞成為現實。

米切利希嚴厲批評葛洛寧的人格。他表示，這位神醫沒有自我批判的能力。他缺乏自制力，為人狡詐，活在魔法世界裡。他「在相當程度上是病態的，人格發展受到了神經機能的擾亂」。他醫治病患的使命只不過是這種「有問題的本性」所顯露的「症

慕尼黑檔案館

狀」罷了。[30]米切利希所描述的葛洛寧反覆無常：容易受人影響、善變、情緒化。這位治療者沒有醫者的核心素養，儘管他沒有唬人，但也不是什麼神醫。

米切利希對葛洛寧的追隨者無法替自身著想、自我批判與坦誠的行為尤其感到憂心，不過他不願意明確指出他們應該批判與坦誠的事情是什麼。他認為，這位治療者與其追隨者的關係是一條危險的雙向道：一方面，在一個無處求助的世界裡，群眾需要葛洛寧，也將他視為避風港。另一方面，他需要群眾支撐他對外界目光的飢渴。[31]

然而，儘管米切利希如此直言不諱，但就連在戰後大肆批評納粹的他，也不敢斷定過去與現在的葛洛寧現象之間有所關聯。他呈交給法庭的報告論點抽象，用詞迂迴。這種保持距離的舉動，在戰後的知識分子身上十分常見，表現的形式各不相同。舉例來說，歷史學家們不會直接談論近年的事件與其對德國歷史所具有的意涵，而是堅稱德國歷史一向根植於普世的永恆價值，例如「文明」、基督教或「西方」。[32]這麼一來，他們才能迴避德國怎麼會創造出國家社會主義這種產物的問題。

米切利希對葛洛寧的評斷，符合這種避重就輕與移情的模式，使用的卻是精神分析的語言。例如，這位精神病學家描述這位治療者「精神不穩、尋求安全感（德文作 haltsuchende）」的人格，在那些「熟知政黨宗派成立……過程」的人們眼裡並不陌生。然而，米切利希連一個宗派或政黨都沒列舉出來。當然，他沒有必要具體陳述，因為任何人看到他的報告都知道他是什麼意思。他繼續闡述這樣的立場，指那些熟悉這段歷史的人們肯定會注意到「某些人懷有病態的使命感」——這裡似乎指的是納粹——「以及其他人（按：納粹的追隨者）用同樣病態方式追尋某種慰藉」。抱持使命感的領袖加上渴望有個避風港的追隨者，形成了米切利希所謂的「精神病態現象」，其在「任何時刻都可能復甦」，而如今「特別有害」。[33]

雖然這位精神病學家拒絕對此提出尖銳觀點，但神醫過去的納粹身分讓他不用指名道姓就能談論希特勒。據米切利希估計，葛洛寧及其追隨者與納粹主義只有毫釐之差。他深信，使他們「特別有害」的，是對於穩定，以及某種「慰藉」的需求。那正是向葛洛寧尋求治療的人們所缺乏的東西，也是他賦予他們的東西——一個值得信賴的人，一個可以稱為家的地方。反過來，他們給予葛洛寧深切的渴望。

迪克——就是那位先前提過蒐集與分析末日傳言的學者——認為，同盟國的殖民以失敗告終，是因為無法可靠地取代希特勒——意即元首的替代品，德國人民對此託付了極大的信仰，甚至敬愛。同樣有趣的是，米切利希與同為精神分析師的妻子瑪格莉特．尼爾森．米切利希（Margarete Nielsen Mitscherlich）之後寫了一本大獲成功的西德社會分析專著《無悲傷能力》（*The Inability to Mourn*）。這對夫婦在書中主張，德國人對希特勒的認同是如此徹底而正向，以致在戰敗後，他們不得不斷斷對他、還有他所象徵的過去的「所有情感連結」，以在精神上保持完整。米切利希夫婦表示，這削弱了德國人面對第三帝國罪行、羞恥或愧疚，以及自己與國家血腥過往之間的共謀關係。他們藉由常年的忙碌逃避問題：不停地工作、重建、改良與修補。[34]

一九四九年，米切利希針對葛洛寧提出的分析及上法庭提供見解的經歷尚未發生。但是，那項分析的元素已可見於那年夏天的特洛特農場。安格勒夫婦的製片團隊開始拍攝以葛洛寧為主角的紀錄片。[35]當神醫出來向群眾說話時，會有溢光燈在夜間為他打光。他們力求營造出過去眼神炙熱的意見領袖在黑暗中登上舞臺、向群眾精神喊話的氛圍。一九四九年的羅森海姆，一點也不像一九三四年的紐倫堡，但是當葛洛寧一站上陽臺，身穿始終如一的破舊衣褲，目光炯炯地凝視底下的群眾，便勾起了一段具體而不容否認的回憶（至少對某些人而言是如此），那就是希特勒向人民發表演說的激昂情景。

那段回憶，那些如夢似幻的時刻，讓空氣中充滿慷慨激昂的情緒，至少對那些沉醉入迷的人而言是如此。這麼說，不是要貶損許多人依附在葛洛寧的出現與醫術上的宗教意義。事實上，根本沒有理由將這兩件事分開來說。對那個夏日夜晚聚集在阿爾卑斯山山腳下、羅森海姆的那片空地的一些民眾而言，看到葛洛寧本人，肯定有點像是見到一個友善的鬼魂。那種經歷具有廣大、甚至療癒的力量。

※ ※ ※

一些記者描述，許多來向葛洛寧求醫的病患在特洛特農場瞬間痊癒，尤其是那些癱瘓、聾啞或眼盲的人們。瑪莉亞・維斯特爾（Maria Würstel）向記者休伊克表示，她自從一九三八年起脊椎就接近癱瘓，只要稍微移動就痛得要命。醫生建議她去找葛洛寧看病。在特洛特農場，休伊克看到她像個孩子一樣活蹦亂跳，「開心得又哭又笑」。另一個三歲起便患有小兒麻痺與靠輪椅代步的女人，也能起身行走了。還有一個在戰時腦部受創的男人欣喜萬分地說，「總在我耳邊嗡嗡作響的聲音消失了，我的頭又恢復自由了！」[36]

久病初癒的群眾雀躍慶祝的同時，一旁則有「小販們在叫賣葛洛寧的照片、香腸、香菸、糕餅與錫箔小球」。[37]以記敘地方采風著名的慕尼黑記者（後來成為小說家）齊格飛・索墨（Siegfried Sommer）目睹，停放在特洛特農場停車場的「豪華轎車、計程車、紅十字會救護車與不計其數的車輛……一些推車及輪椅蒙上了一層塵土灰砂」。他看見許多拐杖倚在栗樹旁，孩童們喧鬧喊叫，啤酒桶擱放在桌子底下保冷。索墨寫道，有些人來到渡假村會舉著生病親屬的照片（可能是因為他們病重無法遠行）站在窗外，希望能吸取葛洛寧的能量。[38]

隨著這些民眾聚集與病癒的消息日益增加，前來求助的人變得更多了。這讓警方很是困擾。一名警察表示，「這些人不能理解，為什麼會有人阻礙葛洛寧治病。」還說他擔心會有民眾發起暴動。[39]

老實說，禁止葛洛寧行醫的行動（如同赫福德的官員那樣），在地方新聞中並沒有得到多少篇幅，反倒是與此相反的行為占了許多版面。一些地方政治人物與官員公開聲援葛洛寧。慕尼黑警察局長與社會民主黨員法蘭茲・沙佛・匹澤（Franz Xaver Pitzer）親自當著特洛特農場的群眾面前感謝葛洛寧幫助他戰勝病魔。[40]巴伐利亞保守派的基督教社會聯盟（Christian Social Union）議員漢斯・哈根（Hans Hagn），更是敦促民眾「相信葛洛寧的治療力量，全心信任他」。就連巴伐利亞政府的最高長官漢斯・埃哈德（Hans Ehard）也公開表達對葛洛寧的支持。他表示，這位治療者不應屈服於繁複陳腐的「官僚作風」（德文作Paragraphenschwierigkeiten）。[41]

新聞媒體跟政治人物一樣備受打擊。當地一家報紙形容大眾相信葛洛寧「這麼一個單純、未受教育的男人……來自但澤一位磚匠的兒子，他擁有無可度量的法力。」通訊記者漢斯・班琴格（Hans Bentzinger）激昂地報導，羅森海姆「瀰漫一股特別的興奮氣息，愈接近葛洛寧先生將現身致詞的時刻，氛圍就愈熱烈」。[42]班琴格描述了一種「讓人難以承受」的張力，當地的氣氛「充滿期待的活力，每個人都能清楚聽見自己與旁人的心跳」。[43]記者維多莉亞・瑞恩（Viktoria Rehn）激動不已，在報導中描寫自己「本能地想起《新約聖經》記載的重大事件與林布蘭（Rembrandt）那幅〈基督宣道〉（Sermon on the Mount）蝕刻畫裡所做的訓示。」她寫道，「德國的每個人與每件事都在等待某種奇蹟。」[44]另一位記者科特・特蘭普勒（Kurt Trampler）幾乎從一開始就在特洛特農場等著見葛洛寧一面。九月初，他做了一篇有關自身病癒的報導。自從在空襲中受傷後，他走路都得拿拐杖。特蘭普勒說，在某次採訪葛洛寧的場合中，這位治療者「請我說出自己的感受」。特蘭普勒告訴他，他是記者，不是病人。葛洛寧對他說，他不再需要枴杖了。之後，特蘭普勒不靠拐杖也能行走自如。[45]

葛洛寧抵達巴伐利亞後的兩週內，每天都有大約一萬兩千至一萬八千人聚集在那間渡假村。[46]那裡的宗教氛圍日益顯著。人們開始自發性地吟誦〈偉大的主，我們讚頌祢〉（Great God We Praise You）等聖歌並高聲祈禱。[47]一些人更進入心醉神迷的狀態。[48]新聞影片為全國各地的觀眾捕捉了現場的熱烈氣氛。其中一段畫面可以看到女人們拜臥在地，男人用擔架扛著孩子，其他人乞求上天庇佑。[49]特蘭普勒描述下的群眾大喊，「願你的國降臨！」[50]他表示，那場景「令人痛徹心扉，永難忘懷」。[51]「到處都有人扔棄拐杖……或是為人母者大叫：『我的孩子病好了！』」[52]

在羅森海姆，寄給葛洛寧的信件一天堆得比一天高，就跟赫福德的情況一樣。雪片般的信件不只寄自西德與東德，還有奧地利、海牙甚至是遠如紐約的哈德遜河畔克羅頓（Croton-on-Hudson）。[53]各家報紙開始暗示，葛洛寧如果未能取得當局的明確許可而無法繼續行醫，就有可能離開德國。《紐約時報》指出，罹患胃炎的美國軍事政府政務處處長詹姆斯・克拉克（James A. Clark）已見過葛洛寧。克拉克表示，「我不能說我給他看過後立刻就好轉，但隔天起床，是我幾個禮拜以來第一次有食慾的感覺，之後過沒多久病就好了。」[54]事件發展到了這時，葛洛寧不得不繞道而行，以躲避群眾與記者，「他得越過花園欄杆、溜進馬廄，才能安然回到住所」。[55]

一種不可思議、愈演愈烈的奇觀正在形成，幕後推手是報紙頭條與各式各樣的希望，而見證者是人山人海的群眾，他們滿懷期待，經歷靈魂的狂喜而不能自已，而且也受溢光燈下的神醫與瘸子又能下床走動的福音故事所鼓舞。在慕尼黑，數千個民眾自然而然地聚集成群，跟著傳言尋覓葛洛寧的蹤跡。人潮將街道擠得水泄不通，迫使路上的電車只能改道而行，有時到了場面失控的地步。[56]

九月初某天接近中午時分，有三百人齊聚慕尼黑南邊的索恩（Solln）的一座公園，等待葛洛寧現身。傳聞說他在特洛特農場行程延遲：「數千人橫躺在他的座車前面，」警方表示，「他要麼治好他們的病痛，要麼就是輾過他們。」消息傳到了索恩，那裡的群眾說，「除非他治好大家，不然我們也不會讓他離開。」據警方指出，到了八點鐘，索恩的群眾已累積兩千人，而且不斷增加。兩個小時後，有人宣稱，葛洛寧在市中心附近遭到「成千上萬人」擋道。[57]當天在鎮上的其他地方，也有民眾成群等待葛洛寧的到來。到了凌晨四點，一輛裝了擴音器的貨車經過，廣播說葛洛寧來不了了。大部分的群眾一哄而散，但仍有少數人逗留原地。現場一名警官總結道，「絕大多數的民眾顯然支持葛洛寧繼續幫人看病，他們會強烈抵抗警方的管制行動。」[58]隔天，同樣的情景與情緒再度上演。八百多人聽聞葛洛寧將現身岡霍夫街（Ganghoferstraße）便聚集於此。後來有人說他會改去林德護姆街（Lindwurmstraße）時，他們又轉移陣地，到頭來才發現那條街根本不存在。儘管之後警方宣布消息有誤，要大家別再空等，仍有大約兩百人留在原地——一些人甚至還等到凌晨一點半。[59]

隨著一九四九年的分秒流逝，預告末日將至的零星謠言仍持續流傳全國各地。漢諾威的一家報社在九月報導，普法茲（Palatinate，德文作 Pfalz）有一名婦人為了避免世界末日的到來，願意獻祭自己的孩子。[60]然而，葛洛寧的存在激發了抱持希望的相反預言。慕尼黑一家出版商翻印了一本著作，內容講述古代盛行的一個預言，而這似乎喻指葛洛寧的出現具有其他意義：「偉大的牧師將起，聖人將現神蹟。人們將重拾信仰，迎來長遠的太平盛世。」[61]葛洛寧成了印證其他徵兆的象徵：救贖、重拾的信念及奇蹟成真的可能。來自義大利的一名聖本篤修會修士向聚集在特洛特農場的群眾布道，「在我看來，我們走到了時間的盡頭」，並引述多個預示眾生獲救的時期即將來臨的預言。[62] 報紙頭條引述葛洛寧說的：「我的力量與人類不同。」[63] 隨著勞克斯與邦加爾茲為《評論》雜誌系列報導撰寫的第四期文章於九月初刊出，社會上爭辯葛洛寧力量來自天主或大自然的兩個相對立場持續發展。這兩名記者在文中問道，他身上是否「帶有電場或電流？」他們解釋，這位治療者「深信他可以吸收並『轉換』使人飽受折磨的能量」，並反

慕尼黑檔案館

過來向病患「傳送治療的力量」。《評論》雜誌指出，這種能力甚至影響了葛洛寧本身甲狀腺腫的大小，也就是他用來吸取「病痛能量」的部位。[64]

這時，人們將葛洛寧視為宇宙意義與命運的徵兆，為眾生勾勒出宇宙的地平線。[65]他的力量彷彿拯救了大家，甚至無邊無際，或許還能克服這個時代最險惡的危機。羅森海姆當地的報紙《阿爾卑斯山信使》（*Alpenbote*）將特洛特農場比喻為法國露德（Lourdes）*並問道，「葛洛寧的力量能夠鞏固世界和平、停止戰爭與擊敗核子武器嗎？」[66]

不是每個人都如此確定。有些民眾跟著大家一起擠在農場，純粹是好奇心使然，「盡說些詆毀神醫的話」。面對葛洛寧「威脅性的凝視」時，他們一聲都不敢吭。[67]很少有人敢帶著疑心破除那種魔力。

※ ※ ※

其他人則深受農場裡的驚人景象所吸引，不只記者、那些哀求葛洛寧治病的人們及希望他帶領眾生回歸天主懷抱的牧師，還有一些衛生局官員與民選領袖。許多（雖然不是全部）醫生都持懷疑態度；多位地方政治人物意見相左。一方面，根據報紙的報導，當局有意將這位治療者的工作視為一種「自願行善」的行為。由於葛洛寧並非以專業身分醫病（例如拿錢治療病患），因此不需要醫師執照。[68]然而，一些官員並不同意，而羅森海姆與慕尼黑的民眾抗議聲浪，在政治層面的影響力愈來愈深——就跟赫福德的情況一樣。

巴伐利亞邦議會的一名議員要求當局立刻廢止《民俗治療禁令》，「准許葛洛寧行醫」。[69]同時，慕尼黑市議會的議員們為此針鋒相對。一位名為博塞爾（Bößl）的議員宣稱，以人民之名禁止葛洛寧醫病，是「極度不公」的行為。[70]另一位議員表示反對時，博塞爾建議對方親自去見葛洛寧一面，因為他是出了名地能夠醫治精神病患。[71]內政部國務秘書約瑟夫・史瓦伯（Josef Schwalber）向巴伐利亞邦政府內閣（Bavarian Council of Ministers）提報，「應該對羅森海姆危害健康的情況發布警告」。[72]隔天，他向媒體宣稱自己已準備好與葛洛寧坐下來好好談談，以判定如何准許他繼續醫病、他的行為是否純屬慈善，以及是否能夠阻止周遭的人們「從中獲利」。[73]巴伐利亞邦總理埃哈德向媒體表示，政府「不應該刁難布魯諾・葛洛寧。」優秀人士「不應該被官僚制定的法律所阻礙」。[74]

黑市商人在大街小巷高價兜售錫箔紙做成的小球。地方上的企業家懸賞五十馬克，利誘知情的民眾提供「神醫葛洛寧的住處地址」。[75]據說在九月的某天，慕尼黑第二十二號電車上乘

* 譯注：傳說為聖母顯靈之地。

客全在談論葛洛寧。有人說，假使他因為「官僚內部的誤解」而被迫離開德國，必然在社會上掀起一陣「狂風暴雨」。他是「全巴伐利亞最受歡迎的男人」，一名退休人士高聲說道。還有一名年輕女子稱葛洛寧是「純樸謙遜的全民楷模」。其他人則斥為可笑，有一位乘客開玩笑地說，「等他解救我長久以來空空如也的口袋，我才信他。」但是，在場至少有一些人目睹了比這些還要可怕的事情，那讓他們想起了過去其他同胞誤信了一個承諾解救大家脫離病痛的人物。如電車上一名老婦人的觀察，「吹笛人*只要登高一呼，孩子們就興高采烈地跑來」。[76]

夏日接近尾聲，天氣開始轉涼。據傳這時的特洛特農場宛如「軍營」。[77]群眾不斷湧入，以致於紅十字會必須提供帳棚安置求醫的民眾。[78]地方官員指示羅森海姆的室內市集在地上鋪稻草，以作為病重者的緊急庇護所。[79]有些民眾罹患肺病與小兒痲痺症。[80]當地衛生局局長警告有爆發流行病的可能性。官員們決定要求美國軍政府出動警力維安。[81]

在巴伐利亞議會之法律與憲法議題委員會召開的一次會議上，社會民主黨議員約瑟夫·塞佛列德（Josef Seifried）敦促政府立即展開行動：「與葛洛寧希望看到的相反，集體的歇斯底里」現象正在形成。不能放任局面繼續這樣發展下去。塞佛列德指責圍繞葛洛寧打轉的「一大群民眾」造成了眼前的棘手情況。基督教社會聯盟的沃夫岡·普雷希特爾（Wolfgang Prechtl）聲援葛洛寧，指出現代醫學嚴重忽視自然療法。對此，塞佛列德憤怒咒罵，「醫生幾乎都是法本公司（IG-Farben）的代理商。」[82]這是天大的指控。這家化學工業巨頭曾經生產齊克隆B（Zyklon B），也就是奧許維茲集中營毒氣室所使用的氣體。該公司的負責人一年前才在紐倫堡因戰爭罪遭到判刑。

然而最終，受不了這一切的不是警察、議員或市政官員，而是葛洛寧本人。約莫在九月十日，他宣布自己未來不願在特洛特農場「未經管制的情況下」公開露面。他心中已有別的主意：在羅森海姆近郊成立多所治療中心，以定期預約與專業醫師監督的方式幫病患看診。在特洛特農場的陽臺上，葛洛寧要民眾回家去。[83]

隔天，他與政府代表在距離羅森海姆僅短暫車程的米斯巴赫會面。身為區長的貝克（Beck）博士不久前造訪過那間渡假村，被當時現場群眾的虔敬之情深深打動。「成千上萬人齊聲大喊『治病！治病！』與高唱『尊崇主至聖尊名』的景象實在讓我看得瞠目結舌。可以感覺一種濃厚的宗教情感籠罩著人們。」貝克如此向媒體表示。[84]他邀請葛洛寧到米斯巴赫開診所。同一時間，他也請求美國軍政府提供行軍床，好讓那些群眾當中的病重者有地方

＊編按：「吹笛人」源自於一則德國民間故事，其真實性雖眾說紛紜，但很有可能是一樁發生於十四世紀日耳曼哈梅恩（Hameln）的兒童集體失蹤事件。該故事被稱為〈哈梅恩的吹笛人〉，（Pied Piper of Hamelin）或〈花衣魔笛手〉。

休息。[85]報紙刊出「葛洛寧需要喘一口氣」等標題。[86]他離開之後，特洛特農場仍有數千人冒著風雨癡癡等待他回來。有些人虛弱無力地癱在地上，身上只裹了毛毯。[87]區長宣布羅森海姆進入公共緊急狀態。[88]

從當時八卦報刊的頭條，可一窺那個時期的火熱話題：「**一九五〇年的世界大事：俄羅斯人的回歸？**」、「**希特勒謀殺自己的外甥女？**」、「**葛洛寧的奇蹟療法大揭密**」，以及當時無所不在的「**世界即將毀滅？**」[89]

※　※　※

赫福德檔案館

九月底，如同《評論》在慕尼黑所發布的報導，一家名為《快報》（*Quick*）的插畫小報刊登了一篇題為「葛洛寧與醫學危機」的文章。文章中指出，這位治療者無意間讓大眾關注到的那些求醫群眾，象徵了這個時代的希望渺茫。他們的「靈魂殘碎不全，有過駭人聽聞的經歷，找不到出路，求助無援」。這個觀點無疑呼應了《評論》系列報導的相似主題，尤其是費雪教授提出醫學需要更全面地考量身體與心靈的評論。《快報》解釋，那些向葛洛寧求助的人們當然知道可以找「受過教育的醫生」看病，即使「許多人已經去找過他們了」，但仍舊沒有效。《快報》挖苦般地提到過往戰時醫生所留下、普遍稱為「戰爭機器」（kriegsverwendungsfähige Maschinen）的遺風：像機器人般地描述每一位病患的體能「足以上前線作戰」，漠視他們的心理或生理健康狀態。當時的醫學是「僵化的科學」，變得「有太多人為因素的介入」，讓病患「吞下更多藥丸」與接受更多手術。根據《快報》的觀點，醫學將「病患僅僅當作數字」，從根本上否定了「心靈問題的可能性」。[90] 相比之下，葛洛寧——如之前坤斯特牧師與費雪教授所觀察到的——「純粹地」對待那些前來求醫的病患，「從人的角度給予每一位患者應有的尊重」，記者瑞恩如是說。[91] 人們信任他，而這麼做讓他們感覺病況有所好轉。

然而，撇開這般推崇不談，從一九四九年九月底的文獻紀錄可明顯看出某種偏差。慕尼黑與羅森海姆有許多民眾都支持葛洛寧，從邦政府與市政府官員、媒體記者到那天第二十二號電車上的乘客們都是。短時間內，他建立了不容小覷的聲望（儘管正、反面的看法都有），不論作為神醫或自然心理治療師、一個虔誠信奉天主的人，或者純粹只是艱苦時代的一個徵兆。但如今，因他而起的權力鬥爭逐漸白熱化。詛咒性的啟示浮上檯面，往往從筆尖流出，再經由打字機敲印成文，而打字者正是那些直到當時仍屬於葛洛寧核心圈子的人們。這樣的轉變突顯了當時社會極為顯著的不穩定與不安的氛圍，還有人們對於信任他人這件事的猜忌心態，即便對象是以天主之名懸壺濟世的聖人亦不例外。

如先前所述，葛洛寧累積了一群不斷變動且持續擴大的信眾，而在許多人看來，這樣的成就仍稍嫌不足。不久前還有一名稱謂是伯爵的人加入——從事記者職業的麥可．索爾蒂科夫（Michael Soltikow）。有段時間，索爾蒂科夫在媒體上自稱是葛洛寧的法律顧問，有權代理相關法律事務。[92]性情暴戾的他在過去被一對膝下無子的俄羅斯流亡貴族夫婦收養（因此才有了伯爵的名號）。三〇年代初期，他曾因詐欺罪入獄。雖然他在納粹時代設計過反閃族的宣傳小冊，事後卻聲稱自己是受到脅迫才這麼做，並且在二戰期間曾替德國情報單位臥底進行反間諜任務。[93]

索爾蒂科夫的經歷還得添上出版一筆。一九四九年九月，他發表了一本震驚各界的宣傳手冊，講述的主角是他的前法律客戶。在醒目的紅色刊頭與「**葛洛寧的真面目**」的頭條標題之下，史密特——葛洛寧的前任經紀人與第三帝國宣傳部的雜工——揭露了這位民俗療者的齷齪祕辛。據史密特與索爾蒂科夫透露，葛洛寧是個騙子、詐欺犯、酒鬼、登徒子，也是一個徹頭徹尾的希特勒：他對所有關於自己的報刊輿論照單全收，自詡為彌賽亞。迪特・胡斯曼（葛洛寧旋風正是起源自這位小男孩戲劇性的康復）只不過是一個被寵壞的小鬼，葛洛寧並沒有治好他，而是控制他罷了。而且，葛洛寧還與迪特的母親有染。[94]

這些控訴有許多在一定程度上所言不假。多個消息來源都證實，葛洛寧與迪特的母親有不正當的來往。如稍後將詳述的，葛洛寧的確喜歡喝酒，也的確有自大的傾向。但是，其他指控都是空穴來風（像是迪特實際上是個壞孩子），而索爾蒂科夫這麼說的真正目的是對葛洛寧人身攻擊。在他發布宣傳小冊之後，出現了不計其數的文章宣稱，葛洛寧身邊的人員貪汙與鬧不和，而他本人貪婪成性、行事荒唐，並引述地方官員的不滿言論。《明鏡》報導，特洛特農場的業主霍華拿葛洛寧的隨從沒轍：「看到……葛洛寧每天都帶素昧平生的陌生人加入自己的圈子、將他們安置在我的農場裡，我再也受不了了。」[95]面對這些醜聞，葛洛寧的反應是對索爾蒂科夫與史密特兩人提起訴訟。[96]

現在，有關葛洛寧的故事線似乎變得更加錯綜複雜了。他有可能像索爾蒂科夫與史密特描述的那樣品行敗壞，但又同時利用自身的神聖力量為人治病嗎？有了這些傳聞，他是否依然能夠重拾民心，拯救那些遭到醫療體制誤判或忽視的病患，治好他們的病痛？一開始是一個關於九歲男孩臥床多年後奇蹟似康復的故事，後來變成了另一個關於檯面下群體與個人皆腐敗不堪的故事。

不當行徑的報導並未阻止人們尋求葛洛寧的幫助，至少不是所有人都如此。儘管葛洛寧已經離開特洛特農場，群眾仍久久不願解散。九月下旬，保羅．特洛加（Paul Tröger）博士遇到一個男人在農場整整等了五天。他盤纏用盡，不知道該繼續留下還是回家。那個男人問道，葛洛寧不是承諾要幫助大家嗎？[97] 同一天，幾週前還大力吹捧葛洛寧的《評論》雜誌編輯群發布了一封公開信，譴責他不負責任地喚起了「無法實現的希望」。[98]

到了十月，有關葛洛寧的各種故事顯然令人回味無窮。在一九四九年三月到十月的那段期間，彷彿有一顆明亮的流星劃過空中然後消失無蹤，只留下隱約可見的軌跡（及許多謎團）。一名記者寫道，沒有任何事物能像葛洛寧那樣，「激起大眾的強烈情緒或使那麼多的靈魂騷動不安」。過去一年來，沒有任何一件最值得關注的大事——美國總統杜魯門連任成功、希特勒的伴侶伊娃．布朗（Eva Braun）的日記被披露造假，以及五月份美國女演員麗塔．海華斯（Rita Hayworth）與阿里汗王子（Prince Aly Khan）在法國坎城舉行婚禮——像葛洛寧的故事那樣吸引大眾的目光。[99]

安格勒夫婦製作的葛洛寧紀錄片於十月首映，但在那之前，巴伐利亞衛生部、巴伐利亞醫學協會（Bavarian State Medical Association）與術醫協會（Lay Healers Association）共同向美國高級專員公署（American High Commissioner）、美國駐巴伐利亞邦專員（American State Commissioner for Bavaria）、西德聯邦議會（West German Federal Parliament）及電影審查委員會發了一封電報，嚴厲抨擊此事。電報的內容經由巴伐利亞的電臺高聲放送。官員們希望強調的是，這部電影會危害公共秩序與大眾健康。[100]《上巴伐利亞人民報》（*Upper Bavarian People's Paper*）表示，到了這時，葛洛寧看來不過是戰後混亂中的「一幢幻影」而已。[101]

詭異的事件持續在特洛特農場展開。一名通訊記者收到小道消息指出，警方在盤問一個隸屬耶和華見證人（Jehovah's Witnesses）*宗教、涉嫌密謀炸毀農場與毒害葛洛寧的團體。[102]另外誇張的是，據傳羅森海姆的警方表示，需要一名日本翻譯，因為有許多日本人都來農場朝聖。然而，「感覺得出之前那股熱潮……已經消退，」一名地方記者如此評論，「探照燈已

---

* 編按：耶和華見證人是一個新興的基督教派系，主張包含千禧年主義、復原主義，並拒絕三位一體，認為耶和華才是唯一真神。由於其戒律和世俗生活多有衝突（包括拒絕輸血、拒服兵役等），其主張也與傳統基督教教義有所出入，因此一些地區將耶和華見證人視為是異端組織。

不復見，大批窮追猛打的記者也是。」[103]

輿論轉向，反過來攻擊神醫。一九四九年十一月中旬，一百二十名求醫的民眾向巴伐利亞議會請願，成立治療中心以供葛洛寧治病。巴伐利亞內政部長威利．安克穆勒（Willi Ankermüller）回應表示，即使葛洛寧緩解了一些人的病痛，但部內官員尚未證實其療效持久與否。他宣稱，大多數前往特洛特農場求醫的病患都失望而返。除此之外，他還觀察到，民眾頂著各種惡劣天氣在外頭苦苦等候，可能會有害健康，而一個負責任的政府難以忽視「為了改善某些病人的健康而犧牲整體社會的利益」的事實。安克穆勒也指出，即使在葛洛寧離開農場之後，仍有其他人代替他成功治好了一些病患。「這印證了，這一切是一種集體的精神病態，而對此，媒體的煽動性報導要負絕大部分的責任。」[104]

然而在慕尼黑與羅森海姆以外的地區，葛洛寧的傳說繼續流傳。十一月，來自霍恩費希特（Hohenfichte，薩克森——當時屬於德意志民主共和國——厄爾山脈〔Ore Mountains〕的一座村莊）的一個女人寫信向羅森海姆的官員陳情，泣訴她的女兒飽受小兒麻痺症所苦。這位母親寫道，她「聽說了從巴伐利亞傳出的神奇故事，二十世紀的彌賽亞在羅森海姆醫好了瘸子與瞎子。」[105] 從胡蘇姆（Husum）——位於聯邦共和國極北邊的一座海港城市——寄來的信件寫著：「親愛的葛洛寧先生！我們這些生活在胡蘇姆的病人由衷盼望您能駕臨此地，我們每天都拖著病軀等待您來拯救我們。很多人腳瘸了無法走路，殷切期盼您的到來。請來幫助我們這些病魔纏身的可憐人吧！我們信任您！！！請快點來！我們每天都在等待！」[106]

聖誕節前夕，紐倫堡一家報紙宣布，明年有一所葛洛寧治療中心將在上巴伐利亞開設。在特定疾病與「靈魂準備就緒」的基礎上，不論財務狀況為何，病患可能在「科學可控制的治療方法」範圍內定期預約接受治療。[107]多家報紙都報導了這件事，它們全都繞回一個主題：追隨者人數過多，不是葛洛寧的錯。「查看了現有的文件檔案後，」一名記者在聖誕夜報導，「可以確定葛洛寧對周圍發生的事情一無所知，完全不清楚輿論對他有什麼樣的控訴。」[108]然而，赫福德與羅森海姆的彌賽亞不會回到特洛特農場。《晚報》（*Abendzeitung*）指出，他不會再回到「那個有著成千上萬輛車子停駐，數百人祈禱、吟唱、受苦與期盼，還有成群的鴨鵝雞禽散步啄食、享受溫暖冬日的地方」。[109]

「你有聽說葛洛寧後來的境遇如何嗎？」烏爾姆（Ulm）一名醫生在寫給同事維斯特（Wüst）博士——曾擔任馮．魏茨澤克的助理，參與葛洛寧在海德堡進行的一系列實驗——的信中如此問道。「神話消散得相當快，有留下任何東西嗎？」信末，他祝維斯特新的一年事事順心。[110]

第六章　如果惡魔是病灶，那什麼是解藥？

芮妮・梅克爾伯格（Renée Meckelburg）隨丈夫奧托在一九四九年春天尋找葛洛寧時，患有黏液水腫、慢性便祕與聽力障礙。她跟其他數千人一樣希望得到治療。她與奧托開著歐寶（Opel）舊款的P4汽車，先是跟隨葛洛寧到赫福德，之後又到了羅森海姆。[1]在特洛特農場，他們認識了葛洛寧核心圈的成員，甚至觀賞了葛洛寧紀錄片的首映。[2]儘管如此，他們沒能見到葛洛寧本人，直到他的新聞發言人、也是羅森海姆當地一家報社的前任編輯恩斯特・霍納（Ernst Heuner）透露，葛洛寧有可能去了黑森林（Black Forest）地區的施瓦岑巴赫（Schwärzenbach）。事後，霍納向警方表示，當時奧托「已擬好一套完整的計畫」。[3]他打算打造一個真正由醫院與水療中心構成的帝國，讓葛洛寧在醫學的監督下救治病患。[4]

如此的冒險嘗試當然需要資金，但奧托沒錢。他只有北海東菲仕蘭（East Frisian）的小島旺格奧格（Wangerooge）上幾間旅館的「非正式」邀請（之前他在當地從事黑市交易，至今仍保有一棟房產）。[5]倘若葛洛寧同意奧托的提議，他們三人將去旺格奧格實地探勘；葛洛寧將能在當地行醫，籌措興建治療中心的資金。奧托總說，這麼一來，事情就能照計畫進行了。

不久後，梅克爾伯格夫婦與葛洛寧合夥，最終，他們的財務情況成了警方關注的目標。詳細的相關敘述如今收錄在慕尼黑的巴伐利亞檔案中，其中大多為葛洛寧身邊來來去去的核心圈成員或知情人士所提供的證詞。芮妮在一九五〇年六月將自己的供詞打成了單行間距、篇幅達七十二頁的稿件，題為「事實報告」，並呈交警方。由此可見她一絲不苟的性格。

她在文中描述，自己與奧托在一九四九年十月的某天抵達施瓦岑巴赫時，對眼前的景象感到憂心。這對夫婦下榻一間小旅館，跟其他數百名期待向葛洛寧求醫的民眾一起等待，但在此同時，數名美國士兵偕同女伴走進旅館的交誼廳，隨著爵士音樂開心起舞。旅館的女主人（據芮妮形容是個「體型福態的婦人」）穿梭在病懨懨的群眾之中，手拿香菸，脖子戴了一條項鍊，一大顆十字型鑽石垂掛在胸前，閃爍而刺眼。聽了許多關於葛洛寧奇蹟般醫好病患的故事後，芮妮心想，神醫本人要是看到這一幕，肯定會勃然大怒地趕走這些金主。「你不瞭解布魯諾，」據說有人這麼告訴她，「他會加入他們的行列」——言下顯然是指音樂與跳舞。「他喜歡面貌姣好的女人，也愛拈花惹草，若是看到這樣的情景，肯定壓根兒忘了還有眾多病患在殷切期盼。誰知道他現在人在哪裡。」這個消息讓芮妮坐立難安，想到眼前被迫苦苦等待的處境，感到「既羞恥又痛苦」。[6]除此之外，納粹——奧托與芮妮無疑是納粹分子——討厭爵士音樂。

葛洛寧的傳聞開始在羅森海姆發展出新的支線。有人對那些在黑暗中等待彌賽亞站上舞臺的廣大群眾暗示了事態的走向，而這在葛洛寧現身赫福德後的頭幾週內還不明朗。如索爾蒂科夫伯爵公諸於世的細節所示，神醫與隨行人員可能還有一些不為人知的祕密；事情不只是一位平民英雄進行靈魂醫療那麼簡單。然而，梅克爾伯格夫婦——曾為黨衛軍成員的丈夫及其妻子——的創業失敗，為此揭開了一頁新篇章。這些人將透過「實際而講求效率」的方式經營葛洛寧的事業，替他在各地培養特定受眾與匯集收益。在這種伙伴合作更為密切的環境下，葛洛寧不但更能侃侃而談，也開始發展出強烈使命感。

本章還原事件過程時所引述的許多證詞，出自一些心中打著如意算盤的人們：像是出書，捍衛所認同的理念，或證明配偶無罪等等。這些陳述不見得內容一致，但確實道出了一些枝微末節，尤其是比起其他報紙或文件的敘述而言。總括而言，由這些資料來源可知，除了葛洛寧揭露的靈性與生理需求之外，早期西德社會的各種腐敗特性也浮上了檯面。歷史學者法蘭克・巴約爾（Frank Bajohr）在著作中寫道，腐敗是第三帝國時期特有的現象，是「國家社會主義原則的根本特質。利益交換、裙帶關係、同志情誼與系統性保護」，成了納粹主義的「政治經濟基礎」。[7]詐欺、互相利用與收受回扣的不當情事以各種方式延續到了戰後時期。因此，一味採信相關人士所說的話，似乎行不太通。

※ ※ ※

奧托．梅克爾伯格的出生地鄰近但澤，也就是葛洛寧的家鄉。沒有證據顯示這兩人在一九四九年之前曾見過面，但他們是同一個年代的人：葛洛寧生於一九〇六年，梅克爾伯格晚了五年出生。但澤於一九二〇年在國際聯盟的授權下成為自由市後，梅克爾伯格一家人選擇離開。他們遷居埃森（Essen），是西德的工業中心。奧托在一九二九年十八歲時加入了希特勒青年軍。納粹奪權後不到幾個月，他加入了黨衛軍。

奧托是忠實的信徒。在今日柏林聯邦檔案館的文獻中可見他穿著制服的照片。當時的他年約二十五。在一些照片中也可以看到他的未婚妻，一旁註記了她的娘家姓名芮妮．布勞恩斯（Renée Brauns），因為檔案中有部分內容記載了他們訂婚的細節。黨衛軍成員的未婚配偶——尤其是他們正式的生殖伴侶——都經過嚴格審查，追溯其家族世系遠至十八世紀。為了備審，有時需要費盡工夫才能蒐集到相關文件：以芮妮．布勞恩斯的例子而言，文件來源最遠溯及瑞士——她有幾個家人都在當地出生。然而，比起被長官找去拷問，這些不便都算不了什麼。黨衛軍成員的結婚大事，由掌管龐大的納粹警察組織的希姆萊親自核准（或否決）。在奧托將芮妮或其他人娶回家之前，希姆萊宣布需要徹底清查為何奧托的家譜會出現瑞克倫伯格（Recklenburger）與克拉考（Krackau）等名字。這些名字在梅克爾伯格的檔案上被標注「被猶太人用過」，影射奧托的家族可能包含非「亞利安」種族的支系。

在那些照片中，奧托與芮妮——他們互稱對方為「鮑比」（Bobby）與「斯圖西」（Stupsy）——看起來年輕、驕傲又充滿朝氣，不過從某些照片可以看到他擺出一本正經與自大的權威姿態，頭上的黑色帽子艷俗地歪向一側。黨衛軍的檔案收錄了一段出自芮妮本人的生平敘述，她在當中透露了自己受過護理訓練。有張照片可以看到，她雙手握著一雙白手套，腳上穿了相襯的白鞋。

梅克爾伯格與布勞恩斯都信奉新教，但在結婚審查的身世族系問卷中，他們自稱信仰上帝（德文作gottgläubig）——這是納粹發明的說詞。自稱「上帝的信徒」，是一種將信奉基督教的德國人概括為「上帝的信徒」的機制，這些人不同於新教徒或天主教徒，理論上不會再有教派之分。這對即將結為夫妻的伴侶也在問卷中特別聲明，只會辦理民法登記，不會在教堂舉行婚禮。他們的家族中至少還有一名成員也為黨衛軍效力，那個人是奧托的親戚華特

（Walter）。想必希姆萊對梅克爾伯格就祖先姓名的疑點所提出的澄清感到滿意，因為最終芮妮與奧托順利結婚了。

在納粹德國這樣的社會中成為黨衛軍成員，是一件大事。在蘇聯（另一個革命社會），那些晉升菁英階層的平民被稱為「新人民」。他們是未來的人民，從舊有規範中得到解放，與生活在前代政權下的貴族截然不同，後者的地位與特權經由與生俱來的身分或財富所獲取。黨衛軍就是納粹德國的新人民。但是，新人民與貴族之間的差別，與其說在於階層（如同蘇聯的情況），不如說是優良血統的認定。這個標籤是他們進入日漸形成的新菁英世界的門票。[8]

戰爭初期，奧托擔任黨衛軍骷髏總隊（Death's Head）的副官，負責監督德國集中營的管理事務。他的上司在一九四〇年寫道，對他而言，「任務永遠不嫌多」；他總是「精神奕奕，拼勁十足」。奧托曾參與德國早期在波蘭與西部的軍事行動，後來又到東線戰場與南斯拉夫（Yugoslavia）作戰，期間多次獲授勳章，軍階節節高升。一九四二年九月，他受命出任惡名昭彰的尤金親王（志願第七）師（Prince Eugen Division）的連長，執行的反叛亂行動涉及無數戰爭罪行，其中許多受害者都是平民。不論他在戰時作為的確切本質為何，奧托多次獲上級讚賞「領軍有方」與拔擢升職。在一九四三年提拔奧托擔任SS少校（德文作

Sturmbannführer）的那位官員形容他「心胸開放、坦白直率，具有無可挑剔的黨衛軍風範」。一九四四年另一位審查官指出，奧托「天生能在特定情況下挖掘可能性」。[9]

奧托是一位新人民，身處新世界。但我們無法清楚得知，他的（武裝黨衛軍）生涯是否如聯邦檔案館的資料所示，以SS少校一職告終，還是如當代的新聞報導及他本人向警方供稱，以位階更高的SS中校（德文作Obersturmbannführer）作結。[10]如果是後者，那麼他就跟遠比他聲名狼藉的愛國人士們位屬同階，包含奧許維茲集中營指揮官魯道夫・赫斯（Rudolf Höss），以及主導將許多猶太人驅逐至奧許維茲集中營的阿道夫・艾希曼（Adolf Eichmann）。

一九四五年五月，世界再度起了變化。一些曾是奧托同僚的愛國人士因為痛失理想與領袖，或者害怕遭到外界譴責、不敢面對後果，而自盡身亡。在同盟國的去納粹化政策下，黨衛軍每一位成員一律先判為主犯，黨衛軍本身則被視為犯罪組織。一些所謂的新人民被關進了拘留營一陣子，其他人則低調到處躲藏。前黨衛軍成員遭政府禁止從事特定行業與職位、加入工會甚至考取駕照，只得想方設法勉強過活，至少短期而言是如此。[11]許多人找門路從事商業交易[12]。他們真可謂天生能在特定情況下挖掘可能性。

之後，隨著警方日益關切奧托的背景，尤其是他與葛洛寧合夥經營的生意，當局調查了與他有來往的人士。證人的說法各不相同。有兩人表示，芮妮與奧托在戰後遭到軟禁，因為他們夫妻倆是V－2火箭的專家。[13]一位名為普拉瓦特克（Prawatke）的業務向警方供稱，他在一九四八年結識奧托；奧托還曾經向他透露參與過火箭的研發，希特勒「看重他的才幹，提前晉升他為特任上校」。[14]還有人表示，奧托最後進了美軍或英軍的拘留營，關了兩年後，在一九四七年四月逃了出來。無論真相為何，在戰後的某個時間點，奧托開始要求別人稱他蘭德（Land），而不是梅克爾伯格。[15]他前往塞勒（Celle）與芮妮的家人同住，那裡是芮妮的家鄉，有著如詩如畫的風景與獨特的木造房屋，位於德國北部的石楠灌叢地帶。[16]他過起了低調度日的生活。套用當時的說法，他就像一艘U艇（潛艇）或「Braunschweiger」（「沉默的褐衫軍」*）。一九四九年有一名記者寫道，過那樣的生活，必須能「在決定性時刻展現冷血無情的一面」。這需要「保持高度戒慎與能夠做出殘酷的決定」，並具備「勇氣、毅力、進取心及不可或缺的天賦，才能孤注一擲」。[17]

這段期間，葛洛寧的新聞發言人霍納似乎在籌備一本關於葛洛寧、題為《布魯諾・葛洛寧的真面目》（*That Was Bruno Gröning*）的著作，之後他向警方表示，奧托自稱手上握有與V－2相關的一些計畫（不論可能與否）打算賣給阿道夫・加蘭德（Adolf Galland），當時為阿根廷獨裁者胡安・庇隆（Juan Perón）效力的前納粹德國空軍（Luftwaffe）將軍與戰鬥機飛行員。[18]在此同時，奧托仰賴黑市交易維生。他販賣可可、茶葉與咖啡，聲稱貨源來自交情甚好的「柏林空運行動相關人員」——美國高層官員。在其他人苦無肥料可用時，他就是有能耐取得一卡車的堆肥，其他農作補給品（種籽、耕作器具等）也是。這位前黨衛軍官員甚至順利通過了去納粹化審查，被認定為「同路人」，屬於第四類別**。[19]

就在奧托與葛洛寧相識之際，聯邦政府總理艾德諾將赦免納粹時代罪行一事列入議程。「我們身處的時代如此渾沌，」一九四九年九月艾德諾總理向內閣表示，「保持白紙般純淨的心靈才是明智之舉。」他認為唯有全面赦免罪行，這個國家才能繼續前進。[20]也許是在這樣的氛圍下察覺到了即將發生的變化，奧托捨棄了化名，重拾奧托．梅克爾伯格這個名字。

並不是所有銷聲匿跡的人士都透過這種方式恢復正常生活。在芮妮與奧托首度得知有葛洛寧這個人的同時，塞勒附近（鄰近的森林地區）住了另一個與奧托同名的人，他原本擔任林務員，後來轉行養雞，全名是奧托．亨寧格（Otto Heninger）——至少他是這樣自稱。

---

* 譯注：納粹黨員的制服為黃褐色。

** 編按：納粹德國戰敗後，盟軍將德國領地劃分為不同的占領區，分別實施去納粹化運動。其中美軍針對美國占領區內的德國公民依問卷結果區分為五個類別，分別是：第一級「主要犯罪者」（Hauptschuldige）、第二級「有罪」（Belastete）、第三級「輕罪」（Minderbelastete）、第四級「納粹支持者」（Mitläufer），和第五級「清白」（Entlastete）。

過去，他同樣也是一位新人民，本名為阿道夫・艾希曼。亨寧格有時會在週日騎單車到塞勒，與一群好友低調齊聚他的森林小屋，一邊喝啤酒、一邊傷感地緬懷美好的往日時光。[21] 說不定奧托・梅克爾伯格也是其中一人。

※ ※ ※

芮妮透露，自己在認識葛洛寧之前就給他看過病了。事情是這樣的，就在她與奧托焦急等待、只能待在施瓦岑巴赫的旅館聽著討厭的爵士樂之際，電話響了。芮妮接起電話，開始不停顫抖，而且無法呼吸。先是感覺全身溫熱，然後又變得冰冷，最後激動得哭了起來。事後她說，「發生了奇怪的事。」葛洛寧的新聞發言人霍納伸手將葛洛寧的其中一個錫箔紙球遞給她。之前她「在特洛特農場已經拿過兩顆」，但身體不見起色。然而這次不同：芮妮「接受到一股氣流，」她說道，就像「一陣電擊。」當下她驚嚇地叫了出來，但是當奧托將錫箔紙球放到她手裡時，她突然冷靜下來。原來，葛洛寧與霍納通電話時傳送了一束「治療波」，幫助她回復平衡。芮妮感到非常不可思議，直說這「實在太神奇了，讓人難以解釋」。[22]

這次的經驗讓梅克爾伯格夫婦更渴望能見葛洛寧本人一面。終於，他們在巴伐利亞巴德威斯樹（Bad Wiessee）一處名為阿爾卑斯公園（Alpenpark）的溫泉浴場如願以償。一九三四年，巴德威斯榭發生了長刀之夜（Night of the Long Knives）事件，當時希特勒下令暗殺了衝鋒隊（Sturmabteilung，納粹黨的準軍事衝鋒部隊）幾名重要成員。一九四九年的阿爾卑斯公園並未背叛那段殘忍的歷史。園區富麗堂皇、設備齊全，據芮妮的說法，員工「親切友善」且訓練有素。儘管如此，她確實對那個地方有一種不祥的預感，感覺到某種「詭異」的氛圍。[23]數百位民眾露宿園區的餐廳，期待見到葛洛寧。[24]芮妮結識阿爾卑斯公園的業主B太太，一位體態豐腴、「篤信宗教」的老婦人。她為了感謝葛洛寧治好了她的「雙腳水腫」，免費讓他住了下來。芮妮聽B太太描述葛洛寧施展透視能力及其他天賦等神奇事蹟的同時，逐漸深信葛洛寧一定是個「聖人」。等到終於有機會見到葛洛寧本人時，她一看到對方的眼神「純潔善良」，就相信自己「一定能恢復健康」。與葛洛寧握手寒暄時，芮妮身體往後縮了起來，「彷彿遭到電擊一般」。隔天，她感覺整個人重獲新生。頭部變得輕盈，心情愉悅，聽力恢復正常，腸胃的毛病也消失了。她充滿喜悅與感激，希望能「對滿足我靈魂的這個男人」表達謝意。奧托對此印象深刻。他對芮妮說，「要是他真有這種能耐，不造福全人類就太不像話了。」[25]

芮妮曾向葛洛寧尋求治療；奧托希望展開新生活，尋找重拾重要地位的機會。因此，十月底遇見一大群圍繞在這位治療者身邊的民眾時，他拿出一張旺格奧格島的地圖，向葛洛寧提議在那裡行醫。[26]不久後，奧托辭掉了在漢諾威一家新成立的出版社裡一份前景可期的好工作，轉而全職為葛洛寧效力。[27]

他擬定合作細節，與葛洛寧簽了約。[28] 從那之後，奧托可合法代理葛洛寧的財務與全權掌控其醫療相關收入。[29] 梅克爾伯格夫婦與霍納成立了一個組織，名為葛洛寧療法研究與推廣協會（Assocation for Research and Promotion of the Gröning Healing Method）。該組織計劃發行電報，向會員公告協會的重大發展、貸款與捐獻等消息。資金將用於興建治療中心與實驗室，供葛洛寧看診與研究療法。奧托甚至已物色好治療中心的地點：米滕瓦爾德（Mittenwald）一間名為蘭德斯養老院（Pension Landes）的巴伐利亞式家庭旅館，該處在戰爭期間作為兒童之家，之後改成了老人照護機構。[30] 葛洛寧療法研究與推廣協會的成立，加劇了葛洛寧追隨者之間的競爭。之前，名為葛洛寧治療之友與贊助人協會（Circle of Friends and Patrons of the Works of Gröning）的團體在赫福德成立。這個組織並未正式登記，但擁有專屬的銀行帳戶。[31] 史密特與胡斯曼夫婦（為什麼會有這個組合，原因不明）負責管理，但後來他們三人鬧翻了。[32] 新聞發言人霍納表示，成立葛洛寧療法研究與推廣協會後，奧托「可望正式贏得」這場以葛洛寧為中心的權力遊戲。[33]

雖然梅克爾伯格夫婦與葛洛寧起初的交涉進行順利且令人印象深刻，但顯著的差異不久後便在他們三人之間浮現。芮妮經常注意到，這位治療者周遭的氣氛瞬息萬變。她描述某次療程中，房間「充滿汗水與病人的味道」，彷彿所有空氣「都被耗盡」。接著，葛洛寧出現了。在他「磁性」目光的掃視下，「病患們變得激動鼓譟」。但不久後，如芮妮所述，「一切又變了」。病痛纏身的人們恢復冷靜。葛洛寧「站在房間中央」，大家一片靜默。「一些病患開始顫抖。」芮妮寫道，神醫「一派鎮靜，雙手插在口袋」，凝視在場每一個病人。「空氣安靜得連針掉到地上都聽得到。每個人都被他迷住了，他用目光擄獲了大家。」突然間，「他邁開步伐，冷不防比了個手勢……然後直直走向其中一名患者」，彷彿「這個人把他吸過去一樣」。過了一會兒，葛洛寧又變了個人似的，「輕鬆自在地與大家閒話家常」。[34]

跟群眾影響力一樣令梅克爾伯格夫婦感到驚訝的是，葛洛寧看待金錢的態度。在遇見奧托之前，葛洛寧都免費替人看病，至少不是直接收錢。[35]自從最初在赫福德的那段日子以來，也就是胡斯曼一家邀請他同住的期間，他大多靠別人的邀請與餽贈過活。他與員工們應邀到各地作客。[36]離開羅森海姆數個月後，地方上的各界人士仍在向霍華催討葛洛寧作客特洛特農場時所衍生的費用。[37]然而，金錢的問題愈演愈烈：在奧托與芮妮眼裡，葛洛寧對這件事的態度弔詭地出人意料。他不但拒絕看病拿錢，甚至不想管錢，但把錢送給別人倒是有可能。比起禁慾苦行，這應該與法術更有關係。德國的江湖術士向來治病不取財，唯恐這麼做會危損自身醫術。[38]

不過，如果錢財不加以管理，肯定會花掉：葛洛寧會向旅館與酒吧賒帳，讓別人替他付錢。據芮妮觀察，「他分不清五十芬尼（pfennigs）*與一千馬克有何差別。」據說葛洛寧曾要求奧托買一輛車給他的一位女性朋友，「就像孩子」吵著要大人買「一把玩具手槍或……火車模型當聖誕禮物」一樣。他還曾經因為牙齒補得很滿意而想多付錢給牙醫。[39]在赫福德，求醫的民眾把錢投入胡斯曼家桌上的一個水果碗裡，供奉葛洛寧。傳聞說，有時葛洛寧會從裡面抓一把錢，施捨給窮困的病患。[40]

奧托有意改變這種情況。[41]他打算規定那些民眾付錢看病，或至少捐款給葛洛寧療法研究與推廣協會。民眾的捐獻將能推動這個組織的工作，像是進行投資與成立治療中心。然而，梅克爾伯格夫婦之所以希望透過這種方式「整頓」葛洛寧的財務，還有其他原因。從許多角度而言，葛洛寧性情反覆無常，像風一樣捉摸不定。他喜歡飲酒作樂。有一晚赫福德的某間旅館舉辦了盛大的派對，席間消耗了無數瓶的斯坦哈根琴酒（Steinhäger）。據芮妮描述，就在某一刻，葛洛寧伸手拉了拉他的丈夫說，「叫我布魯諾」。這話說得熟悉，反而讓奧托覺得尷尬。「你會幫助我實現我偉大的理想嗎？」葛洛寧質問他。奧托回答，「如果你照規矩來，當然沒問題。但如果你破壞遊戲規則，我會扭斷你的脖子，因為你不值得那成千上萬人的信任。」葛洛寧氣得臉色發白地反駁道，「沒有任何一個人可以扭斷我的脖子！」喝得酩酊大醉的他不久便昏了過去。他半小時後醒來，似乎是酒退了，還提議帶一瓶新的斯坦哈根琴酒到胡斯曼家續攤。[42]

芮妮表示，葛洛寧有時喜怒無常，「像個孩子一樣」。[43]他會跟人打架，而且經常遲到。他會跟警察喝個爛醉，然後送他們幾瓶烈酒。[44]他曾在酒吧送錫箔紙球給為他獻唱〈我的蘿莎來自波西米亞〉（My Rosa Comes from Bohemia）等經典金曲的歌星當作打賞。[45]葛洛寧的個人習慣也令人擔憂。據稱他如此表示，「我不貪心，我很能克制自己。我吃得不多，喝咖啡就夠了。我唯一需要的東西是香菸。」實際上據芮妮觀察，他飲食不固定，會連續兩、三天都不吃，只喝一大杯打散的雞蛋或奶油。他天天洗澡，但只有一套衣服可換，他會仔細清洗，每晚鋪在暖爐上烘乾。芮妮曾試圖讓葛洛寧戒掉這種習慣。她說他開始學著刮鬍子與保養頭髮，像照顧小孩般地教他「均衡飲食」，同時認真指導他如何瞭解女人「多愁善感」的「內心世界」。[46]

原因是，女人算是他的痛處。葛洛寧似乎與許多女性牽扯不清。梅克爾伯格夫婦向警方供稱他耽溺女色，而除了他們之外，也有人提出這樣的說法。新聞發言人霍納甚至形容葛

* 譯注：德國輔幣單位，一百芬尼等於一馬克。

洛寧「缺乏倫理道德」。[47]還有一名曾經幫忙看顧迪特・胡斯曼的年輕女子指控他強姦。（這名女子後來嫁給了葛洛寧的前經紀人史密特）。[48]據說，基於這些指控，史密特才決定向索爾蒂科夫伯爵如實托出葛洛寧的祕密，包括他與安娜莉絲・胡斯曼（迪特的母親）過從甚密的細節。[49]正當葛洛寧在慕尼黑的名氣攀上巔峰之際，史密特的爆料讓這位神醫登上了報紙頭條。

之後，史密特重拾葛洛特經紀人一職，而他顯然忘了自己曾經指控葛洛寧強暴他的妻子的往事。無論如何，梅克爾伯格夫婦提到，很多時候替葛洛寧「擄獲女人」這件事十分重要，以免他對毫無戒心的女性「虎視眈眈」。[50]奧托聲稱，只有他「機智地出手干預」，才能阻止葛洛寧對前來求醫的女性「伸出狼爪」。[51]但葛洛寧的交友圈中也有一些人極力否認這些有損名譽的控訴。[52]

不論事實為何，只能說梅克爾伯格夫婦那種中產階級的自以為是，與在不久前還與納粹關係密切的背景下顯得可笑。儘管這對夫妻與葛洛寧之間的差異經常關乎階級，但奧托──以一位前黨衛軍成員而言不難理解──認為這些差異也在於種族層面。在一九五〇年六月向警方提出的供詞中，他形容葛洛寧有如「來自法蘭克福的吉普賽人」。[53]在他看來，葛洛寧身邊的人大多就像「寄生蟲」。而他自認有義務除掉那些人。

芮妮與奧托開始替葛洛寧規劃北海之旅的行程時，有了新的角色：總務、信差、合約談判員，以及其他嚴厲、但可彈性調整的教養身分。這對夫妻希望將中產階級的體面與商業頭腦帶進葛洛寧的生活與工作。芮妮在描述自己與這位性情多變的治療者的關係時，態度兩極。在她的供詞中，一下子描述葛洛寧親切問診、送給病人具有神奇力量的錫箔紙球，還會溫柔地摸摸孩童的頭；一下子又宣布對他失望透頂。「一個具備這種天賦的人怎麼會有這麼多負面且卑鄙的人性弱點？」她哀怨地問道。[54]對她而言，心靈治療者必須捨己無私、道德純潔。

※　※　※

就此而言，芮妮與其他人沒有太大的不同。從一開始，人們談論葛洛寧時就習慣使用強烈的字詞。他是上天派來的天使，惡魔派來的間諜；他既是彌賽亞，也是掃帚星；他是上帝的使者，也是招搖撞騙的庸醫。道德二元論是成功治療者的一個顯著特徵，但即便是與葛洛寧朝夕相處的那些人，似乎也經常改變對他的看法，可見他的性格特別讓人捉摸不透。「他沒有說謊，至少沒有直接說謊，他這個人就是這樣。」芮妮說，「他彷彿是一個活在角色裡的演員。」其他時候，她覺得他就是個「孩子，多愁善感的靈魂必須受到小心呵護」。[55]新聞發言人霍納也曾在文件中描述葛洛寧有個矛盾的靈魂。[56]

但是，不論葛洛寧個人有什麼樣的缺點，有沒有可能他身邊的人都誤會了他所治療的疾病或所採取的治療方式呢？成名之際，他一再強調只有「好人」才有被治癒的可能性。史密特在描述赫福德奇蹟的《布魯諾．葛洛寧的奇蹟療法》一書中寫道，葛洛寧公然拒絕治療他認定邪惡的病人。[57]後來，到特洛特農場採訪的記者瑞恩評論，葛洛寧「道出了古老而簡單的真相。『你必須相信天主。』」但她也聽過這位治療者發表其他看法。「好人才會遇到好事……但他們要找到通往健康與上天的道路才行。我不能幫助壞人。」[58]葛洛寧在赫福德與羅森海姆對集體疾病的診斷，聽來或許在廣義上顯得普世與「虔誠」。「所有人都值得被治癒，」據說他曾如此表示，「不論國籍、種族或宗教……我們都是天主的子民，而天主是我們唯一的父親。」[59]然而，他也說過，天主准許他只能治療那些心存善念且值得醫治的人們，不容許壞人得到治癒。[60]他曾主張，九成的民眾都是惡魔的「囚犯」。[61]

羅森海姆有一位H太太曾向葛洛寧求醫，希望能治好不孕症。之後，就如她的牧師投書巴伐利亞路德派（Lutheran）大公會議所述，她返回家中，「精神與宗教徹底陷入混亂」，出現「幻覺而焦慮不安，深信自己被惡魔附身」。牧師寫道，H太太一直是個健康的女性，「但現在就像個應該去看精神病的患者」。[62]一九四九年六月，慕尼黑的《水星》雜誌在赫福德報導了截然不同的故事。一名女子向葛洛寧求助，自稱患有「嚴重胃潰瘍」。「我變得愈來愈瘦，胃痛到睡不著覺。」這名女子向記者們解釋。葛洛寧對她說，「你被惡魔附身了，我不能醫治你。請你離開。」儘管遭到訓斥，這名女子發覺葛洛寧那不尋常的目光解救了她，彷彿揪出了她體內的「惡魔」而使她得到解脫，就像去教堂懺悔後如釋重負一樣。她跟記者說，「他看著我，然後我感覺潰瘍像石頭掉到地上那樣從胃裡消失了。從那時起，我的胃就不痛了。」[63]

病患們對葛洛寧的藥方與診斷的反應顯然大不相同，而這可能跟個人的認知、生理狀況與處境有密切關係。例如，某次在巴德威斯榭，芮妮聽說有個女人得知兒子戰死的消息後眼睛就瞎了。葛洛寧要那個女人擦乾眼淚，結果她拭去淚水時發現自己看得見了。但是，葛洛寧也指出，她眼睛會瞎，是因為遭到丈夫毆打，不是因為兒子的死訊。站在一旁的丈夫頓時臉色慘白，嚇得低頭承認。[64]說來神奇，揭露那個女人遭受家暴的舉動，竟然就真的使她重見光明。

然而，葛洛寧說某些人邪惡、有害、不值得醫治，是什麼意思？有兩點值得注意。第一，對一般人而言，「靈魂的療癒」聽來像是舉手之勞的恩惠；但在基督教傳統中，這在神學與道德方面具有更複雜的意涵。如某位學者所述，病痛與殘疾具有「靈性含意」，不是神的懲罰，就是邪惡力量的顯現。[65]救贖的邏輯本質是墮落，也就是你得先沉淪，才能獲得救贖。基督教所指的痊癒，基本上與罪惡及寬恕罪惡有關。上帝以苦難考驗善者，以不幸懲罰惡者，讓他們贖罪。說某人無法可救、無藥可醫，可能就意味著那個人有悲慘的靈魂，而有些人正是以這種方式來解讀葛洛寧的話語。卡爾・韋勒（Karl Weiler）醫師——巴伐利亞醫學協會（德文作 Bayerische Landesärztekammer）會長——質疑這種看法，譴責葛洛寧自稱天之信使的行為「罪大惡極」，因為這表示那些無藥可醫的病患被上天貼上了標籤，[66] 標記他們罪該萬死、永不得救贖。

同時，在那些追隨葛洛寧的群眾之中，如果一個人**不邪惡**，就會被解讀成靈魂「無害」，不但能夠痊癒，還可獲得救贖。在戰敗與去納粹化後的社會，正當許多人背負沉重的罪惡感與審判時，葛洛寧的出現或許代表一種特殊的救贖。自稱天主信使的他，在向人們表示他們能夠「痊癒」的同時，展現了給予神聖慰藉的權威力量。那股聲音具有肉體與心靈上的意涵，而令人驚訝的是，神醫所治癒的疾病，往往正是福音所描述的那些情況，尤其是在《聖經・約翰福音》裡，拿撒勒的耶穌（Jesus of Nazareth）指示一個男人收拾床褥離開的事件。祂對那個男人說，「你已經痊癒了：不要再犯錯，以免招來更加不幸的遭遇。」這裡的痊癒不只意指身體恢復健康或活動能力，也代表淨化與脫離罪惡的束縛——並且告誡病者不應再次作惡。

然而，葛洛寧論及邪惡時也另有所指。「邪惡之人」意指巫師，指的是下蠱使樹根腐爛，與惡魔狼狽為奸，還有暗中策謀貶損與毀滅他人的那些法師。當神醫要求邪惡之人從他眼前消失時，他指的不只是渴望得到救贖與治癒的罪人，還包括巫師——所謂邪惡的化身。他也警告大家必須提防身邊潛伏的「邪惡之人」，不論那些人是誰。

如果惡魔是病灶，那什麼是解藥？[67]

※ ※ ※

一九五〇年一月，奧托宣布（這時他已經賣掉老舊的歐寶P4，換了同廠牌一輛「更快、更可靠的」Olympia車款），將邀請一小群（可能三十名）求醫民眾到旺格奧格一間旅館與葛洛寧見面。[68]然而，島上每一間飯店與旅館都客滿了。[69]身為牧師的目擊者威爾弗里德·沃伊特（Wilfried Voigt）表示，有太多人搭火車前來，以致許多旅客無處可住，只能失望返家。「只有癱瘓與殘廢的人，不論長幼，還有眼盲與聽力障礙者可以留下。」[70]消息來源並未指出奧托用意為何，但有鑒於葛洛寧治療這類疾病的醫術遠近馳名，他可能希望塑造一些成功的案例好讓老闆登上報紙。他還規定，民眾要付錢才能入場。[71]

某個週一晚間約九點半時，牧師沃伊特來到漢肯旅館（Hotel Hanken）的劇院兼舞廳，挑了第七排的位子坐下。現場擠滿了島上的居民與遊客，其中許多都是兒童。[72]巨大的舞臺黑壓壓一片，簾幕緊閉。[73]等到葛洛寧終於在眾人的簇擁下步上舞臺時，已接近凌晨四點。[74]雖然在場的群眾等了數小時之久，但據霍納表示，「大家的反應十分熱烈」。事後他描述，根據經驗，盡可能營造「懸疑與虔誠」的氛圍，能讓求醫的民眾「在精神上做好迎接這場盛事的準備，以及全神貫注」。[75]

「各位先生女士們，晚安！」葛洛寧向群眾致意。「你們正處在痛苦中嗎？」一些人舉起雙手。「你們的病痛已經是**過去式**了。」他停了一會兒又問，「現在你們誰還覺得痛苦？」舉手的人變少了。「什麼症狀都不要說！」他這麼要求。「我們擁有的最大財富是健康。金錢是骯髒的！你們準備好把病痛交給我了嗎？」

他話鋒一轉，滔滔不絕地談起善與惡。「我想告訴你們，我為什麼要治病救人。過去幾年來，人類變得非常、非常地邪惡。」他說，「他們失去了對天主的信仰。我希望幫助人類重新找回真正虔誠的信念。」他並未表明「過去幾年來」是哪一段時期，但如先前所述，他指的很可能是戰敗以來的這段期間。這些年來，人們就像葛洛寧說的，「失去了真正虔誠的信念」，**進而**偏離了正軌。

他語氣轉為溫和，繼續說道：

我的能耐遠不只是你們看到的這樣而已。我可以對眼前這一小片土地與這座島嶼

> 下咒，讓來到這裡的每個人都得到治癒。別忘了，你們是天主的子民。最棒的醫生是天主，不是葛洛寧……我要再次呼籲：愛你們的敵人！愛你們的鄰居勝過自己……用愛埋葬所有的衝突、迫害、仇恨與嫉妒，直到永遠。

葛洛寧口中的敵人是誰？他並未言明，但一些民眾無疑對他們目睹的一切充滿熱情。一位名為西蒙斯（Siemens）的醫生——他的病患顯然也在現場聽葛洛寧致詞——欣喜若狂地對沃伊特牧師說，「這不是很好嗎？」[76]另一名報紙記者看到的可不是這樣，他描述這是「時代的一種病態現象，無可救藥」。[77]在此同時，葛洛寧的新聞發言人霍納覺得自己彷彿見證了《聖經》所描述的情景：「劇院裡所有跛腳的病患突然間可以走路了，每個眼盲的人都感覺到了一絲光明，孩子們停止哭鬧、沉沉睡去，其他的病人頓時感到醍醐灌頂。那樣的光輝氛圍無以名狀。」[78]葛洛寧朝沃伊特牧師走去，聳了聳肩說，「是啊，如果人們沒有意願，我也愛莫能助。」接著，他對群眾宣布，「我該說的都說了。那些拋下病痛的人將會痊癒。」這時是清晨五點四十分。[79]

葛洛寧離開了旺格奧格，繼續到其他地區露面。在東菲仕蘭小島上的奧登堡（Oldenburg，距北海內陸約六十五公里），二月份他連續幾晚都現身阿斯托利亞旅館（Hotel Astoria）。[80]雖然天公不作美，仍有上千名求醫的民眾聚集等待，有些病患身體一度虛弱到得躺上擔架在外頭等候；有些人難過哭泣，有些則昏迷不醒。[81]

然而，飯店裡頭，儘管椅子硬得難坐、空氣瀰漫霉臭味，但除了病重者的呻吟與孩子的哭鬧聲以外，聽不到其他任何聲音。葛洛寧在半夜兩點半抵達，一如以往身穿黑色大衣、破舊襯衫配上領帶。一名在場的醫生注意到，他又長又捲的頭髮往後梳了油頭。[82]葛洛寧閉上雙眼，踮著腳尖前後晃動，手指撥弄著一只金戒指，而一名身穿紅色洋裝的年輕女子緊跟在後。在場的警察脫帽致意。一顆閃光燈泡啪地一聲爆裂了，不過葛洛寧似乎沒有察覺。他直直走向會廳前方的舞臺，沉默不語地站著。所有人都盯著他看。「親愛的病患！」他開口說，「每天不管到了哪裡，我都看到這種景象，千篇一律；每個地方都有病患尋求幫助與治療。」他走到臺下跟病患說話並給予治療。「痊癒的人們，打起精神來！」他說。一名男子遲疑地將拐杖放到一旁，他的妻子見狀激動地哭了。一名小女孩跪了下來，擺動兩隻手臂。葛洛寧指示，「不要用力。做你有把握做得到的動作就好。」另一個男人從擔架上爬了起來，嘗試邁開步伐。

會診結束時，是凌晨四點。有些人恢復了行走的能力，但根據一位記者表示，其他病患則是捐出了身上僅剩的錢，但並未得到任何療效。雖然如此，當時已是深夜時分，仍有許多等在外頭的人鼓譟著要進來。[83]

不久後，梅克爾伯格光是一個晚上就能收到三萬四千馬克的捐款，[84]每筆從三百馬克、一馬克甚至五十芬尼不等。（十馬克大約可買一件運動衫或一瓶白蘭地）。[85]如此大筆金錢的流入引起了稅務機關的注意。[86]在地方檢察官訴請的調查中，身為醫生的尤利烏斯・阿爾宏（Julius Ahlhorn）混入人群，參加二月九號的會診。他發現，葛洛寧在舞臺上擺出一個「荒謬的姿勢」，讓他「不安地想起了希特勒」（有人甚至好奇，群眾對葛洛寧的崇拜與仰慕是否同樣令他感到不安）。根據這位醫生的觀察，「葛洛寧百分之百是個嚴重的偏執狂，或是……有偏執症的精神病患」。作為證明這項診斷無誤的「實例」，他表示，葛洛寧聲稱自己從不睡覺，並且有辦法將一個人身上的病痛轉移到另一個人身上。有次葛洛寧誇稱，如果他召喚全德國的人民，將會出現「世界有史以來最大規模的革命」。阿爾宏冷眼旁觀這一切對群眾產生的影響。他目睹一名女童手拿一朵花「觸碰葛洛寧的褲管，再輕敲自己的額頭與胸前。」[87]

如果這些畫面不夠礙眼，阿爾宏還聽到葛洛寧自稱能「迅速判斷誰值得治療，誰不值得被救」。他更正之前指稱九成的人類具有邪惡靈魂的說法，「我可以治癒九成的人，另外一成的人是廢渣，這不是我的錯。」[88]他在赫福德也曾對他未能醫治的病患做出類似的評論：「他們屬於那一成的人類，也就是我說遭到上天註記的那些人。他們沒有任何信仰，不能得到幫助。」[89]

在報告的最後，阿爾宏醫生提出了結論。「總而言之，個人強烈認為這一切全是一個小小的犯罪集團徹底控制了心智有問題的葛洛寧，所創造的詭詐騙局。」他指出，這個集團利用葛洛寧「來滿足私欲，利用這個時代的恐慌心理向絕望又天真的民眾斂財。」[90]

※ ※ ※

葛洛寧的德意志聯邦共和國西北部巡迴之旅，大約在一九五〇年二月中旬畫下句點。他與隨員們來到了蘭德斯養老院，一間位於米滕瓦爾德的旅館，也就是原本預計成立葛洛寧的第一間診所的地方。芮妮表示，這間旅館的「絕美」山景不足以說服葛洛寧留下來；他覺得那裡環境髒亂、旅館老闆嗓門太大。[91]話雖如此，但他在當地提供多項療程，而奧托也因此經手了可觀的收入——每位病患支付一百到三百馬克不等的費用。[92]同時，梅克爾伯格夫婦也謹慎管控收費標準，並在葛洛寧外出時隨侍在旁，主要是因為他們害怕有其他經紀人來搶人。[93]然而，葛洛寧曾經偷跑到酒吧狂飲鳳梨潘趣酒，醉到被人發現倒在一名女子的房裡不省人事。他們為此跟他發生了激烈爭執，事後芮妮宣稱，葛洛寧懇求他們的原諒，還說以後滴酒不沾。[94]

除了這些鬧劇之外，更令他們心煩的是計畫不斷往後推遲。一九五〇年一月，地方報紙報導，一座設有三十五個床位的治療中心將於二月一日開幕。當局駁斥了這項消息，向媒體表示尚未收到正式通知。[95]巴伐利亞政府必須先讓步，奧托才能開設治療中心，但事情一點進展也沒有。

隨著官僚體制緩慢運作，葛洛寧繼續懷著雄心壯志展開冒險。他前往拜魯特（Bayreuth）。儘管他使用化名並低調行事，傳言仍在他下榻的旅館不脛而走，而旅館主人得知後，廣邀民眾前來索討神醫的洗澡水。[96]葛洛寧應一位明星演員的邀請（他之前治癒的病患），前去觀賞埃姆里希·卡爾曼（Emmerich Kálmán）創作的輕歌劇《吉普賽公主》（*The Gypsy Princess*）。隔天，梅克爾伯格夫婦起床後發現，葛洛寧不只帶那位明星到旅館作客，還邀請劇中大多數的演員前來同樂。[97]

然而，並非是葛洛寧的尋歡作樂耽誤治療中心成立，而是奧托的個人名聲所致——與前黨衛軍身分無關（似乎從未遭到揭露），而是他的詐欺行徑。上巴伐利亞政府的首席醫療顧問弗里茲·奧布（Fritz Aub）醫師開出條件，要求奧托辭去葛洛寧療法研究與推廣協會會長一職，才同意為治療中心背書。[98]雙方安排了一場會議。奧托抵達現場，後面跟了數名律師及一位祕書，這次他的座車不是歐寶，是一輛全新的賓士。[99]奧布向《南德意志報》表示，問題在於奧托採取高壓剝削的策略來對待求醫民眾。「我聽說梅克爾伯格先生會對不願付費的病患施壓。」奧布接著說，「他的風評不太好。照情況看來，他似乎想私吞葛洛寧治療中心。」巴伐利亞邦「無意核發執照給營利導向的梅克爾伯格企業」。[100] 約在此時，當地警方得知，奧托曾經從事黑市交易與據稱參與過V－2火箭的研發。[101] 各路證人也向警方透露，這對夫妻經常透過威脅手段來達到目的。老早與他們斷絕來往的安娜莉絲（迪特．胡斯曼的母親）指出，奧托曾威脅她，如果不聽他的話離開葛洛寧的核心圈，就要「毀掉」她。[102] 與奧托相識的業務普拉瓦特克也想起，有次他試圖聯絡奧托討論岳父的商務事宜，但芮妮要他別多管閒事，還警告他最好不要對她無禮，因為她先生「相當擅長拳擊」。普拉瓦特克告訴警方，奧托「是個騙子」。[103]

至於葛洛寧本人，巴伐利亞的官員們始終看法不一。奧布醫生向媒體表示，他「個人」沒有理由反對葛洛寧行醫，只要他受到專業醫師的監督，以及所涉及的各項法律控訴獲得妥善處理——應該是指他在赫福德行醫的那段期間遭到北萊茵—西發利亞控告的過失致死罪。巴伐利亞醫學協會會長（韋勒醫師）宣告這是不可能的事。[104] 然而之後，有多名政治人物代表那些希望得到葛洛寧醫治的熟人們向這位神醫提出呼籲。[105] 他們全是巴伐利亞的社會民主黨員：庫爾姆巴赫（Kulmbach）市長兼議會副議長喬治．哈根（Georg Hagen）、議員約瑟夫．勞默（Josef Laumer），以及巴伐利亞部會首長塞佛列德。

儘管凡事親力親為，還得面對公務流程的繁文縟節與檔期的延遲，奧托依然自信滿滿，相信治療中心一定開得成。他將這起案件交由輿論公審，向媒體解釋，「我們在為一件偉大的事情而努力。」以及「我們遭遇到了讓人不敢置信的難題。」[106] 其中之一是針對葛洛寧的強姦控訴，之後經過調查因證據不足而撤回。過失致死的指控也宣告無效；法院裁決，雖然接受葛洛寧治療的病患的確死了，但專業醫生也對那名個案的病情束手無策。儘管在北萊茵－西發利亞仍有一項葛洛寧違反《民俗治療禁令》的指控尚未解決，但至少據一家報紙指出，倘若葛洛寧在巴伐利亞成功開設治療中心，該項指控也將撤回。[107] 巴伐利亞的官員們（包含內政部）於一九五〇年五月開會討論未果。一家地方報紙譴責邦總理埃哈德，嘲諷他前一年才公開表示，「我們不能讓葛洛寧奇蹟如此不同凡響的現象因為法律而觸礁。」[108]

在徒勞無功的談判與日益加深的嫌隙下，梅克爾伯格與葛洛寧的合夥關係破碎了。梅克爾伯格被拔除法律代理人的職權。警方進行的財務交易調查使他遭到短暫拘捕。[109] 他的律師承認，葛洛寧療法研究與推廣協會收到大量捐款（約十萬馬克），但堅稱大部分收入都用於支付電信與旅館帳單、稅金、辦公人員、律師及「葛洛寧每天必備的香菸與咖啡，而最後這筆開銷尤其龐大」。[110] 七月，初步法律程序在巴伐利亞展開，調查他與葛洛寧是否有詐欺情事及違反《公共集會法》和《民俗治療禁令》。[111]

梅克爾伯格夫婦在許多方面都誤會了葛洛寧。階級差異的確難以克服：芮妮與奧托都認為葛洛寧脾氣過於暴躁，傷了他們敏感脆弱的心。神聖的治療師形象，從來都不太符合他猶如拉斯普京（Rasputin）*般耽溺於酒精與女色的臭名。芮妮曾說，彌賽亞不該「渴求群眾的目光」。[112]曾為骷髏總隊副官的奧托甚至語重心長地向警方表示，要是有了他的幫助，葛洛寧就會變得「道德純淨」，維持「一個正常、聞名的中歐人」應有的水準。[113]

梅克爾伯格夫婦與葛洛寧分道揚鑣，但在往後幾年裡，雙方耗費許多時間對簿公堂，對詐欺、謀取暴利與違反《民俗治療禁令》等指控進行答辯。他們每次都獲判無罪。即使警方與檢察官傾力尋找新線索，那些控訴仍因證據不足而遭到撤銷或暫緩提審。

葛洛寧與梅克爾伯格並不是唯一一群持續逍遙法外的嫌疑犯。在奧托遭到短暫居留的期間，與他同為黨衛軍成員的拜把兄弟艾希曼從美國監獄逃了出來並偷渡到阿根廷，從此在當地過著高枕無憂的生活。在此同時，新聞媒體開始吹捧新崛起的一位神醫——來自杜塞道夫（Düsseldorf）的髮型師彼得羅．杜蘭蒂（Pietro Tranti）。隨著各界日益關注，一輛又一輛從遠至漢堡與奧地利等地方駛來的巴士正包圍**他的**住處。[114]

* 譯注：尼古拉二世時代的神祕主義者，以散播預言和施展另類療法為業，生活出了名地淫穢放蕩。

第七章　源自罪過的病痛

到了一九五〇年，西德正如火如荼展開重建。那年，有一名英國遊客記下了一系列的正面改變。「一度急迫的糧食短缺危機已解除；醫療院所、工廠及長途列車都正常運作，大城的區間車與電車服務也是。」雖然就業情況依然不佳，但各方面都逐漸好轉。「我看到的鄉村地區欣欣向榮」，即使「可能因為農地面積過小而經濟效益低落」。然而，在重回繁榮的早期徵兆下，「可見數量龐大的雞、鵝等家禽」，而香菸這種一度在飽受鄙視的黑市隨處可見的貨幣，也回到了販賣機中應有的位置。[1]

如同慕尼黑乾淨整潔的街道，所有表面的犄角與不平整都被撫平了。然而，與過往有關的衝突仍持續沸騰，而且往往也在牽涉靈魂的議題中浮出檯面。許多人不斷尋求靈魂的慰藉、支持與庇佑。他們害怕邪惡的陰謀、擔心遭到惡魔侵襲，也渴望得到保護。天主教徒在傳統上尤其將戰爭——如瘟疫與飢餓——視為上天對人們的違抗、罪惡與缺乏信念所施予的懲罰。[2]二戰結束的五年後，許多人依然忌憚神聖的審判，懼怕上天可能會發動未來的戰爭以誘導惡者贖罪。

一九四九年十月，就在葛洛寧驟然離開特洛特農場不久後，一群小女孩在蒐集學校作業用的秋葉與七嘴八舌地討論鬼故事時，偶然遇見了一名雙手合十禱告的白衣女子。女孩們說，那是聖母瑪利亞。她們將這段奇遇告訴了家人與地方的牧師。不出幾天，大量朝聖者湧入黑羅爾茨巴赫（Heroldsbach），也就是位於法蘭克尼亞、謠傳聖母顯靈的村莊。成千上萬的民眾或搭巴士、火車，或騎單車，甚至徒步跋涉來此。[3]接下來的三年裡，靈異現象不斷出現，除了聖母瑪利亞之外，還有約瑟*、天使、各方聖人及耶穌的化身，前後約多達三千次。在一九四九至一九五二年間，據估共有一百五十萬人前來爭睹神蹟。在黑羅爾茨巴赫（大約在紐倫堡正北方三十二公里處）成為熱門朝聖地之際，西德其他天主教區的飛地也傳出十幾次小規模的靈異現象，例如位於普法茲的費倫巴赫（Fehrbach）與羅達爾本（Rodalben）、萊茵河畔的小鎮尼德哈巴赫（Niederhabbach），以及符茲堡（Würzburg）與慕尼黑等城市。並不是所有這些奇觀都吸引了數千名朝聖者親自造訪，但這種情況不在少數。[4]

一些人來到黑羅爾茨巴赫尋求治療，渴望擺脫各種常見的疾病，像是發燒、風濕症、濕疹與頭痛。[5]其他人則尋求抽象的慰藉，就如民俗學家魯道夫・克里斯（Rudolf Kriß）在一九五二年十月造訪當地時的見聞。他看到一個衣著高雅的女人鏟挖顯靈地點的聖土，然後塞進手提包裡。她向克里斯表示，這些土壤將能幫助她在未來的戰爭中免受傷害。其他撿拾土壤的民眾則說，這能保護他們保全身體髮膚及對抗疾病與「惡魔的誘惑」。[6]在某些人看來，這是一場真實而可怕的災難：一位走訪當地的牧師警告人們勿將神聖的顯靈誤當成「魔鬼的化身」，但一些幻視師（visionary）聲稱在一九五〇年二月看見了惡魔本尊。[7]前來朝聖的民眾試圖接近那些小女孩，深信她們充滿了聖母的力量，並要求幻視師對她們進行感應。[8]這些人來此祈神賜福，向聖母獻上念珠、樹皮與樹葉、聖土、蜂蠟和淨水等祭品，希望得到祂的庇佑。[9]他們還在衣物上畫了十字架形狀的傷口，捐獻給黑羅爾茨巴赫一座禮拜堂，相信能藉此將耶穌寶血的治療力量傳遞給家鄉的親人。[10]

一些民眾請來法師驅魔。克里斯以文字記錄了許多顯靈的故事，他描述一個名叫昂辛（Unsinn）的男人率領群眾前往森林中一座耶穌受難像的所在地（聖母曾經現身該處），要求每個人跪地朝拜。接著，他以「宏亮而威嚴的語調」大聲祈禱，「以聖父、聖子及聖靈之名，

---

* 編按：約瑟為《舊約聖經》中的人物，是猶太人的祖先亞伯拉罕的曾孫、以撒的孫子、雅各十二位兒子（也就是後來的以色列十二支派）中的其中一個。根據紀載，約瑟擁有出色的解夢能力，憑著解夢與對神的信仰，最終歷經苦難成為埃及宰相。

祈求所有邪靈、詛咒、惡魔、誘惑與病痛饒恕眾生。」昂辛複誦唸了三次，一次比一次大聲，還激動地握拳指向大地，強調「饒恕」二字，並呼求各種黑暗力量退散。他誦讀《主禱詞》、《聖母經》，還有一段用於治癒傷口與止血的著名咒語，此外也祈念所謂的〈希伯來眾生之父〉（Hebrew Our Father）——又名為薩托回文方磚（Sator Arepo Tenet Opera Rotas），民間法術所採用的一種拉丁文回文咒。[11]

不是每個人都相信顯靈的奇異景象。黑羅爾茨巴赫的聖母顯靈事件導致天主教的兩個對立團體之間發生激烈衝突：一派相信聖母顯靈的真實性，另一派則否。前者指控對方背離信仰與褻瀆天主；後者則反過來指責他們違抗

©《明鏡》，44/1949

教義、信奉異教與心胸狹隘，[12] 甚至還屢次玷汙對方取水的一座池子——那些支持顯靈說的信徒們深信這處水源是由聖母所賜予且具有療效。一九五〇年三月，反邪教的信徒驅趕擁有幻視能力的孩童，嘴裡不斷唸著「魔鬼，魔鬼！」[13] 到了四月，支持顯靈說的信徒開始謠傳聖母警告人們，如果不照祂的意思做（如果那些信徒的對立者繼續妨礙他們朝聖），「俄羅斯就會來攻打你們！讓城市血流成河！」[14] 透過聖母警示俄羅斯入侵的這種說法，不僅影射了冷戰與五〇年代天主教徒深感著迷的邪惡蘇維埃共產主義，也提醒人們切莫遺忘二戰過後的死傷、戰敗與殖民統治。

當羅馬的宗教法庭介入，兩派人馬的衝突反而愈演愈烈。在聖母顯靈的一週年，班伯格（Bamberg）大主教指派的一位代表在層層警力戒護下來到黑羅爾茨巴赫，宣告顯靈異象的起源非屬超自然，敦促信徒們與其保持距離。[15] 在朝聖者不顧這項教令、持續湧入顯靈地之際，教宗下令神職人員勿發送聖餐給他們，並調走當地的神父。最終，許多相關人士（神父與各方顯靈現象的支持者，包括幻視師本身）都被逐出了教會。一名黑羅爾茨巴赫幻視師的擁護者曾被關進薩克森豪（Sachsenhausen）集中營數年，罪名是分發反納粹傳單，譴責教會領袖採取高壓手段、宛如蓋世太保般殘酷無情。終於，一九五二年十月三十一日，黑羅爾茨巴赫迎來最後一次的聖母顯靈。[16]

雖然這些天主教內部分歧有部分在某種意義上源自於教義（即虔誠的天主教徒應該順從教會的階層制度），但仍迫使信徒們在服從教會與支持顯靈現象兩者之間選邊站。然而，這次的紛爭也根源自人們與「不久前的過往」之間的關係。根據歷史學家麥可．歐蘇利文（Michael O'Sullivan）的觀察，戰後的那幾年，「有不成比例的男性深受天主教神祕主義吸引，那些人經歷了集中營、戰俘營或驅逐的悲慘遭遇」。黑羅爾茨巴赫與費倫巴赫的當地民眾都指控，天主教會高層在第三帝國時期曾與納粹共謀各種見不得人的勾當。[17]

五〇年代，隨著人們紛紛加入祈禱的行列以驅散盤旋不去的惡靈、齊聚一堂聽傳教士慷慨激昂的布道，並見證聖母瑪利亞的顯靈，慣常的沉默有時反而出現了例外。各種指控受到反責的挑戰，害怕靈魂遭受侵擾與懲罰的恐懼一發不可收拾。湧入黑羅爾茨巴赫的群眾不在此類，但在許多其他截然不同的情況下都可見人們的恐懼，不論他們害怕的是神聖的審判，還是惡魔的侵擾。

現有的研究參考資料大多存在各種限制。它們往往零碎不全，而且互不連貫。有關人們恐懼靈魂懲罰的文獻紀錄，不像社會運動、政黨或政府官僚體制等文件檔案那樣豐富。但如果將戰後的西德人民所經歷、談論、講道與診斷的精神疾病統統放到一個框架中來看，便能發現原本難以察覺的一種現象：隱隱作祟的強烈不安——精神混亂的人們經常將這種感受直接或間接連結到納粹時代，即使全國上下的民眾都刻意逃避過往，集體的記憶也巧妙地一貫迴避這種精神疾病最邪惡的面向。

※ ※ ※

一九五一年末的某天晚上，慕尼黑警方接到萊昂哈德—埃克街（Leonhard-Eck Straße）上一棟別墅的報案，那兒位於伊薩爾河（Isar River）東岸，距離城市著名的英國花園（English Garden）不遠。一名前往現場調查的警員發現屋內燈光全亮。雖然部分視野受限，但他估計屋裡約有十五人在禱告，聲音大到他在街上都聽得見。接著，別墅的大門突然打開了：裡面站著兩個男人。年紀較大的一個是名為亨尼格（Henninger）的路德教派牧師，他向警方供稱，教會請他來監督祈禱儀式的進行。有傳聞說，他們在屋子裡作法驅魔（德文作Teufelsaustreibungen）。

這個禱告團的成員信奉新教而不是天主教，因此代表的意涵不容小覷。新教徒向來避免使用驅魔一詞，因為這對他們而言，是一種與法術牽涉過深的天主教儀式。而來自慕尼黑的這個禱告團所謂的驅魔儀式，只能透過禁食與祈禱達成。[18]實際上，在裝潢典雅的客廳裡，那名警員看到那群人「全神貫注地禱告，甚至沒有發現」他的到來。多數成員超過五十歲，但也有一些年輕人。他們全都衣著「簡樸」，顯示收入並不高，但都穿上了自己最正式的衣服，一副「善男信女」的模樣。除此之外，沒有任何異狀。[19]

警方會得知這棟別墅進行驅魔儀式，是瑪莉安娜（Marianne D.）的一名前房客舉報的消息，瑪莉安娜是別墅的屋主，丈夫生前是資深公務員。[20]之後，警方訊問瑪莉安娜，因為根據巴伐利亞的法律，「利用以假亂真的法術或驅魔賺錢或謀利」的行為可處以罰鍰或刑期。關於別墅內進行的精神治療，瑪莉安娜向警方表示，這些人多年來皆聚集於此，只希望與上帝和好。她說，起初是新教三一教會的一位資深成員請她協助在教會信徒的家中建立禱告團。「朋友與熟人」會定期「聚會，一起禱告與朗讀《聖經》」。瑪莉安娜太太稱她的禱告團是「為基督奉獻的獨立團體」。不久前，兩個不屬於團體的男人來找她。她告訴警方，他們以「擁有上帝賦予的特殊權力」聞名，「目的是拯救眾生脫離地獄、治癒病者，還有帶領世人回到耶穌的懷抱。」那兩個男人是莫特林格兄弟（Möttlinger Brothers），屬於符騰堡的一個虔信派（Pietist）團體，與救世軍（Salvation Ark，德文作Rettungsarche）有所關聯，即一九〇九年由幻視師與治療師腓特烈．史坦傑（Friedrich Stanger）成立的一所宗教中心。有段時間他們試圖幫助亞格曼（Jagemann）太太，她失去了對上帝的信念。瑪莉安娜透露，亞格曼太太的家族多個世代以來受撒旦所控制，而她「急欲擺脫邪惡的禁錮」。瑪莉安娜太太解釋，那對兄弟最後成功破除惡魔的力量，數百個邪靈在淒厲的尖叫聲中從亞格曼太太的體內退散。[21]

一九五一年秋天，慕尼黑警方得知更多有關萊昂哈德—埃克街的傳聞。隸屬路德教會的地方教區投書要求警方調查名為施洛德（Schröder）的「吉普賽人」——他是一位旅歷各地的織品業務。後來發現，他的本名是弗里茲・科勒（Fritz Köhler）。[22]警方也收到安東尼厄斯・柯邁耶（Antonius Kirmayer）的供述——這個人一度處於葛洛寧核心圈的邊緣。[23]一九四九年秋天，他向記者透露自己曾在特洛特農場度過五旬節（Pentecost），並預測不久後一股新的信仰浪潮將席捲這片土地，一掃黑暗陰霾，釋放原子彈般的巨大威力。[24]

科邁耶與科勒都待過集中營，後者曾被關進達浩（Dachau）、毛特豪森（Mauthausen）與布亨瓦德（Buchenwald）集中營。[25]科勒向警方表示，他就是在集中營裡「回到彌賽亞懷抱」的。他說，在戰後替美國占領軍工作的期間，他發現「這個世界墮落至極」，於是祈禱上帝讓他脫胎換骨。我們無從得知，是什麼樣與美軍共處的經驗讓他意識到了這種邪惡，但這些經歷加上集中營的痛苦遭遇，使他決定從事靈魂治療的工作。[26]科邁耶則解釋，自己也屬於某個禱告治療團體。他表示，這個團體不久前治癒了一位銀行經理患有胃癌的嫂嫂，以及另一個中邪的女人。她被惡魔附身，臉部猙獰扭曲，而治療者們禱告了好幾個小時才使惡靈退散。他向警方解釋，驅魔是《聖經．馬克福音》中基督徒的一項義務；聖經命令所有信徒驅逐惡靈。[27]那個女人順利康復，以致警方調查科勒的任務宣告中止；至於那名受害者則向警方表示，自從惡靈退散後，「自己的靈魂感受到莫大的和諧與快樂」。[28]

靈魂的病痛與救贖也是在戰後備受歡迎的傳教士之間賴以維生的工具。科邁耶所屬的禱告治療圈包含了航空界先驅戈特洛布．艾斯潘勞布（Gottlob Espenlaub）與來自索林根（Solingen）的刮鬍刀製造商赫爾曼．蔡司（Hermann Zaiss）。戰爭結束後，艾斯潘勞布便在家鄉巴登—符騰堡（Baden-Württemberg）傳教與驅魔以治療病者。[29]至於曾在西非黃金海岸從事業務的蔡司，則早在一次世界大戰前就擔任過福音傳教士，但之後拋棄基督信仰達二十年之久。而讓他回心轉意的癥結點，是在一九四四年親眼目睹家園被轟為平地，進而使他認為這是上帝在警告他人生已偏離了正軌。[30]蔡司與艾斯潘勞布在戰後巡迴全國各地傳播福音，治療大批民眾與提倡嚴謹神學。[31]來自烏帕塔（Wuppertal）、曾參與其中某次集會的牧師比克里希（Bickerich）透露聽他們說過，如果一個人生病治不好、體內的惡靈驅除不了，是因為本身信仰不夠堅定。[32]

一九五六年，蔡司在烏帕塔一間座無虛席、名為奧丁宮殿（Odin's Palace）的戲院向觀眾進行一系列布道。兩年後他車禍離世，這些福音被編錄成書。蔡司在生活中遵循幾個原則：他說，靈魂的治療不是一種超自然事件，而是代表自然重新恢復和諧。疾病「違反自然」，治療則「體現虔誠與順應自然」。疾病源於對上帝的不服從。「每一種罪惡都隱含一道詛咒。」他說道。

蔡司是頗為可靠的歷史資料來源，因為他除了布道之外，談論特定罪惡時也比許多當代的傳教士要具體得多。他指出，所有的罪惡「都會懲罰犯罪者，不是不報，只是時候未到。」他要前來聽福音的民眾「仔細聆聽上帝的話語：我將為這個國度帶來不幸……厄運、災難、瘟疫、各種疾病……都可能依《聖經》所示，席捲整個國家」。蔡司警告，那些誆稱自己從未加入任何宗派，以及「從未與希特勒扯上關係」的人們，「多了說謊這項罪過」。他話鋒犀利地繼續說道：「眾所周知……我們的同胞猶太人遭到了鄙視、嘲弄、毆打與搶劫（水晶之夜就是一例），之後發生的事情大家都心知肚明。六百萬名猶太人慘遭殺害，而**兇手就是我們**。」

蔡司指出，德國受到的懲罰確切反映了其罪過的嚴重性：「六百萬名德國人死於戰爭。以眼還眼、以牙還牙：整整六百萬！我們殺害的猶太人口也正是這個數字。」他繼續說，並不是所有德國人都死了，其在喪生者中「只占了七或八％」。然而，這不代表「剩下的九二％或九三％的德國人」可以「聲稱自己是清白的……不幸的是，根據永生上帝的律法，一些人……必須承擔群體種下的惡果」。[33]

蔡司傳達的訊息引起了迴響。到了五〇年代晚期，約有三百個「蔡司教團」：獨立的靈恩教會，大多分布於德國北部與西部，也有些位於國外。[34]這些教會擁有極少的學術研究。然而，其最驚人的不是信徒人數，而是蔡司以慷慨激昂、而且在當時看來極為直截了當的方式，鼓吹德國同胞必須懺悔自己在六百萬名猶太人喪生的慘劇中所扮演的角色。在集結了蔡司生前傳布的福音的那本書中，序言裡描述，前來聽他傳道的群眾們來自「各個社會階層，從工人到工廠老闆都有，不論是單身就業婦女或家庭主婦、貧窮或富有、生病或身體健康」。書中描述，他談及醫病方面的福音「讓人特別感興趣」。每個星期天，烏帕塔的禮堂都「人滿為患，擠得民眾只能站著聽講」，連走道與階梯也沒有位子。[35]蔡司離世時，葬禮吸引了約三千人前去追悼。[36]

根據蔡司等傳教士的說法，在戰後脫離納粹掌控的德國，病痛不只是生理病症，也是一種生理狀態與靈性徵兆：代表一種詛咒、天譴、罪惡及拒絕為其贖罪的報應。同樣地，聖母的屢次顯靈也證明救贖的希望是存在的，但同時也致使人們懼怕未來的戰爭、日後的懲罰及多數人不願指明的罪惡。

※　※　※

這段時期，受苦受難的人們持續尋求葛洛寧的靈魂解藥，而他也持續拯救眾生。與梅克爾伯格夫婦決裂後，他開始在一位名為尤金・恩德林（Eugen Enderlin）的民俗療者在慕尼黑的工作室中幫人看病，治療的病症五花八門，從循環與神經系統疾病、癱瘓與關節炎，到戰時空襲所造成的聾啞都有。報紙報導，配戴單片眼鏡的老菸槍恩德林，為了處理從世界各地寄來向這位新夥伴求醫的大量信件，不得不成立專屬辦公室。[37] 許多病患一大清早就來等著見葛洛寧一面，長長的人龍一路排到三樓，人潮多到該棟公寓的住戶進出難行。[38] 葛洛寧也會定期在恩德林的辦公室與當地酒吧發表演說，論述「天道與惡魔」。[39] 曾在瓦格納布勞（Wagnerbräu，慕尼黑的一家酒館，希特勒曾在那兒召集支持者）參加過這類集會的一名警探，對葛洛寧似乎將惡魔視為「某種更強大的力量」一事百思不解。[40]

罪惡與疾病之間的關係，在一九五〇年的秋天仍然是神醫闡述的主題，那時葛洛寧與治療者約瑟夫・昆澤爾（Josef Günzl）一同現身慕尼黑近郊的一處游泳池，向一群求醫者發表演說。當時在場的其中兩人——邦警警官梅爾（Meier）與巴伐利亞衛生部（Bavarian State Health Department）代表巴赫曼（Bachmann）博士——事後就十月下旬那天下午的觀察提出了報告。他們指出，現場五、六十位賓客大多是二十到六十五歲的女性，「從中產階級到貧窮階層都有」，但據梅爾所述，有不少人（大約十到十五位）是「體面的知識分子」。許多與會者手握雞蛋大小的錫箔球，一邊等待葛洛寧上臺，一邊翻閱他的宣傳手冊（要價二十芬尼）。

昆澤爾——據巴赫曼描述是一個「矮小瘦弱的男人」——首先向群眾致詞。據巴赫曼表示，他談論的主題廣泛，包含神奇的治療、「心物問題」（mind-body problem）、吃太多肉類的害處，以及混雜了基督教、佛教、泛神論與人智學的論點。不過，他的演說主要與罪惡有關，也就是人類犯下的罪孽、上帝以病痛作為懲罰的罪過。昆澤爾告訴群眾，每個人心中都存有上帝的一部分，這個部分會透過良知與個體對談。上帝對罪惡十分感冒，而正如蔡司布道時所述，罪惡導致了病痛。昆澤爾指出，罪惡觸怒了人們心中的神，擾亂靈魂的和諧，而且會引發疾病。他建議群眾，若想重獲健康，就必須按照上帝的要求犧牲奉獻作為補償。上帝要求人們贖罪。

葛洛寧似乎從未說出「罪惡」這個詞彙。他談論邪惡，也就是某些人造成的傷害，以及他們所懷抱的壞心眼與惡意。他站著，雙手插口袋，臉上毫無表情，總是說了幾句後便停下來，可能是在等待觀眾回應或整理思緒（梅爾與巴赫曼不確定是哪一個）。在那一小時裡，他以漫無邊際又難以捉摸的說話風格，談論人們如何一傳十、十傳百地宣揚他的醫術，還有近來成功治癒的一些病例。接著，他談到了天主與惡魔，以及阻止好人行善的壞人。他也提到幫助好人的原則，強調只有他們能夠享有接受他治療的福祉。他表示，如果他未能拯救病患，那是因為壞人阻擋了他發出的治療波。[41]「保護自己不受壞人的侵害。」他如此建議群眾。[42]幾天前在瓦格納布勞，他說天主就像一座發電廠，而人類是一顆顆的燈泡，祂的電力有可能遭到「從未行善」的人所「阻斷」，「在那些人身上盼不到任何好事發生，因為他們生性邪惡」。葛洛寧表示，這種人「我稱之為撒旦」。他們「已成為撒旦的奴隸」。他建議信眾們「不要偏離自然、真實與神聖的道路」。[43]

數個月前在旺格奧格，葛洛寧跟群眾說過，「過去幾年來，人類變得非常、非常壞心」，並敦促求醫者永遠埋葬仇恨與羨妒。[44]他並未要求任何人進一步省思這些仇恨與羨妒的本質，或是確切說明言下之意。或許他也沒必要這麼做，因為具有不同背景的與會者會自行解讀。但是對葛洛寧而言，呼籲人們同時擱下仇恨與遠離「壞人」，並不矛盾。壞人是隱蔽難察的惡人（意指巫師），絕對不容寬貸。

※　※　※

畢竟，這些時代承載著靈魂的不安，充斥了懷疑與猜忌。在斷然任性地拒絕承認基礎事實的風氣之下，又怎能責怪人們幻想表面事件底下暗藏邪惡的意圖？「天主的旨意不容質疑。」葛洛寧會說，「天主會讓那些自覺受到邪惡力量所削弱的人們得到幫助。坦誠以對，是復原的最佳途徑。」他繼續說，但是「不要告訴我，你的心中從未住過禽獸（Schweinhund）……有些人……的內心始終住著一頭野獸」。[45]「Schweinhund」——字面上指「豬玀般的犬畜」——在德文中是一個嚴重冒犯他人的汙辱性詞語，意思跟英文中的「bastard」（雜種）差不多。二戰期間，德國士兵使用這個詞彙（葛洛寧當然也是如此），來指稱為了達到目的而必須打破的內在沉默，而那種目的往往是見不得人的勾當。

這套神學——屬於士兵、屬於一般老百姓的宗教理論——在五〇年代有什麼樣的意涵？負面的事情必須解決，而我們解決了。我們都清楚自己做了什麼。**不要告訴我，你的心中從未住過禽獸**。一些過去曾淪為戰俘的士兵描述，當初被關在俄羅斯與波蘭集中營的日子是「必要的贖罪」，是他們希望能藉此洗滌罪過的一種修行。其他戰後心理問題經診斷判定與戰時罪行有關的士兵，有時會尋求精神治療並試圖向醫生自白。[46]

七〇年代，民族誌學者尤塔．多恩海姆（Jutta Dornheim）採訪一群經歷過二戰的西德退役軍人。她發現，他們在個別的訪談過程中全都提到了，自己對於懲罰和疾病與戰時經歷有關的看法。其中一名退役軍人朗恩先生（Lang）罹患癌症。起初他向多恩海姆堅稱，上帝並未以病痛懲罰眾生。然而，他繼續遲疑地說道（長破折號代表長時間停頓）：

我一直在想，我、我、我一生中從來沒有傷害過任何人與任何東西（我應該傷害什麼東西？）也、也從來沒有利用任何人的任何東西，戰爭結束後我再也沒有幹過任何大事（德文作gross was angestellt）。—雖然，雖然我上過戰場，是的——而且——但——我的意思是，這一切—這全都跟我生病毫無關係。——當你——作為一位士兵的時候，是的——我的意思是——我真的不知道。—我在俄羅斯待了四年。———沒錯，是的——但我的意思是——那段過去與我生病真的是兩碼子事。

多恩海姆試圖釐清他說的話。朗恩先生的意思是，思考上帝是否會透過病痛懲罰眾生時，他會把自己當成特例嗎？「是的，」他說，「我問心無愧，我——沒有傷害——也就是說——任何手無寸鐵的平民，或者應該說——我沒有做過那樣的事。」沒有人怪罪朗恩先生做的任何事情。然而，他試圖合理化自己過往的所作所為可能對健康造成的危害，不論那些作為是什麼。

另一名軍人——歐普先生（Opp）——在七〇年代也得了癌症，而他也同樣認為自己得病與戰時經歷有關。「我在重型步兵團，我有一把機關槍，當時發生了很多、很多事情，我是說——跟俄軍之間……從那之後，我從來沒有對任何人做過那種事，只有在前線會那樣。我們沒有選擇。」彈鼓或彈帶機關槍每分鐘可射三百至一千兩百發，射程達兩千公尺，例如德軍使用的ＭＧ34。歐普先生擔任步兵時射殺的敵軍，當時在他看來可能不過是遠處的黑點而已。據報他歸國後對妻子說，「我什麼也沒看見」，也許就是這個意思。

儘管謹慎看待戰爭期間發生的事情，但朗恩先生與歐普先生都在無人引導的情況下將自身疾病與戰時經歷聯想在一起。沒有人指示，也沒有人提出任何指控，但他們兩人都找理由為自己過往的行為辯解。他們將癌症的未知連結到自己在戰時的所作所為。然而，他們都**不願**認為自己正在贖罪，或者上帝正在懲罰他們。[47]

根據《南德意志報》報導，在一九四九年夏天的特洛特農場，索墨採訪了一位坐在滿是髒汙的賓士車裡的男人，在炎熱的午後等待葛洛寧出現。他已經待在原地三十六個小時了。「我是來自富爾達（Fulda）的專業屠夫。」那人對索墨這麼說，彷彿意指他是個有錢有勢、有一技之長，而且認真工作的男人。他表示，自一九四六年以來，他的雙手就無法動彈，雙腳也完全癱瘓。那位屠夫說，「我從來沒有幹過壞事。」[48]他解釋道（但讓人不知所云），自己會癱瘓一點道理也沒有，事情不該是這樣的。他沒有對任何人做過任何事，意思就是他會遭受苦難，原因莫過於此了。

我們無從得知，慕尼黑、黑羅爾茨巴赫或烏帕塔的民眾渴望得到治癒與驅逐體內的邪靈時，希望擺脫什麼樣的罪過；我們無法確定，葛洛寧所謂的內心的禽獸指的是什麼，或者當他的夥伴昆澤爾說上帝以病痛懲罰罪惡，以及眾生必須贖罪、犧牲與改過向善時，是什麼意思；我們也無法探知那些癡癡等候葛洛寧露面、或者在戰後害怕遭到惡魔附身的人們，心裡到底在想些什麼。來自烏帕塔的傳教士蔡司，倒是對罪惡下了十分明確的定義：迫害與屠殺六百萬名猶太人，以及假裝對如此殘忍的罪行一無所知。靈魂的不安也可能源自於對戰爭或戰爭罪行的直接參與，就如歐普先生與朗恩先生的經歷所強烈暗示的那樣。然而，我們不能理所當然地認為，現代的是非觀念完全切合過往人們的道德與情感生活。戰後的德國人感覺自己受到了詛咒與愧疚，因為許多事情而受到懲罰與指責：輸了戰爭與失去家人；失敗、戰敗，還有伴隨失敗與戰敗而來的批判。對某些人而言，引發內疚感的或許正是這個問題：「為什麼他們死了，而我還活著？」

※　※　※

關於愧疚、罪過與懲罰的談論在其他社會背景下湧現，但說到惡魔就絕對不可能如此。

葛洛寧的成名再次掀起了誰有權在德國治病的爭議，使得《民俗治療禁令》往後的走向備受質疑。一九五〇年，理查・漢默（Richard Hammer）博士——一位國會議員，同時也是一位著名的醫師（後來他得到了帕拉塞爾蘇斯獎章〔Paracelsus Medal〕，德國醫學界的最高榮譽）——召集聯邦議院的公共衛生議題委員會（Committee for Public Health Questions）並擔任主席，發起關於《民俗治療禁令》的討論。漢默的過往經歷跟許多醫生一樣，一言難盡。他曾是納粹衝鋒隊的成員。戰爭期間，他在前線擔任軍醫。然而，個人的專業技術或實務經驗都未能阻止他表達對民俗療者的強烈同情，他認為那些術士可能具有天生、甚至神祕的治療能力，「那種力量既無法透過學習而得，也是別人傳授不來的」。[49] 許多專業醫學組織即使對民俗療者未直接展現敵意，但卻也抱持著懷疑態度，但漢默指出，他無法忽視像葛洛寧這樣的「現象」——有一個人如此吸引「成千上萬名信徒」的崇拜，其中一些信徒在他的醫治下痊癒，「有一小群人甚至完全康復」。[50]

該委員會邀請另外兩位知名醫師提供專業意見，分別是馮・魏茨澤克，即前一年夏天費雪醫生與葛洛寧合作展開實驗的海德堡診所的負責人；以及古斯塔夫・施莫爾茲（Gustav Schmalz），曾拜師卡爾・榮格（Carl Jung）的心理治療師。施莫爾茲也有一段過去。他曾於一九三三年加入國家社會主義德意志勞工黨，之後進入德國心理研究與心理治療協會

（German Institute for Psychological Research and Psychotherapy，簡稱戈林協會）工作。該協會的會長馬提亞斯・戈林（Matthias Göring）是赫爾曼・戈林（Hermann Göring）的表親，後者是擔任國家社會主義德意志勞工黨的高層，也是第三帝國最具權勢的男人之一。戈林協會原名柏林心理分析協會（Berlin Psychoanalytic Institute），在納粹掌權、所有猶太裔與共產主義醫師遭到除名之際，改為現在的名稱。榮格本人曾在該協會工作一段時間。[51]

漢默召集的委員會對這兩位客座醫師提出了不少問題。漢默問是否有可能測試「某些治療能力」。這是個重要的問題，因為關於《民俗治療禁令》的未來走向，往往關乎是否該為民俗療者術士制定所謂「較為寬鬆的授權」（德文作kleine Approbation），讓他們通過知識能力獨立測試即可取得執照。馮・魏茨澤克回應，「最重要的醫治原則是基督教的慈愛精神，」這項標準將讓醫界「難以根據是否適用於專業醫師的同一套考試程序來測試所有民俗療者」。施莫爾茲的回應也同樣抽象，雖然沒那麼明顯關於宗教層面。「直覺，」他說，「是測試不了的」。擁有對的技能或天賦的人，即使用了錯的方法也能治癒病患。馮・魏茨澤克也贊同這個觀點：「某些治療者有能力治病，也應該被允許這麼做。」據他觀察，決定性的特質就好比「才華與性格等……無法透過某種單一架構測試」。

會中的談話愈來愈偏向哲學論述。漢默問，「實際的治癒過程源自何處？」施莫爾茲給了詳盡的答覆。他表示，心靈在治癒中扮演最基礎的角色。對的治療者能夠進入潛意識深處的「神祕力量」中，意即「致病性障礙」。解決這些「未知的障礙並揭露其病理影響，」施莫爾茲指出，「是治癒奇蹟的一部分。」最後他說，「有些心智歷程會引發生理障礙，而內疚與病痛之間存在一種奇特的互動。」[52]他以當時常見的說話方式提出抽象的論點，也並未點出內疚感的源頭。

《疾病源自於罪惡》（*Sickness as a Consequence of Sin*）也如此主張，也就是沃爾夫・馮・希本索（Wolf von Siebenthal）在一九五〇年出版的書籍。[53]他聲稱，寫作這本書的目的是讓醫學「重拾人性」。如同海德堡的費雪醫生，馮・希本索並未指明是什麼導致了醫學的去人性化，但他的著作對醫療實務所提出的評論與費雪相似。他表示，未能從神聖角度看待人類受苦、將生病的人類純粹視為疾病與器官失能的醫學，是失敗的醫學。在許多病患飽受折磨（四肢癱瘓、聾啞等），而物理主義派醫學對此無能為力的這樣一個時代，費雪與馮・希本索懇求同業們深入瞭解人們的病痛。

馮・希本索明白病患想弄清楚的，不只是自己**怎麼**生病，還有**為什麼**生病。即使找出近因（例如感染或器官衰竭），他們仍然想知道疾病背後有哪些更重要，甚至最根本的原因（讓人想起阿贊德人與穀倉倒塌的例子）。馮・希本索在書中寫道，醫學作為一門科學之所以大獲成功，恰好是因為忽略不論這類問題，然而真正的治療，需要的遠遠不只這些。他呼籲同業拋棄疾病似乎只會隨機發生，而且「只會碰巧符合某種生機論（vitalist）或機械定律」的看法。他主張，醫學的根本任務應該少一點工具主義的色彩、多一點**存在主義**的元素，因為我們還必須思考意義的問題。他認為，疾病具有重要的宗教目的：讓人們意識到自身的罪過並帶來救贖的可能性。馮．希本索主張，生病後若想恢復健康，就必須贖罪，而贖罪即等於康復。[54]

※　※　※

在一九五〇年夏天決定分道揚鑣的不久前，葛洛寧與梅克爾伯格夫婦這個不對盤的三人組合去了上阿瑪高（Oberammergau）一趟，那個地方以《耶穌受難劇》（*Passion Play*）的演出聞名全球。[55]坐落於波光粼粼的河畔與緊挨壯麗的科費爾山（Kofel，山峰呈現幾近垂直的角度）山腳，上阿瑪高是故事書裡會出現的那種巴伐利亞村莊。自十七世紀的三十年戰爭以來，當地居民定期演出耶穌遭受審判、苦難與處決後復活的過程。一開始，上阿瑪高演出耶穌受難劇是為了感謝上帝讓村民們在附近其他村莊飽受瘟疫摧殘之際逃過一劫。他們的後代延續傳統，從那之後大約每十年演出一次。

這項傳統中斷過幾次。一九四〇年那次因戰爭而取消。葛洛寧與梅克爾伯格夫婦造訪當地時，這項傳統從一九三四年的三百週年紀念場之後（當時希特勒有出席，那是他第二次參加），便停演多年。因此，一九五〇年的演出具有復興的象徵意義，吸引了五十多萬名遊客前來，包括美國將軍（後來當上總統）艾森豪（Dwight D. Eisenhower）、德意志聯邦共和國總統特奧多爾・豪斯（Theodor Heuss）與總理艾德諾。[56]

向來歡迎且支持葛洛寧行醫使命的巴伐利亞邦總理埃哈德，為官方出版的一九五〇年指南撰寫了一篇文章。文中強調幸與不幸、審判與救贖、罪孽與愧疚，而這些正是促使上阿瑪高在數個世紀前開始定期演出的主題。埃哈德寫道，上阿瑪高的耶穌受難劇演出「旨在喚醒我們對於心中之惡的意識」，並指出它逐漸凌駕我們的意志。[57]

埃哈德的評論歷久不衰，而且一如當代特有的風格：語意模糊。它們遮掩並撫平了近代的殘酷事實、特定的罪惡，以及就連虔誠敬神的巴伐利亞村落也曾遭逢劇變的消息。戰爭期間，軍用飛機製造商梅塞施密特（Messerschmidt）進駐上阿瑪高，成立了一所研究機構。當地企業也徵用鄰近集中營的囚犯作為奴工。[58]

戰爭結束的五年後，時代的變遷尚未完成。一九四八年，前納粹分子在村民的支持下連任村長。[59]耶穌受難劇一如長久以來那樣深具反猶太色彩，從〈序幕〉耶穌將放債的人們逐出神廟（這是芮妮．梅克爾伯格最愛的《聖經》故事），到耶穌遭到「猶太人謀殺」的橋段都是。就連在一九五〇年的演出中扮演耶穌的那個人——安東．普萊辛格（Anton Preisinger）——也是前納粹分子。[60]

埃哈德在評論中未具體點出那些歷史，不僅巧妙規避了可怕的事實，也讓人感覺有些事物是歷史難以觸及的——例如宗教傳統、酬神戲，以及會出現在故事書裡的那種村莊。一如許多人那樣，德意志聯邦共和國的總理也對葛洛寧做出了類似的回應：彷彿這位治療者不過是某種傳統形式最新、最偉大的迭代——神醫——罷了，而不是後納粹時代的某一段戰後歷史；彷彿赫福德與羅森海姆的人民所流露的強烈情感也可能在任何時間發生在任何地方，而且與近年來的事件及其餘波毫無關聯。

儘管數百年來人們對於世界末日善惡對決的恐懼一再湧現，但想像這種情緒在一九四九或一九五〇年是什麼模樣（經過一場史無前例的技術性毀滅戰爭，當中一整座城市遭空襲與原子彈夷為平地的惡夢成了現實），可探知不同於末日預言所蘊含的意義。同樣地，雖然葛洛寧屬於德國神聖的民俗醫療與宗教治療領域的一分子，但在一個不久前才經歷過譴責與殘酷審判等戲劇性轉變的社會裡，一個前納粹分子宣告「邪惡的人們」無法被治癒且應該加以排擠，透露了特別的弦外之音。上阿默高對神靈看似永恆不變的崇拜，從未發生在時間之外：不是三十年戰爭的期間，不是一九三四年（當這個地方成為一個經典的道德劇場），也不是一九四五年之後（它仍以一成不變的方式延續傳統）。

對邪惡、罪過、愧疚、指責、懲罰與救贖的執迷，也不僅僅是早期德意志聯邦共和國的「古老」信仰而已。社會對於納粹主義導致的道德與精神災難做出了回應。五〇年代，一場採取空前絕後極端手段、出動敢死隊與建造毒氣室的戰爭，以原始本質而言是一段「歷史」。即使「經濟奇蹟」——普遍歸功於德國社會的轉型——逐漸受到民眾支持、商店貨品充足、火車開始運行、雞鵝等家禽產量大增，許多人依舊深感不安。我們不該幻想一個邁向現代化的國家，可以與舊時對神聖審判與作惡就會生病當作懲罰的恐懼心理分得一乾二淨。過去並未被取代，而是層層疊加交融，直到新的事物誕生，但它們的起源仍屬於根本基礎的一部分。

多年後，曾於一九六四年造訪德國的以色列記者阿莫斯・伊隆（Amos Elon）描述，西德的城市徹底「活了過來」——「嶄新、清澈、嚴肅、極其單調」，而且閃爍著「刺眼的霓虹燈光」。[61]一些城市在清除斷垣殘壁後從頭展開重建，對比轟炸前的原貌顯得煥然一新；其他城市也驚人地在重建後宛如從未經歷戰火摧殘似的。[62]還有一些城市則展開了截然不同的運動。在埃森（克魯伯〔Krupp〕鋼鐵企業總部所在地），雄偉的猶太教堂——一九一三年建於市中心，在水晶之夜事件中遭到毀損，但戰後依然完好——在一九六一年耗資兩百萬馬克進行翻修。那裡如今用於展示工業設計作品，像是推動西德現代化與經濟奇蹟的火爐、洗碗機與熨斗。[63]

許多波蘭人自認從未參與戰後的反猶暴動與大屠殺，而歷史學者楊・葛羅斯（Jan Gross）對他同胞的這種現象提出了省思。他問道，一個自我欺騙的社會，會造成什麼影響？「在那之後發生的每一件事，缺乏真實性，而且伴隨了不願挖掘真相的恐懼。」畢竟，「沒有人會相信那些親手謀殺或故意告發別人的惡人。」[64]葛羅斯認為，如此天理難容的罪惡，無可避免地滲透了生命的根基與每一個面向。

第八章　女巫就在我們身邊？

據說，當旅館主人漢斯（Hans）與妻子爾娜（Erna）聽聞家具工人沃爾德瑪．伊柏林（Waldemar Eberling）或許能治好他們生病的女兒時，鄰里間便開始有了麻煩。沒有人知道那個小女孩出了什麼毛病。這對夫妻帶她去醫院看病，一住就是好幾個月。但是，醫生們束手無策，小女孩的病情也不見好轉，最後只能返家休養。這起事件發生於一九五二年十月，地點在西德最北部的什列斯維格－霍爾斯坦邦，迪特馬申（Dithmarschen）的一座村莊。伊柏林來到這家人的住處，利用誦咒——即透過咒語、手勢與言語所施展的醫術——治療這個女嬰。他告訴這對夫妻她會馬上好起來，而事實果真如此。接下來的幾週，伊柏林多次回來追蹤誦咒的療效，並囑咐他們多給孩子吃維他命C藥片。這家人非常感謝他的幫助，送給他一塊豬排、一罐香腸、幾包菸與一些啤酒作為報酬。[1]

之後，伊柏林偶爾會跟這家人共進晚餐。某天晚上，當伊柏林與漢斯一塊坐在廚房時向他透露，其實有一股邪惡的力量控制了他們全家，並化身成人形籠罩著整間屋子。他說，當天晚上，惡靈不會入眠，將前來侵擾他們。語畢，這兩個男人走到屋外查看四周。後來漢斯表示，當時屋外真的有一個人，但立刻就消失了。隔天早上，他去對街的馬森家（Maassens）拿牛奶。馬森太太一看到他就臉色蒼白，開始哭了起來，一副非常痛苦的樣子。伊柏林勸漢斯不要再讓馬森太太踏進家門一步。雖然之前相處融洽，但現在漢斯與馬森兩家人不再來往了。漢斯逐漸對馬森太太起了疑心，認為對方試圖毀掉他的旅館生意。[2]

有次，漢斯到一位朋友家作客，而伊柏林也在那兒。前任村長克勞斯（Claus）正好騎單車路過。朋友對漢斯說，老村長剛剛騎車經過。漢斯聽了之後，以為朋友的意思是那位前任村長就是伊柏林口中的「邪惡力量」。[3]不久後，村裡開始謠傳馬森太太與前任村長都會巫術。

馬森太太的丈夫是裁縫師，兒子則在身邊當學徒。某天（約莫是一九五三年聖誕節前後），馬森先生的兒子與客人閒聊時，得知母親被人指控是女巫，而始作俑者正是伊柏林。他不想破壞母親過節的興致，因此等到過完新年後才告訴她這件事。馬森太太知道後傷心欲絕，喪失了行為能力。經醫生診斷，病因起於街坊間流傳的謠言。[4]

馬森太太的兒子向警方求助，說明了整件事的來龍去脈，警方也派人前來查訪。只是，馬森太太因為壓力過大而精神崩潰，無法做筆錄。起初，馬森一家拒絕提出正式的誹謗告訴，因為打官司要錢。[5]同樣被控為巫師的前任村長可沒有這樣的顧慮。他絲毫未受甚囂塵上的流言所擾——事後發現，謠言的對象不只他，還有他姊妹的老公。村民們謠傳他們郎舅倆都是巫師，有人還說他們就是地方上一些疾病的罪魁禍首。克勞斯於是在村裡展開調查，四處蒐集情報，最後向警方提出正式聲明與起訴狀。[6]之後，馬森太太的兒子也如法炮製。[7]

媒體聞風而至。基爾（Kiel）某家報紙刊出一篇題為〈氫彈時代下的女巫迷信〉（Witch-Superstition in the Era of the Hydrogen Bomb）的文章，採訪了幾名相關人士，包含另一個被控作法的女子、馬森太太的兒子，以及伊柏林本人。面對記者的提問，這位家具工人解釋，他認為人有兩個大腦，第二個大腦就像天線，如果天線失靈，人的心理、生理與道德就會崩壞。此外，人擁有三套神經系統；其中一套若是出錯，就得啟動（從未運作的）第二套系統來頂替原本的第一套系統。他告訴記者，這就是他在解決的問題。[8]

警方訪查了當地居民與伊柏林的來往情況。他們表示，伊柏林的治療有時能發揮作用，有時沒效。除了馬森太太與克勞斯和他舅子之外，他們找不到任何人願意承認自己曾被指控為巫師。[9]事實上，伊柏林的高超醫術相當出名，不少人都前來求醫。

他並沒有時常提到巫師或邪惡力量。有時他開立的處方就只是酪乳、鹽漬鯡魚或芥末籽這些食物而已，還有叮嚀病患不要抽菸喝酒，應該用龍膽草泡茶喝。有時他會建議病人拿蕁麻拍打，或用酒精與蟻酸揉搓四肢。[10]他治好了人們的頭痛，還幫助生病的孩子恢復正常飲食。他經常指示病患焚燒一種氣味惡臭、名為魔鬼的糞便（devil's dung，德文作Teufelsdreck）的粉末，利用那些煙霧淨化家中各處。這種粉末又名阿魏粉（asafetida），以某種經過乾燥處理的香草汁液製成，藥房都買得到。[11]

其他時候，伊柏林的治療方式就沒這麼簡單了。例如，約莫一九五三年十二月，育有兩名幼童的皮柏（Pieper）太太請他來家裡看病。年紀較小的是個女孩，她總是整夜哭鬧不睡覺；年紀較大的那名男孩小時候也是如此。醫生開過藥水，但現在皮柏太太決定試試其他方法。伊柏林在她的公寓施行誦咒儀式，輕輕碰觸了她與兩個孩子的頭頂。皮柏太太對警察說，「他嘴裡念念有詞，我聽不懂。」伊柏林要她出去摘採蕁麻，然後將蕁麻與一把打開的剪刀放在小女孩的床上。此外，將屋內的每個鑰匙孔都塞上棉絮與縫針。伊柏林在紙條上寫了一些文字（看起來像是《聖經》詩文），給兩個孩子別在衣服上。他也開了一張藥單，讓皮柏太太到藥房拿藥。最後，他叮囑要留意孩子睡的床：看看鋪在上面的羽毛是否有變成花環或皇冠的形狀。[12]從這些羽毛的排列可看出疾病的源頭與本質。[13]伊柏林也給了皮柏太太一個建議：之後會有人來跟他們借東西，而那個人就是使孩子們生病的兇手。伊柏林並未要求任何報酬，但皮柏太太給了他五馬克與五根香菸。

結果，皮柏太太一家非常幸運。孩子床上的羽毛並未排列成形與暗示街坊有股邪惡力量暗地毒害那兩個孩子。他們拿出鑰匙孔裡的棉花，也沒有按照伊柏林的處方去藥房拿藥。[14]一般而言，伊柏林的病患雖然覺得他有許多療法正確有效，但也認為有些做法純屬迷信而拒絕採用。[15]然而，人們不斷發現自己無端被捲進伊柏林周遭的戲劇化事件，像是有人生病去找伊柏林治療，不久後，遇到鄰居便開始變得冷淡或疏遠任何人。[16]

如果伊柏林真的在病人的床上發現羽毛聚集成特定形狀如鳥巢或鳥，他會告訴他們這是一個重要的徵兆，表示他們結了冤家，有人對他們不懷好意。他的一名女性病患希施（Heesch）太太發現家人床上的羽毛形成了一大兩小的愛心，據她所說「有些部分還沾有血漬」。伊柏林指出，這些愛心代表「（按：她的）心與（按：她的）孩子們的心」。他要希施燒掉這些羽毛愛心，並問她們一家在村裡是否有與人交惡。希施坦承確實如此，並說了接下來的這個故事。她的公公以前是村長，並在第三帝國「擔任其他職位」直到「垮臺」（納粹獨裁政權告終）為止。在那之後，村民們對他非常壞，以致「我們不得不把他們看作是敵人。」她也提到了繼公公之後當上村長的克勞斯，也就是那天騎單車經過、被漢斯認定為「邪惡力量」的那個人。希施向警方表示，戰爭結束後，克勞斯掌管「移交」的工作，意指他在去納粹化運動中負責財產的重新分配。

經過伊柏林的治療後，希施與她的孩子們有所好轉，夜晚也能安然入眠。左鄰右舍都注意到他們的氣色好多了。她告訴警方，「別人常問我，是誰害我跟孩子生病。」而她認為是克勞斯。她相信，克勞斯之所以透過警方向伊柏林提出控訴，是因為「他想毀了我們一家人，所以感到良心不安」。[17]

得到了伊柏林、希施太太、漢斯夫婦、馬森一家、皮柏太太及其他人的供詞後，警方為這起案子整理出一份概要。在他們看來，發生這些事件的那個村莊，「特別容易出現這種陰謀」。他們指出，「巫術狂熱一向會影響」當地居民的「感受」。但是，這也阻礙了警方的調查。人們「刻意避免」討論這起事件，「彷彿心存恐懼似的」。警方也注意到，近來由於一篇相關新聞報導，外地的民眾也跑來向伊柏林求醫。這些新到來的群眾會不會讓這整件事變得更複雜，誰也說不準。[18]

警方相當確定伊柏林違法——違反《民俗治療禁令》。在調查過程中，他們詢問了之前訪查過的民眾，伊柏林是否有要求他們付錢：如果他治病有收錢，就等於執業，肯定違法。不過他們也發現，他大多只向那些付得起的人收費。其中一位正是希施太太，也就是發現床上的心型羽毛堆沾有血跡的那位媽媽。對此，那位警官在報告中只表示，希施太太一家是「那個村莊裡最富有的農家」。[19]在納粹政權的律法下，希施一家人舉足輕重，但不只在財力上如此，在權勢方面亦然。

警方針對伊柏林一案所整理的報告與檔案如今都藏於什列斯維格的邦立檔案館，那是一座面積窄小與死氣沉沉的城市，緊鄰波羅的海西邊一條名為施萊河（Schlei）的狹長水灣。那些文獻對這起案件與「不久前的過往」之間的關聯抱持謹慎態度，從中看不出警方及其他官員在調查這起案件時有受到歷史的深刻影響。事實上，假使警方在調查過程中有考量過往的事件，充其量也只會認為，那些村民始終受到一項亙古不變的「迷信」所控制。但話說回來，牽起過往與現今的連結並不是警方的職責，而是歷史學家的工作。

※ ※ ※

人們互相指控施行巫術（例如伊柏林暗指馬森太太與前村長克勞斯是巫師）在現代德國史是眾所周知的一種現象。長達數十年的時間裡，人們深受其擾。一九〇八年，犯罪學家艾伯特・赫爾維希（Albert Hellwig）發表了一本著作，將巫術信仰定義為所謂「犯罪迷信」的一種流派。一向反對教會干預政治的赫爾維希認為，「教會（尤其是天主教）的教義，」必須為巫術信仰的形成負起責任。[20]然而，聖職人員（包含新教的神職人員）本身也對教區民眾的這種信仰感到憂心。三〇年代初期，漢堡的路德教會在年報中敘述，「一些人（年長女性）即使篤信宗教，每個星期也都上教堂，卻仍然被稱作女巫。每當有人或家禽病了，就會有人找驅魔師作法，或請女巫來念咒！這種事就發生在距離現代化的漢堡不到幾公里的城鎮。」[21] 納粹獨裁政權建立的數年後，也就是一九三五年，漢堡的新教牧師愛德華・尤爾（Eduard Juhl）稱「迷信與法術」是「蔓延人心的一種流行病」，這是一種瘟疫、一種毒藥，「尚未在新立的德國（他指的是第三帝國）中消退」。對尤爾而言，這股迷信與法術的「暗洪」，是「惡魔誘惑」下的產物。[22]

然而二戰過後，尤其是五〇年代，巫術指控的案件顯著激增，成了引人關注的一個議題，以致於一個專門的小眾學術領域應運而生。相關的文章與書籍陸續問世，其中以一位擁有博士學歷的犯罪學家與幾位神職人員的著作最為知名。學界舉辦研討會與發表論文、報紙相繼刊登社論，邦政府紛紛指示地方衛生官員與警政部門蒐集相關資訊。當代一些廣受歡迎的期刊節錄了無數的新聞報導，敘述女巫下蠱與人們害怕中邪的故事。一本關於魔法的暢銷書籍，其出版商多次被人告上法庭，指其挑起了大眾對女巫的恐懼。在許多審判中，獵巫的人們被控誹謗、重傷與暴力（包括攻擊，甚至謀殺）的罪名。這樣的新聞不只見於東德與西德，在其他國家也時有所聞。[23]

一九五九年發表的一項研究顯示，內戰時期出現了八起「審巫案」、第三帝國時期有十一起，戰爭剛結束的那段期間（準確來說是一九四七至一九五六年間）則多達七十七起。[24]然而，即便是這種數字，也可能低估了這個現象在兩個方面的嚴重程度。第一，政府單位與全國各地的媒體所公布的案件數量，要比前述那項研究高出許多。五〇年代中期，德國醫學資訊服務中心（German Medical Information Service）統計，德國每年約有七十起審巫案。[25]一家報紙宣稱，一九五〇年光是盧內堡（Lüneburg）這座小城市就有十六起審巫案。[26]另一家報紙則報導，一九五二年出現了「六十五起現代審巫案」，地點「大多位於德國北部」。[27]然而，《週日世界報》（*Welt am Sonntag*）指出，「在一九五二到一九五三年間，德國發生了超過一百三十起審巫案」。[28]這些數字會如此分歧，或許是因為「審巫案」進行的方式各不相同，而有鑒於戰後新聞媒體誇大報導的傾向，我們在任何情況下都應該謹慎看待這些數據。同樣重要的是，絕大多數的巫術指控從未真的鬧上法庭。巫術指控對當事人造成了嚴重的社會後果，往往足以讓整個家庭遭受外界排擠（這正是馬森一家的遭遇，也是馬森太太抑鬱成傷的原因）。假設遭到控訴的對象是商人，生意便會一落千丈；他們還會失去社區的支持，與朋友及鄰居間的情誼一去不返。因此，人們通常會保持沉默、低調行事，害怕惹上更大的麻煩。

對那些努力遏止歪風的人而言，這種現象相對不為人知的一面，正是由於恐巫人士從未真正說出「女巫」一詞，因而變得更加複雜。以伊柏林提到的「邪惡力量」為例，有時，有些人在他人的心領神會或輕率推論下，就這麼成了大家口中的巫師。伊柏林說他感覺到漢斯家的周圍有股「邪惡力量」的那天晚上，馬森太太碰巧經過他家；[29]希施太太表明克勞斯是家族的死敵時，伊柏林暗示就是他在作祟。[30]受法院指派對伊柏林進行心智能力與法律責任評估的兩位精神科醫生無法理解，他為何將「自古以來」歸咎於巫師的罪過都怪到「邪惡之人」頭上。[31]他們沒能搞懂的是，「女巫」與「惡人」是同義詞；它們都用於指稱那些渴望為害，而且能以超自然方式達成目的的人。當然，葛洛寧也使用了相同的語言，指那些暗中作法使鄰居生病或遭遇不幸的人是「惡人」，或那些壞到骨子裡的人是「撒旦奴隸」。

審巫案發生於一些蕞爾之地，例如鄰近丹麥邊界的萊克（Leck）與遠在南方的圖爾克海姆（Türkheim）。可較大的城鎮（布萊梅哈芬〔Bremerhaven〕、吉夫霍恩〔Gifhorn〕、塞勒與希爾德斯海姆〔Hildesheim〕）與大都市（柏林、漢堡與基爾）也有。這種事件在維爾斯霍芬（Vilshofen）與布朗斯維克（Braunschweig）等地似乎只出現過一起，在其他如呂內堡（Lüneburg）、哈美爾（Hameln）和于爾岑（Uelzen）等城市則屢見不鮮。在北部的什列斯維格—霍爾斯坦與下薩克森，案件數量更是多得不成比例。[32]

研究巫術的（當代與近代）學者表示，這是一種隨處可見的現象。舉個例子，二〇年代在賓州發生的一起謀殺案，起因是一個男人認為鄰居對他下了蠱。[33]在論述全球獵巫史的著作中，沃夫岡・柏林格（Wolfgang Behringer）指出，在世界各地的社會中，「巫術往往等同於邪惡」。[34]這種認為鄰居密謀為害（或傷害仇家的家人、仇家所經營的農場或飼養的家畜）的信念，就如同伊柏林的案件，在同一時期多少也可見於法國、義大利、英格蘭、匈牙利與波蘭。[35]

雖然巫術信仰存在已久且見於世界上許多地區，但形式大相逕庭，而且經常隨著社會的驟變與動盪而爆發。據學者表示，這兩者的連結在於，它們都關係到親密感與不信任。人類學家彼得・蓋希何（Peter Geschiere）寫道，巫術「讓人聯想到被親近者背叛的危險」，警告「毀滅的種籽潛藏於」人與人的關係之中。對女巫的恐懼——以及隨之而來的審巫案——在政局不穩、動亂四起與人心不安的時刻浮上了檯面，就如同二戰後的德國。這類事件盛行於劇烈變遷導致熟悉的事物瞬間變得陌生，就連日常小事（舉凡生病、倒楣、發生意外或受傷）都開始顯得耐人尋味的情況。在人們眼中，緊接其他挫折而來的死亡或損傷，不是偶然，而是某人精心策劃的意外或某群人暗中進行的陰謀。可以肯定的是，即便在大災難時代，人們也不會將每一次的不幸都歸因於巫術。然而，普遍存在的猜疑提高了這樣的可能性。[36]

就此而言，對巫術的恐懼可以被視為一種人際與共同衝突的文化特性，一種看待世界與解讀事物的方式，一種追根究柢的探尋。就如同阿贊德人探究穀倉在特定時刻倒塌具有何種意涵，五〇年代的西德人問：誰害我的孩子生病？誰害我家養的豬死掉，乳牛擠不出奶水？巫術指控是在無法釐清厄運源頭的情況下，一種怪罪指責的語言與邏輯。

早期西德歷史中關於巫術的指控層出不窮，構成了世人幾乎徹底遺忘的一段過去。進行相關研究的學者少之又少。六〇年代中期，民俗學家利奧波德．史密特（Leopold Schmidt）提出了一套理論來解釋當代的現象：數百萬名逃離德國或遭東歐驅逐的德裔難民湧入西德，引發社會衝突，導致了巫術作惡的指控。[37] 在戰後的那幾年裡，什列斯維格—霍爾斯坦確實迎來一股難民潮，其收留的鄰國人民相較於本地人口的比例，比任何其他邦都還高。鄉村社會經歷了巨大的結構性變遷。[38] 然而，多數審巫案集中於五〇年代中期，也就是大部分難民落地生根的將近十年後。伊柏林的案件（可能是至今唯一一起保留重要文獻的案件）牽涉了彼此相識多年的人們。由此可見，五〇年代的恐巫心理與人們久住定居的聚落中出現了陌生人這件事毫無關聯，而是二戰後揮之不去的猜忌與憎恨情緒透過不尋常且矛盾的方式滲透了社會的根基所致。[39]

當時，名為「鄉土」（德文作Heimet）電影的一種電影類型，刻劃了西德鄉村原始而秀麗的景色、永恆不滅的價值及令人回味無窮的傷感。圖畫書也描繪當地的磚木房屋、施瓦比亞（Swabia）開滿野花的山丘與古色古香的中世紀城堡，創造了一個經歷法西斯主義、戰爭與種族屠殺甚至現代化浪潮之後，未曾改變的世界。[40] 然而，與「未經雕琢」及遺世獨立這兩個形容詞截然不同的面貌，在納粹主義式微後的那些年裡，真實存在於西德的鄉村地區。

伊柏林與客戶之間的戲劇性事件發生在迪特馬申，這個區域位處北海與易北河（Elbe River）之間。在長達數世紀的期間，迪特馬申的土地透過勞師動眾的築堤工程填海造陸（或更確切地說是逐漸奪取）而來。當地的德國人有時會稱那種赤裸裸的美麗地形為「öde」，意指單調、荒蕪與孤獨。即便到了現在，迪特馬申依然是這個十足都市化的國家中相對具有田園風情的地方之一，境內的潮埔地、石南荒原與沼澤的景色奇特而謎樣。然而，這個地區並未自成一格，就如五〇年代那樣。那裡長久以來與全國性、地區性甚至全球性的經濟融為一體，同時也參與了過去數十年的政治動盪。二〇年代與三〇年代初期，西部的鹽沼平原與沼地為好戰、慣用炸彈攻擊與激烈反猶太的農村人民運動（Rural People's Movement，德文作Landvolkbewegung）的大本營。[41] 後來，在國家社會主義黨吸收了這些人士，贏下其他地區之前，先在什列斯維格—霍爾斯坦的議會選舉中取得壓倒性勝利。到了最後，當地的納粹黨員人數對本地居民的比例高於其他地區，平均為一比十八。[42] 迪特馬申某些地方有超過九成的地主都是黨員。[43]這個擁有最多前納粹黨員的邦屬，也是戰後恐巫氣氛風聲鶴唳的地方。

※ ※ ※

正如他本人與警方及精神科醫師面談時所透露的那樣，伊柏林的生平經歷完全體現了二十世紀德國人的生活，這是德國史上最混亂洶湧的其中一段時期，動輒與政治鬥爭和戰亂牽扯不清。這位未來的驅巫師（Hexenbanner）在一九〇八年生於什列斯維格—霍爾斯坦，與葛洛寧是同個年代的人。他的父母來自波美拉尼亞（Pomerania）與西普魯士。後來他表示，雙親管教十分嚴格，直到他十九歲半才准他「第一次外出」，而且必須有姐姐們陪同。伊柏林的哥哥在科隆的郵局當公務員；學藝術的姐姐嫁給了一位室內樂演奏家。[44]伊柏林直到十五歲才開始上學，之後跟隨父親腳步從事木匠；曾經當過四年的家具學徒。[45]一九二八年學徒期滿後，他前往魯爾區（Ruhr）的多特蒙德，西發利亞邦一座充滿煉鋼廠與煤礦的城市。他當過煤礦鍛工，也短暫待過一間家具工廠。一九二九年，股市崩盤，經濟大蕭條緊接而來，於是他回到了什列斯維格—霍爾斯坦。幾年後，他在薩爾蘭（Saarland）參與齊格菲防線（Siegfried Line）的建造工程，那是一道從瑞士延伸到荷蘭邊界的軍事堡壘防線。當時，伊柏林的父親負責監督北海敘爾特島（Sylt）上的兵營建造工程，因此叫兒子回北方工作。

從一九四〇到一九四五年，伊柏林替納粹德國空軍建造兵營。後來，有一小段期間他成了英軍的戰俘。最後，他回到家鄉與父親一同經營木工店。他與妻子育有六個孩子。[46]

起初，伊柏林的治療者生涯是一項宗教事業。就在他完成學業的前夕，開始會在晚上睡覺時夢見預言，而這為他的人生指引了新方向。對此，他的家人意見分歧。他那身為社會主義者的父親「熱愛科學，並在一戰過後宣稱世界上不可能有上帝」。基於這樣的世俗觀，他十分藐視伊柏林的治療工作。相較之下，伊柏林的母親篤信宗教，而且一向理解兒子「為了醫治病患所做的努力」。[47]

二戰期間，伊柏林持續夢見預言。他能夠預示戰爭中的死亡，例如：「我看見士兵們在戰場上奔跑，看見船艦與從天而降的砲彈，還有婦孺們倉皇躲藏。我還看見人們被戰車輾壓，房屋起火燃燒。」伊柏林也預測，德國「將輸掉戰爭……一切將在五月五日結束」。（同盟國於一九四五年五月八日正式接受德國宣布投降。）他的其他夢境則預示了與家庭有關的失去。一九四六年，一場大雨過後，他看見地上有隻蚯蚓。之前他看到蟲子總會把牠們撿起來放回土裡，以免牠們被曬乾或被鳥兒吃掉，但這次他沒有這麼做。突然間，他看見了女兒躺在棺材裡的畫面。驚恐不已又良心不安的他，連忙跑回剛才看見蚯蚓的地方，想將牠放回土裡，不料牠已經爬走了。兩天後，伊柏林接到家裡傳來女兒生病的消息，連忙從礦區趕回家中。

他一進屋便說，「她得了白喉。」他說他一聞那個氣味就知道，因為之前有過經驗。這次，他的治療天賦與透視力沒能發揮作用。幾天後，愛女過世了。[48]

二〇年代晚期，伊柏林開始在多特蒙德學習醫術。他跟一位老婦人租了一個可以過夜的地方，與另一群工人同住，「四、五個人擠一間房」。老婦人給了他一本書，內容包含「關於治癒魔法的建議」，好讓他「培養助人的能力」。這應該算是一本魔法書，在市面上出了好幾個版本，都廣受歡迎。伊柏林拒絕了老婦人的好心；他認為對方是女巫。他表示，他「只治療得到上帝幫助的人們」，而不是使用魔法的人。但他也說，自己暗中觀察老婦人的行為發現，人在睡夢中或虛弱的狀態下，特別容易受到妖術所害。他還學到，床上的羽毛會自動形成小鳥或愛心等形狀。「如果床上的羽毛看起來像皇冠，就表示睡在床上的人得了胃病。」伊柏林說，大部分情況下，他治療的對象都是「seelisch」層面上脆弱不堪的人們：意即靈魂或精神處於脆弱狀態。[49]

有一陣子，伊柏林醫治病患的行為，並未激怒政府——直到納粹獨裁政權上臺的數年後。他不只一次遭到逮捕與拘留，罪名是反納粹，並且被認定是耶和華見證人的成員。[50]納粹痛斥這個支持和平主義的宗教組織，將其成員都關進集中營。一九三六年，伊柏林被帶上法庭，遭判詐欺（德文作Betrug）。法院以納粹律法特有的極端語言呼籲，「全國人民同心協力消滅」伊柏林所象徵的那種「不可靠的迷信」。他被判處十三個月徒刑，褫奪公權三年。51

從伊柏林當年在法庭上的供詞可知，在納粹德國的地方社會中，個人陰謀如何與權勢扯上關係。伊柏林認識一位已婚婦女，而對方跟一名衝鋒隊成員外遇，對此他解釋：「那個男人恨我們。」（伊柏林表示，許多地方上的納粹分子都鄙視他的家人，因為他們一直是社會民主黨的支持者。）伊柏林說，他不想與那位婦女有任何關係，因為她跟好幾個男人亂搞，包括她的公公。但是，她的孩子生病時，他還是伸出了援手。這個舉動導致他因為詐欺與不成文的「反道德罪名」遭到逮捕。雖然後來反道德罪的指控撤銷了，但伊柏林仍因詐欺罪被判入獄。律師要他在法庭上堅稱「絕對沒有」女巫這種東西，以期盼法官從輕發落。後來伊柏林聲稱，那些陷害他的人收到了實質的報酬。那位婦女則因為犯了「黑色屠宰罪」——在戰後實施糧食定額配給期間非法宰殺牲畜——而入獄，丈夫也死了。監獄守衛被控從事「同性戀行為」，遭判十五年徒刑。52

戰後，伊柏林的父親（據他描述不只是個社會主義者，也跟他一樣反納粹）擔任地方上的民意代表（德文作Kreisabgeordneter）與市長，另外還是一位調解人。他也掛名數個榮譽職位，並參與地方性的去納粹化行動。在此同時，伊柏林在父親的木工店工作。一九四七年，他參加了木工師傅的資格考試，但沒能通過部分的項目。他說，那幾名主考官是父親的政敵。53

雖然如此，伊柏林的故事不只關乎善與惡，關乎納粹時代的罪行與後納粹時代的懲罰，也不是一個講述飽受獨裁政權所害的人們在戰後得到救贖或復仇雪恥的勸世寓言。根據伊柏林本人的敘述，他在納粹律法下飽受迫害與監禁，反納粹的他更因為打著靈魂醫學的名號行醫而遭褫奪公權。原本應該幫助他建立職涯基礎的考試，因考官的個人偏見而有失公正。然而，伊柏林告訴希施太太（家族蒙受納粹恩澤），克勞斯（當地在戰後的第一任市長）對她「不懷好意」。[54] 去納粹化的相關文獻顯示，克勞斯的妹夫阿道夫其實是地方上有權有勢的納粹官員，職稱為區長（德文作 Blockleiter），也就是負責監督鄰里街區與推動意識形態一致化的官員。至於克勞斯本人，則沒有這類紀錄。[55]

倘若說伊柏林是一名飽受極權國家與小鎮陰謀荼毒的虔誠信徒，也不太正確。調查過程中，警方訪查了一個名為華特的男子，他曾接受伊柏林的治療。[56] 一九三九年，華特被政府以「反應遲緩」為由強迫施行絕育手術。[57] 伊柏林為華特進行誦咒後，向他表示不久就會恢復生育能力。過了大約八個星期，華特的妻子凱特（Käthe）月經遲遲未來。那些咒語似乎奏效了。但後來凱特聲稱，是伊柏林讓她懷孕的。過去這段期間她去探望父母時，經常巧遇伊柏林，由於回家的路線相同便結伴而行。她說，半路上伊柏林突然抓住她，將她「強壓在路邊的牆上發生性關係」。凱特表示，這是在雙方合意的情況下發生的；她並未受到脅迫。

但她懷疑伊柏林故意使她懷孕，好讓人以為他治好了華特的不孕症。[58]

在這個發生於迪特馬申、牽涉地方巫術與人們對陰謀的恐懼的故事中，沒有任何一個細節是明確的。儘管證據繁多，卻無法解答所有問題，而現有的答案可以有不只一種解讀。然而，這正是巫術運作的方式。如精神分析師與民族誌學者珍妮・法弗雷・薩達（Jeanne Favret Saada）解釋（她著有多項法國北部巫術信仰的簡要研究），巫術在本質上模稜兩可，必須視情況而定。在特定情況下，誰是惡魔？誰又是採取行動反抗惡魔的那個人？能夠治療疾病是誰？導致疾病的又是誰？在深度恐懼與猜疑的時代，我們未必分得清楚誰是盟友、誰是敵人。[59]而正是這種模糊性，讓各種指控有機可乘，也讓「巫術信仰」引發了全面的恐巫運動。

從伊柏林的故事也可看出，一九四五年前後，地方勢力如何以深刻但卻也模稜兩可的方式影響著人們的生活。在什列斯維格—霍爾斯坦邦這樣一個充斥著前納粹黨員的地方，不管是民眾或政府，戰後都不怎麼熱衷咒罵或譴責納粹，而這種現象或許一點也不足為奇。有文獻指出，整個邦沒有任何人被貼上「罪犯」或「主犯」的標籤，而那些經歷去納粹化審判的被告，有超過九九％的人都「徹底改過自新，或者遭處以小額罰款」。當地官員普遍以一種「效率低落且貪婪的方式」對待納粹受害者，同時敞開大門讓曾是納粹一員的菁英分子回歸社會。[60]

在地方聚落的緊密關係之下，那些曾於一九三三年掌權，並在戰後失勢的前納粹分子，現在與境遇恰恰相反的那些人互相扶持度日。到了五〇年代，許多村民仍記得往日納粹掌權時如何為社會制定了新秩序：財產、權力與地位全落到新崛起的統治者手中，任由他們發配給親友與同黨。一九四五年過後，同一群親友與同黨失去了當初透過不正當的途徑取得的金錢與權勢。如今，發號施令的是去納粹化委員會：由不具政治「包袱」的地方人士組成，其中大多為伊柏林父親這種社會主義派。[61]於是，訪查多為熟人的群體成員、審視文件與紀錄及宣布裁決結果的任務，落到了這些委員會身上。當中央分發新的土地時，那些經調查認定因過去的人際交往而「名譽受損」的人完全不在名單中，或者必須排在那些政治經歷毫無汙點的人士之後。[62]

在什列斯維格—霍爾斯坦，前納粹成員在一九四五年之後幾乎從未遭受財產剝奪。[63]然而，這種事有時還是會發生，就如希施太太一家的例子。她曾指克勞斯負責「財產轉移」的工作。從她深信這位前村長就是害她孩子生病的巫師可知，仇恨與未平的冤屈，是如何在這些將巫術信仰視為原因背後的原因的社會中形成。

在什列斯維格—霍爾斯坦的另一個社區，經營去納粹化地方委員會的社會民主派人士，試圖對設法規避制裁的前納粹分子開罰。[64]儘管成效不彰，但這個舉動意義重大。在毫無隱私可言的小型社會中，失敗的懲罰企圖（更遑論實際的審判與命運的逆轉）成了人們記憶中一種特殊、直接的公然侮辱。在那個時代，命運對那些贏家與輸家而言何其反覆無常。

一個鮮明的例子可見於漢斯・法拉達（Hans Fallada）在一九四七年出版的小說《柏林夢魘》（*Nightmare in Berlin*）。內容敘述道爾（Doll）醫生的故事。戰後他住在蘇聯占領區的一座小鎮，不太受到當地人的歡迎。他是個來自柏林的外地人、不是納粹分子，因而成了許多流言蜚語的談論對象。考量這些因素，紅軍官員指派他擔任鎮長。他沒有人脈，也不效忠鎮上的任何人，如今那裡的「前」納粹分子在占領軍的統治下虛應奉承與艱難度日。如同伊柏林父親的情況，這成了道爾的工作：「區別納粹成員是無害的政治同路人或有罪的激進分子，將他們從隱密的藏身處挖出來，拔除他們精明而無恥地取得的職位……剝奪他們透過詐欺、偷竊或勒索得來的財物，沒收他們囤藏的糧食，將他們的豪華宅邸收徵作為遊民的收容所。」[65]

不管多麼模稜兩可，伊柏林的故事都暗示了，納粹主義的遺害（種族絕育的恥辱、毀壞的名聲、受挫的野心、報應與互相指責）如何經由群體社會的日常互動與個人生活而興風作浪。最常用於喚醒戰後德國的形象，是散布於城市各處的瓦礫。然而，有一種形式的斷垣殘壁也煩擾著小型城鎮與鄉村地區：破碎不全的社會關係。這無法以立方公噸度量，但可能比實際的碎石來得沉重，因為它們抬不起也運不走。未經消化的過往（不只是納粹的歷史，還有去納粹化時期），在巫術作為社會關係之可用邏輯——意即在效忠對象不斷變化的環境下辨別誰是盟友的一種方式——的地方，留下了痛苦與不安的風氣。[66]在此意義上，伊柏林的故事可謂什列斯維格—霍爾斯坦在戰後飽受苦難的縮影，被塑造成邪惡與正直、「壞人」與無辜者之間的對決。用詞的對比如此鮮明，想不選邊站都難。[67]

在伊柏林行醫的那種社會群體中，幾乎每個人或許都知道別人的某些祕密，或許都收過不應得的好處，也或許都擁有不屬於自己的財物。我們只能想像，這個現象在人們心裡埋下了多少猜忌的種子。有些人自願投靠外來者（英國占領軍），打擊群體中的其他成員。這樣的背叛沒有人能夠輕易忘卻。除此之外，作為社會衝突與猜疑的一種特性，巫術成了普遍的指責文化的一部分，例如向當局告發鄰居的罪過，而這種現象如先前所述，比第三帝國還要長壽。

換言之，迪特馬申的老百姓在五〇年代初所遭遇的困境，可說是起源自伊柏林對漢斯與爾娜生病的孩子伸出援手之際，或者早在一九三三年就已經開始。

※ ※ ※

伊柏林的案子在一九五四年末進入審判程序時，轟動各大媒體，吸引多家報社記者前來採訪。[68]這位驅巫師被控犯下詐欺罪，同時涉及違反《民俗治療禁令》、誹謗與過失傷害。[69]檢察官表示，不論是否能順利起訴他，他確實讓「感情融洽的一家人」反目成仇。他播下了紛爭的種子，還使得馬森太太精神崩潰。[70]這起訴訟在當地一間旅館的舞廳進行。旅館協助容納觀眾，不過在這樣的場地開庭，必須因地制宜。桌子被改造成了法官席，背景布幕則是一副印有精靈與天使演奏樂器圖案的窗簾。大批觀眾帶了糖果與三明治來湊熱鬧，在法庭內整整擠了八個小時，觀看二十名證人輪流上臺接受訊問。[71]

訴訟程序開始後，周圍城鎮的居民紛紛投書向法庭申訴，足見這些事對地方社會居民意義重大。一個男人在信中寫道：「另一個世界的邪惡確實影響了這個世界的人們。」解決之道在於救贖與寬恕：村民們需要「看到鄰居的……良善、正直、真誠與和平，而不是罪惡」。那麼，出現在村子裡的巫術要怪誰呢？「怪村民自己！」[72]另一個男人洋洋灑灑親手寫了好幾頁的信，指稱被告與「家喻戶曉的葛洛寧」有所關聯。[73]還有另一個男人說自己天生「擁有特異功能」，並「以天父、天子與聖靈之名」，宣稱預見了伊柏林在法庭上舉起手指向天堂。在他幻視的情境裡，伊柏林聲稱「這些都是莫須有的罪名。」最後，庭上所有人都站了起來，一同高唱聖歌〈齊來謝主〉（Now Thank We All Our God）。[74]

儘管受到許多當地民眾的重視，但這起在舞廳進行的訴訟因為被告無預警聲請延期而臨時喊停了。[75]幾年前，在與漢斯一家人發生糾紛之前，伊柏林曾因一樁工作相關的意外與傷害就醫。[76]這有沒有可能傷了他的大腦呢？伊柏林的律師向法官要求讓客戶進行精神評估，以釐清他是否應該根據德國刑法為自身行為負責。[77]

那是一九五五年初的某個寒冷冬日，伊柏林走進基爾大學（University of Kiel）的精神病學與神經診所，一副「泰然自若」的樣子。他讓診所主任古斯塔夫・斯特林（Gustav Störring）教授與維可（Völkel）醫師（後來他們兩位一起寫了一份評估報告呈交法官）留下了「友善而自信」的印象。[78]從一九五五年一月到二月，整整一個月的時間伊柏林都住在那間診所，在各種情況下接受各種檢驗：有時只有斯特林與維可醫師在場，有時還多了一名協助記錄評估過程的學生。他在講堂裡接受一大群醫師的評估至少一次，其中包含基爾法醫學研究協會（Kiel's Institute for Forensic Medicine）的專業人士。[79]

醫生們評估的不只是伊柏林的生理與神經健康，還有精神狀況與智力。他們對他進行測驗以判定「知識基礎」，例如可舉出多少種熱帶水果？知不知道腓特烈大王（Friedrich the Great）是誰？他們還測試了伊柏林的抽象思考能力：給他一張物品清單，請他說明那些物品之間的關聯。「玫瑰、鬱金香與康乃馨是什麼？」或「豌豆、豆子與扁豆是什麼？」或者，列出一些單字，請他拼成一個句子，像是「母親、花束、小孩、五顏六色、採摘」。此外，他們也讓他看「比奈圖」回答問題，即比奈─西蒙智力測驗（Binet-Simon intelligence test）所使用的那種卡片。[80]

那些醫生發現，伊柏林擁有數學、地理、自然科學與歷史方面的書本知識，符合他的「教育背景與出身」。他也具有活躍的想像力。在隨機字詞組成句子的測驗中，他的思考歷程「主要取決於與那些字詞無關的比喻聯想」。伊柏林喜歡與人「交談」。他具有相當清晰的記憶力──「記憶圖像的能力高於平均水準」。斯特林醫師表示，像伊柏林這樣的記憶力通常屬於藝術天賦高的人。以生理條件而言，伊柏林屬於「削瘦體質型」，根據當代的體型理論，這代表他有焦慮與不喜交際的傾向。神經科醫師認為他狀況良好。他的手、腳與腋窩會略微出汗，伸直手臂時，雙手也會輕微顫抖。然而，腦電圖的檢查結果沒有任何異常。[81]

就伊柏林的「世界觀」與「宗教觀」而言，最重要的面向似乎是世界上兩股力量的對抗：上帝與惡魔。伊柏林表示，在祂們之中，「上帝擁有最強大的力量。」有些人同時臣服於這兩股力量之下，「例如誦咒的時候」（這項實踐可用於達成善或惡的目的）。「上帝會考驗人們，看他們是否會被邪惡牽著走，或是堅定如山。」[82]伊柏林跟葛洛寧一樣，將上帝與惡魔視為擬人化的存在，認為這兩者代表對立的宇宙人格。[83]他表示，惡魔可以穿過鑰匙孔潛入人們家中。他與葛洛寧的另一個相似之處是，他自稱能**看穿**人們在什麼時候做了壞事。那些人會心神不寧、夜不成眠與遭逢禍患。整個家庭，甚至一整座村莊，都有可能心存邪念、為非作歹；惡人組成了世間的惡魔大軍。雖然「如果每個人都能和平相處，世界上就會有天堂」，但在伊柏林看來不太可能成真。他說，「假使耶穌復活，人們必會再次將祂釘在十字架上處死。」[84]

經過一個月的訪談、問答、測驗、實作與記事，斯特林與維可醫師提筆撰寫報告。他們發現伊柏林的人格特質相當複雜。他「禮貌待人」，但渴望主導對話，儘管他們認為他「思路不清晰」。報告中也提到，伊柏林「極度欠缺批判才能」。[85]

正如最初調查伊柏林慫恿馬森一家恐巫的警方那樣，這兩位醫生顯然不重視他自述在國家社會主義當權或下臺之後的時期所經歷過的一切。他們仰賴醫學與精神評估工具，提供獨一無二的資訊，使用的卻是籠統的專業術語。倘若將報告中的評估對象換成任何一個人，更改成任何地點與時間，好像也說得通。醫生指出，他渴望獲得他人的關注以掩飾自卑感；他會向外在世界找尋失敗或意外的原因，而不是省視內在的自我。這兩位醫生的見解，往往與自身貌似優越的文化價值觀密切相關。他們著重於伊柏林的他異性（alterity）：他沉溺於「迷信」之中，還來自一個「未開化」的地方。他是「一個時代錯誤」，以某種方式始終存在於「人類早期的心智—精神階段」。接著他們指出，伊柏林像個小孩一樣，「將內心某種詭異與神祕的感受，以及與病痛、死亡和天災有關的焦慮，統統投射到外在世界」。[86]

這些診斷結果無疑違背了相當程度的階級與地位偏見。但更重要的是，他們不相信（也並未試著解讀）伊柏林暗示自己涉及的地方問題可能牽扯了政治與社會方面的仇恨，以及其背後所代表的意義。[87]他們從未探究，他的事業可能遭到了前納粹分子（他與父親以社會民主派人士身分所樹立的政敵）從中作梗；也從未試圖瞭解這些仇怨是否與他在一九三六年因多次收費醫治病患而遭到逮捕有關。有鑒於五〇年代社會在第三帝國統治下的肅殺氣氛，他們在評估時倘若真有刻意避開這條故事線，也不足為奇，更何況精神病學向來被視為一門普世科學。然而，這起事件也符合一種更為普遍的戰後模式：貶低某些複雜棘手的事實，以歸納出更加廣泛與較為無害的結論。

正好，負責評估伊柏林的其中一位醫師斯特林不久前出版了一本書，探討一個精神分裂症的案例，患者是一名叫作保羅的D先生（Paul D.）。三〇年代中期，D先生的腦袋開始出現一些奇怪的想法。他說納粹衝鋒對與希特勒在跟蹤他，說他們是「惡魔」與「敵人」。據他表示，希特勒意圖傷害他。鄰居常聽到D先生大喊，「希特勒，去死吧！」一九三六年，D先生遭到政府強制絕育。三年後，他被診斷出患有「癡呆偏執症」——有偏執症狀的失智症。88

據斯特林透露（這其實是他在書中討論這個病例的真正原因），只要與D先生的談話限於「純屬事實的事情，並嚴格規定不能離題，就幾乎不會注意到他患有精神分裂的妄想症」。例如，如果有人請他聊聊季節或交通工具等平凡小事，他能侃侃而談；若被要求利用幾個字詞造句（例如貓、老鼠與地窖——斯特林與維可也曾請他這麼做），他也能造出「一隻貓跑進地窖抓老鼠」這種正常的句子。斯特林很喜歡D先生這個案例，因為這有助於他發展一項有關精神病患思考方式的理論。他認為D先生的思維只有在應要求「提出個人觀點」時才會顯露「缺陷」。只要問題中的明顯事實沒有超出他的知識範圍，就不會「削弱」他的思想。89

不論斯特林在這項精神分裂症研究中提出的論點有何科學價值，如今看來令人震驚的是，一個男人遭到第三帝國政權強迫絕育之後，被判定為偏執症患者的診斷結果。即使嚴格說來這個男人幻想過希特勒跟蹤自己，但他也遭到了自己無力抵抗的強大力量強硬去勢，也就是希特勒所代表與體現的一股力量。換言之，時代背景至關重要。精神病學的診斷牽涉了時空因素，因為受到瞬息萬變的文化與政治背景、自我觀感、不斷變遷的社會規範，以及一般人對於正常或真實的定義所影響。行為具有社會意義，而這些意義並非一成不變。斯特林本身似乎也不得不承認類似的觀念。他在書中寫道，「我相信，」如果人們未能留意「社會、社會倫理、宗教與審美價值觀」的複雜差異，許多「關於……存在問題的誤解」便會浮現。[90]

即使負責評估伊柏林的醫生們避免評論他的生平經歷中具體取決於歷史的面向，但也相信這位驅巫師待人真心誠意。如同葛洛寧，他表示自己只能在上帝的幫助下救治病患，有時也覺得自己的醫術是一種負擔。然而，伊柏林說，「上帝向來都透過我幫助世人。」那兩位醫生寫道，伊柏林「對他所處的迷信世界懷有狂熱」信仰，在這個世界裡，惡魔猖獗，對人們的生活造成實際的影響。他也認為，那些察覺惡魔存在的人們，肩負滅絕惡魔的神聖義務。基爾法醫學研究協會的一位教授曾問伊柏林，他對於有人深信自己的母親遭到鄰居下蠱，因此將對方活活打死這件事有何看法。伊柏林回答，懲罰那個男人，並不公道。即使協會另一位教授試圖質疑他的看法，「強調『那明顯是一樁謀殺案』」，但他仍「捍衛這個信念」。[91]

斯特林與維可驚訝地表示，「在這個時代、在一個奉行文化標準的國家裡，」竟然有人「主張，健康與福祉、疾病與死亡、意外與災難會發生，不是按照自然法則，而是由邪惡、不理性的力量所決定，而那些惡人聽從的是惡魔的旨意。」儘管如此，他們認為「以精神病的定義而言，沒有證據顯示他患有任何精神疾病，中樞神經系統也不見任何器官出現毛病」。他們並未發現任何腦部創傷或精神傷害的證據，也沒有跡象顯示伊柏林因為早期受傷而導致人格上的任何變化。[92]

因此，兩位醫師歸結，伊柏林的思考方式就像個小孩一樣，「不受控制且以自我為中心」，批判能力也很薄弱，但除此之外（或許有點像D先生談論「純屬事實的事情」那樣），他算是十分正常。至少對他成長的地方而言，他是正常人。兩位醫師再次總結，指出伊柏林的世界彷彿時間靜止般，歷史與變化從未滲透其中。他們斷言，在他的宇宙裡，「迷信依然深植於人們的意識中」，也指出孩子從「女巫與妖精的故事」中，很容易受到迷信思維的「機會教育」。他們猜測，也許伊柏林只是潛意識想反抗思想自由的父親罷了。無論如何，他心智正常，儘管他在「精神病學的意義上」是名精神病患：意即「精神特質落在正常範圍以外」的人。[93]如今，他的審判可以繼續進行了。

※ ※ ※

伊柏林在一九五五年五月回到法庭，這次換了另一個讓人跌破眼鏡的場地：一間名為約肯旅館（Jochen's Inn）的當地酒館。根據記者報導，每週六晚上，酒館的舞廳都擠滿了來跳「布吉烏吉舞（boogie-woogie）」的年輕人。這次開庭也一樣，就地布置而成的審判廳裡座無虛席。一架架的攝影機與西北德意志電臺忙著準備記錄訴訟過程。[94]現場留了三大張桌子給新聞媒體，當多位證人供述自己與伊柏林交易的細節時，他們也在旁聆聽。[95]記者們似乎發現這起事件在不同證人的口中顯得疑點重重、高潮迭起且充滿險惡，因為他們大多拿「黑暗時代（the Middle Ages）」（應該是指伊柏林及其追隨者所代表的時代）來對比「原子時代」。因此，當時相關的頭條新聞往往會包含一張圖片，描繪撒旦坐著破舊的牛車來到法庭外，背景則是一輛輛時髦現代、「金光閃閃」的高級轎車停在旅館外的街道旁。[96]一位媒體都稱之為C奶奶的證人製作了一瓶氣味惡臭的紅色粉末——「真正的德國女巫粉末」，堪稱惡魔的糞便。那是她向一位藥劑師買來的，用於治療「病得特別厲害」的人們。[97]

那兩天在法庭上演的戲劇性情節，並不全都發生在言語之間。旁聽席似乎籠罩在猜疑的氣氛之中。某位證人下了臺在證人席找位子坐的時候，其他證人舉起雙手一副「防止她攻擊」的姿態，作勢趕她走。她見狀一臉疑惑，只好去找其他位子。最後，有人讓出了座位。[98]

在場的觀眾聆聽證人述說村里間出現的流言、不當行為與各種奸險陰謀的來龍去脈。其中有部分或許情節輕微，但幾乎都造成了傷害。如先前提過的，馬森太太因為遭到街坊鄰居排擠而精神崩潰。之前，她沒能出席伊柏林的審判，因為醫生擔心那會使她再次陷入嚴重抑鬱的狀態，畢竟自從她得知人們的指控後，暴瘦了將近五公斤。[99]

事情不只如此。法庭採信了一名男子的證詞，他控訴伊柏林威脅他，如果他向調查此案的警方透露實情，就會「讓他粉身碎骨」。伊柏林或許也刻意塑造了自己擁有某種醫學證書的形象。此外，沒有多少理由可質疑凱特聲稱伊柏林將她壓在牆上性交的說詞，因為他在一九三六年受審時也面臨「類似的指控」。[100]

然而，很難確定誰說出了有關伊柏林的真相，或者他們口中的兇手是否真的是伊柏林。許多證人無疑在矯揉造作。伊柏林一再強調自己從未提及女巫，而這點或許是真的。法庭上無人承認自己相信女巫的存在，但許多人都提到了「邪惡的力量」。伊柏林說到這個詞彙時，大家都知道他指的是女巫。

伊柏林的律師克萊門道爾（Kremendahl）利用人們不願直接指涉女巫的傾向大作文章，為當事人開脫。他辯稱，伊柏林只是耍了些「騙人的把戲」，那些儀式虛有其表，實際上沒有任何療效，當然也就沒有違反《民俗治療禁令》。他堅決主張，伊柏林只是「地方上的一個孩子」，當地「還不流行巫術信仰」。他表示，這位當事人所做的事是向迷信的人們「販賣迷信」。因此，伊柏林沒有欺騙任何人。[101]

法官不認為這套辯詞於法有據。法官更指出，伊柏林「試圖以職業身分」減輕病患的痛苦。他在沒有醫師執照的情況下行醫，不是收取金錢、就是收取某種形式的商業利益（如香菸與香腸）作為報酬。他並未要求病患付費，但確實收了病患送給他的東西。法庭認為，對他的詐欺指控也有一些有力的證據。他提供的服務（保護病人不受惡魔侵襲）「客觀而言是不可能做到的事」，不論伊柏林本身如何看待這件事。但是，伊柏林治療的病患並未覺得自己受騙的事實（即伊柏林的律師提出的論點）又該怎麼說呢？那不重要。法官激昂地表示，「傷害可以經由一般的標準來判定。」[102]雖然這個說法的邏輯本身是循環的，但確實存在。

法官認為，有幾個特定的例子並未證明詐欺行為：也就是伊柏林的病患**不**相信他的治療方法有效。如果無法證明他「引起誤解」，詐欺行為就不成立。換句話說，如果病患認為伊柏林的療法是假的，就證明了他在那些情況下**並未**構成詐欺。但是，他犯下了其他類型的詐欺罪行、違反了《民俗治療禁令》，以及傷害了馬森太太。法庭裁定，他也許並未指稱馬森太太是女巫，但是在一個「女巫信仰淵遠流長」的區域，指控別人施行巫術，用不著真的說出「女巫」或「巫師」這些詞彙。當伊柏林說到「邪惡的力量」或指示客戶「需要點燃藥草」淨化某個空間時，就是在暗示不能或不應該大聲談論某件危險的事情。大家都知道他的言外之意是，有女巫正在暗中作祟。伊柏林害馬森太太生病，因此犯了過失傷害罪。他「擾亂了整個區域的安寧，使村子原本平靜的社會生活變得一團亂」。最後，伊柏林被判處一年徒刑。[103]

一如之前，許多憂心忡忡的民眾紛紛向法庭投書。一位婦人寫道，她「如果繼續保持沉默，」讓伊柏林因為「獵巫」而「盲目走向地獄」的話，「就不配當個基督徒」。她呼籲伊柏林「誦讀《聖經》！」[104]但其他人似乎察覺到，更多世俗的問題若一次爆發，可能會引發危險。曾住在伊柏林家隔壁的艾倫伯格（Ehrenberg）寫信向法官表達對這位朋友的支持，說他經歷了許多審判，怠忽了助人的工作。艾倫伯格指出，伊柏林與許多人不同，他沒有向「納粹勢力」低頭或因此改變「社交態度」，也沒有在納粹垮臺後利用「自身力量危害那些『前納粹分子』」。[105]艾倫伯格寫到「前納粹分子」這五個字的時候，想必有特別加上引號，確保收件者知道有不少人嚴格說來只算是「前」納粹分子。這名擁護者在信中表示，伊柏林受納粹迫害，但他並沒有利用自己的天賦或才能報復他們。[106]艾倫伯格認為，伊柏林經歷了那麼多事情後，如今受到法庭的迫害。納粹勢力已不復存，但這個社會還並無太大的改變。

※ ※ ※

最終，伊柏林的案子上訴至西德的最高刑事法院——德國聯邦最高法院（Bundesgerichtshof）。判決一出，伊柏林的律師克萊門道爾便以各種理由提出上訴。他主張伊柏林不可能違反《民俗治療禁令》，因為他的療法「不屬於任何醫療科學標準的範圍」。這項禁止江湖術士行醫的法令不適用於「淨信治療者」（德文作 Heilapostel）——「透過誦咒與其他類似程序」抵制「邪惡力量」的治療者。詐欺罪名在法律上也站不住腳，因為法庭必須證明，伊柏林向求醫的病患所許下的「治癒承諾」，與人們尋求伊柏林提供的「那種神奇療法」時通常懷抱的期望之間存在著落差。《德國刑法》（German Criminal Code）將詐欺定義為，「他人的財產因為謊言或事實的扭曲或壓抑而受損，從而引發或促成錯誤」。之前，什列斯維格－霍爾斯坦地方法院宣稱，由於伊柏林早在一九三六年便已遭判詐欺罪定讞，因此他應該要知道自己的醫治行為屬於詐欺領域。然而，法庭也引述了當初對伊柏林進行精神評估的醫生們的說法指出，他對自身的療法有一種「狂熱」的信念。[107]

德國聯邦最高法院於一九五五年秋天審理伊柏林的上訴，推翻了之前的判決。他們同意，之前的審判存在程序錯誤，詐欺罪行未獲證明。伊柏林必須認清「他的療法毫無效果」，但律師團主張恰恰相反。無論如何，最高法院認定伊柏林確實違反了《民俗治療禁令》。[108]一九五六年四月，這起案件又交回什列斯維格－霍爾斯坦的地方法院審理。伊柏林遭判違反《民俗治療禁令》與誹謗，最終判處四個月徒刑與四百馬克的罰金。[109]法庭宣告，伊柏林「儘管來到這個世界，但依舊困在」家鄉盛行的「中世紀信仰」之中。[110]這項裁決對他在當地的名聲並未造成傷害。事實上，他反倒有了「小葛洛寧」的稱號。不計其數的小型車輛與雙層巴士（據稱經常可見來自丹麥的車牌）出現在他的家門外，載來世界各地的求醫者。[111]

法院與當初評估伊柏林的精神病學家都感到困惑，想不透他為何不提及（或聲稱不使用)「女巫」一詞。[112] 但伊柏林與他的律師都知道，不能輕易使用帶有既定觀點的語言。在國家社會主義之下，簡單的一句話若被有心人聽到，有時就會被解讀成，說話者肯定是聽了不法的廣播節目，或是前一晚在酒吧裡說錯話，然後當事人就會被抓走或面臨更慘的遭遇。一九五六年的法庭上，伊柏林表示自己在一九三六年的審判中否認巫術信仰，原因不是希望法官從輕發落，而是他害怕有心人會將他的異教觀點視為心智不正常的表現。這可能會導致他被迫接受絕育手術，就如同D先生的例子。在一九五六年將伊柏林定罪的地方法院同意，這種情況很有可能發生，並下了結論指伊柏林的主張「合情合理」。[113]

第九章　克魯斯的聖戰

面對五〇年代日益盛行的審巫案，醫生、法官與新聞媒體大多認為它們不過是鄉下地方民智未開與缺乏啟蒙的案例罷了。如新聞雜誌《明鏡》在一九五一年高傲地指出，鄉下人與世隔絕（以山區、石楠荒原與沼地為居），容易受到「騙子」誘拐與出現「近親交配」的情況。[1]普羅大眾都認為，正如一名男子在一九五五年投書下薩克森政府的信中所寫的，恐巫心理象徵了「文化的深淵」。[2]其他人則將這種恐懼僅僅看作是多采多姿的民俗遺風——亙古不變所以無害，既「傳統」又局限於他們不怎麼在乎的那些地區。

如本書所述，對比之下，審巫案的急遽增加不能歸咎於據稱「亙古不變」的迷信，而應該追溯至一九四五年後一連串特殊的社會局勢：納粹時代遺留的深刻仇恨延續到了五〇年代，尤其是人口稀少、彼此關係緊密的社會。在這些地方，巫術扮演社會衝突的語言。

如今，那成了一種歷史觀點，經由數十年的積累與海量的檔案及次級研究而來。生活在那個時代的人們對此毫無察覺。然而，還好有一個與伊柏林同鄉的男人清楚意識到，審巫案的層出不窮，是一個與過往有所關聯的社會問題。事實上，他將巫術的指控視為是**真正**值得窮盡一生探究的社會議題。這個男人名叫約翰．克魯斯（Johann Kruse），是一名退休教師。在他看來，審巫案驟增現象最重要、也最驚人的一點在於，它們呼應了更早出現的「獵巫運動」：在猶太大屠殺期間達到巔峰，當時，猶太人普遍被當成代罪羔羊。五〇與六〇年代期間，他積極為那些被指控為巫師的人們發聲，而這一切努力都在暗指猶太大屠殺的罪過。

由於當代社會總是不願面對過往的納粹時期（尤其是納粹發起的種族屠殺），而且往往不安地保持沉默，克魯斯因而成了異類。此外，他還（即使不太可能）是一位意志頑強的領導人物。不論哪裡出現巫術指控，幾乎都能看到他的身影。一九五一年四月，第一次全國公開的「審巫案」開庭時，他人就在現場。[3]之前他曾建議克勞斯（遭伊柏林指控為巫師的那位前任村長）控告對方——自從伊柏林在三〇年代惹上官司後，他就知道這個人了。[4]在聯邦高等法院推翻了伊柏林有罪的判決後，克魯斯公然反對，宣稱這個決定「與地方社會的現實脫節」，並呼籲法庭「嚴懲」為非作歹的伊柏林。[5]（這裡值得一提的是伊柏林在媒體上對克魯斯的回應：「那些對他窮追不捨、一心想公審他的人們」，應該把精力拿來對付「那些發明與製造武器以發起屠殺的惡人」。伊柏林表示，「真正危險的迷信」是，原子武器的普及在大眾眼中是「正常且不可逆」的發展。）[6] 克魯斯認識原告與被告雙方，因此能夠向媒體解釋他所知道的個別案件與普遍的獵巫現象，對任何願意洗耳恭聽的人暢所欲言。他因此成了遠近馳名中的巫術知識專家，有些人認為他如此熱衷這方面的研究，肯定是一位相當厲害的巫師。[7]

五〇年代，每當人們對巫術信仰及一些隨指控而起的審判有不明白的地方，第一個請教的人就是克魯斯。他向政府官員投書多次，因此大家都知道這號人物。最後，他的堅持不懈，成功促使國會與警方召開會議，根據他所提供的證據討論社會普遍的恐巫現象。他的名字登上了報紙頭版，淵博的巫術知識引起西德廣播節目的熱烈討論，也為東德與西德的「反迷信」倡議人士屢次引述。他到全國各地發表演說，多次登上美國的報章雜誌，與一位來自阿姆斯特丹的大眾心理學教授進行資訊交流，還受到一位丹麥民俗學家在莫斯科舉行的國際民族誌代表大會上大力表揚。

克魯斯認為，儘管恐巫浪潮在五〇年代早期至中期席捲西德地區，確實代表了非理性主義的爆發，但這還不是最嚴重的威脅。遠比這來得不祥的是，這種恐懼驅使人們四處樹敵：在群體中孤立某些對象，然後遊說他人猜忌「那些人」，也就是被認為導致了各種不幸的那些人。他相信，就此而言，恐巫的心理與納粹德國時代將猶太人當成代罪羔羊並加以迫害的舉動，顯然有相近之處。然而，社會避談不久前那五〇年代血淚史的禁忌卻太過強烈，以致克魯斯說到這些相似之處時，只能避重就輕或以此喻彼。

因此，儘管他引起了諸多關注，大眾與當局仍無視於恐巫可能引發社會危機的觀點；他們可以，也的確將社會危機歸因於鄉下地方的陰謀與「長久以來」的迷信。一些官員聲稱，克魯斯（及新聞媒體）過度誇大了問題的嚴重性。其他官員則認為這件事超出他們能夠理解的範圍太多了。這無疑是一種諷刺，因為不久前的過去，德國各地——不只是「未開化」與地處偏遠的村落，還有每一座熱鬧的城鎮——的人們，總習慣將天底下發生的任何壞事都推到猶太人身上。但話說回來，對一切避而不談與假裝茫然不解，正是問題的癥結點。

※　※　※

克魯斯生於一八八九年，那是他（還有伊柏林）以務農為主的家鄉迪特馬申經歷重大變遷的時代。農業革命以肥料與全新型態的機具及畜牧飼養技術如火如荼展開。[8]運河與鐵路逐漸使該地變得四通八達，與外界來往益趨密集。隨著建築運河、橋樑與鐵路的工人大量湧入，迪特馬申也日益都市化。這些轉變在克魯斯眼裡別具意義。他從年輕時便對勞動階級的政治活動深感興趣，後來更加入了社會民主黨。他發展出對社會正義的強烈傾向，以及從年少時便渴望幫助弱勢族群的熱忱。到了二〇年代，他甚至出版了極為煽動人心的小說《時代的恥辱》（*The Shame of Our Times*），探討德國北海築堤工程中工人們遭受剝削的處境。

雖然他直到二〇年代後期仍持續與本地路德教會密切往來，但克魯斯也深受自由思想的浸染，尤其是恩斯特·海克爾（Ernst Haeckel）的一元論哲學，這位偉大的生物學家對於達爾文學說在德國的推廣功不可沒。對二十世紀初的許多德國自由思想家而言，主張宇宙萬物實為一體的一元論就相當於一種替代宗教。經過教師培訓與一段時間的旅行，克魯斯投身一次世界大戰，而這段經歷使他轉而終生擁護和平主義。在一九一八年終結一戰的那場革命後，讓他成了新誕生的威瑪共和國的死忠支持者。戰後，他與地方上一位牧師發生了幾次不愉快的爭執：他認為對方比起宣揚基督的慈愛精神，更熱衷於煽動國家主義。這場衝突促使他在一九二六年離開了教會。他搬到了鄰近漢堡的阿爾托納（Altona），這座工業城鎮在歷史上是全德國最兼容並蓄與自由開放的地方之一。[9]

即使克魯斯大部分的人生都受反戰主義、溫和社會國際主義與科學啟蒙的原則所激勵，一些人依然指控他具有偏執傾向。有鑒於克魯斯所處的時代，不難想像這種特質的潛在起源。他近距離見證了二十世紀一些最糟糕的事情：戰爭、失敗、經濟混亂與法西斯主義的暴行。他看著同鄉的工人與農民從一戰後的社會主義者，轉變成最早一批的激進納粹分子。他看著過去在阿爾托納處處可見的紅、黑、黃三色相間的社會民主黨旗幟，先是變成共產主義的紅色旗幟，又變成納粹的黑色旗幟，而神職人員也熱烈歡迎法西斯主義。他看見自己的兄弟與兒子遭到蓋世太保拘捕，而罪名大多是不願對地方黨派的陰謀睜一隻眼閉一隻眼，例如反對政黨首領私吞公有土地等。[10]

克魯斯描述過納粹掌權後的所作所為。「一夕之間，」他寫道，「我們生活的這個街區就跟德國其他地方一樣，處處可見傲慢、欺騙和愚蠢。背信棄義與怨恨仇視凌駕一切，任何抱持異樣想法的人，都成了險惡陰謀與公然威脅的受害者。」在納粹統治下，克魯斯換了好幾間學校，因為他對納粹黨及希特勒青年團等附屬組織興趣缺缺。[11]在第三帝國時期，「偏執狂」一詞或許就代表有常識的意思。

但是，克魯斯憂慮不安的特質或許得追溯到更久以前。他小時候，一名工人的妻子心事重重地跑來找他的母親訴苦。在他印象中，那個女人被鄰居指控為女巫。[12]這件事在克魯斯心中縈繞了好長一段時間，尤其是一戰過後的那段時期，日益高漲的反猶太情緒開始毒害社會生活；在猶太人口占極少數的什列斯維格—霍爾斯坦，這股風潮更甚於其他地區。[13]克魯斯開始認為，人們普遍對女巫的懼怕，與反猶太主義脫不了關係。一九二三年，早在納粹成為德國政治生活中最激進的右派象徵前，克魯斯就已經寫下：「農場飼養的牲畜病了或死了，某個家庭的孩子發育不良，或者農夫生意失敗，人們不會探究……這些不幸的起因，因為這麼做的話，他們就得承認自己沒有盡到該盡的義務與疏忽了應該注意的地方。若想避開這些想法……非常簡單……只要基於嫉妒或報復的心態，指控這些不幸都是因為有人施法才會出現。」二〇年代，克魯斯看到同胞們愈來愈習慣「將過錯推給別人」。他認為，這一定跟「迫害猶太人」（德文作Judenhetze）有關。[14]早在德國第一起抵制猶太人的事件出現（更別說是第一座集中營建成或政府開始計劃圍捕與驅逐猶太人）之前，克魯斯就已經發現這個問題，並見證了它的形成。當時他就已意識到，一種影響深遠的型態逐漸浮現：事情出錯了，就找代罪羔羊。當人們問「為什麼是我？」的時候，答案往往就是**他們自己**。

在一戰過後的那些年裡，德國社會在許多方面都變了調：數百萬名青年死去；戰敗的陰影餘波盪漾、偉大的德意志帝國瓦解；政治動盪頻起；超級通貨膨脹讓人們的畢生積蓄蒸發殆盡，僅僅數年後，全面的經濟崩潰導致民不聊生。克魯斯比大多數的同胞都看得還要清楚，大家被那種將不幸怪罪於他人的邪惡欲望牽著鼻子走，而沒有試圖找出不幸的真正源頭。那些恐巫的人們，害怕潛藏在暗處的惡魔、黑暗狡詐的陰謀與邪惡的同盟。反猶太人士也同樣堅稱，所有問題、創傷與失去的背後，都是猶太人在搞鬼。他們認為，猶太人的影響力與他們在德國社會中所占的人口不成比例，而追根究柢，這是因為有一項國際陰謀暗中試圖控制全球勢力的槓桿。巫術的指控與「迫害猶太人」的行為不僅如出一轍（把錯推給「別人」，咬定他們表面上看似無害，卻私底下與主宰世界的邪惡力量結盟），在結構上也有相似之處。

※　※　※

儘管如此，第三帝國垮臺、納粹的殘忍暴行與對猶太人的詆毀及迫害在猶太大屠殺中達到高峰後，克魯斯放棄了自己一直以來主張的論點。自五〇年代初到六〇年代晚期，他與德國多個邦屬的文化、內政、司法與社會首長通信，在媒體上發表評論，甚至出版了一本講述巫術信仰的著作。在這些論述中，他完全沒有提到德國社會的恐巫情結與近代的猶太人迫害之間的明確關聯。換言之，他遵循了聯邦共和國普遍相信的一種模式。他發誓不再危言聳聽，也不再指涉過去與現在有明確關聯。這麼做不代表他遺忘了之前意識到恐巫與猶太人迫害之間的那些連結，因為之後他又撰寫了另一本相關著作。他在一九六七年的書稿中主張，「德國史上兩個最可恥的篇章——焚巫的時代與希特勒下令展開猶太大屠殺的時代」，承繼了「同一條仇恨與殘酷的血脈」。[15]但是，這本著作從未出版。

儘管克魯斯不再公開論述這些主張，但他仍頑強試圖提醒政府與大眾留意恐巫的社會問題（誹謗鄰居是惡魔的代理人）。其實，他耗費了比以往更多的精力追求這個目標。他撰寫的長篇信件一再出現於各地的官方檔案庫，從慕尼黑到漢堡都有。如果得到的回應不盡滿意，他就寫信追問，語氣咄咄逼人，讓人看了就惱火。有時，即使他避免使用犀利的措辭，仍巧妙佯裝從更全面的角度來討論問題。他在一九五一年出版的《女巫就在我們身邊？》（*Are There Witches Among Us?*），出人意料地與《殺人犯就在我們身邊》（*The Murderers Are Among Us*）雷同——後者是一九四五年上映的一部電影，探討德國在二戰中犯下的戰爭罪如何直接而深刻影響戰後的社會。

是什麼驅使克魯斯這麼做？最重要的理由似乎是，他真心渴望幫助馬森太太這些背負沉重的女巫標籤的人們，而這也是他在寫給政府官員的信件中不斷強調的議題。雖然從伊柏林的案件可知男性有時也會受到指控（例如前村長克勞斯），但克魯斯特別關注恐巫的風潮如何殘害女性。在他對於恐巫的深層意義

與危害的理解中，女性彷彿代表了受害的猶太人。克魯斯也知道自己談論的是人們不想面對的事情，而這反倒激勵了他繼續努力。很難說他幾十年來無可厚非所發展出的「偏執症」，在多大程度上可歸咎於這種感受，或者他是否就只是具有破碎的人格而已（就如某些與他相處過的人們所說的）。《女巫就在我們身邊？》一書也許有助於闡釋這個議題。出版不到六個月，首刷約三千本便排定銷毀。克魯斯質疑當中有人介入。他深信，自己的書會遭到銷毀，不是因為沒能引起大眾的共鳴、售價過高、銷售量不佳或任何其他貌似可信的原因。畢竟，這本書標題吸睛，而他也是一位出版過多本著作、經驗豐富的作家。他懷疑，某些政府機構、教會與學術界不希望巫術成為公開討論的話題，因而暗中干預。[16]

儘管如此，五〇年代的民眾（尤其是新聞媒體）**確實**開始關注恐巫的現象。事實上，從政府各個檔案庫收錄的大量剪報看來，這個話題在當代引起日益廣泛的討論。出版這本書後，這位前任教師隨即創立了現代獵巫狂潮研究檔案庫，保存他三十年來搭火車、徒步跋涉與騎單車周遊什列斯維格—霍爾斯坦所蒐集的資料。[17]而每當有記者前來請教有關恐巫的專業知識時（如同《明鏡》雜誌在一九五一年而向克魯斯請益一個被媒體稱為「巴丁農夫」〔Farmer Bading〕的男人面臨「審巫案」的事件），這個檔案庫就會派上用場。《明鏡》任意引述克魯斯對這起案件的看法，在報導中提及他建立的檔案庫，甚至刊登他的照片。報刊一出，克魯斯的檔案庫登上了全國新聞，他本人也聲名大噪。就這樣，他成了聯邦共和國裡專門釋疑民眾感到陌生的一個流行文化面向的主管機關。

但遺憾的是，雖然媒體熱烈關注，但記者們通常都不明白克魯斯一再強調的訊息（女巫信仰確實傷害了被指控的人們），更遑論他疾呼應該正視代罪羔羊的嚴重問題。相反地，記者一而再，再而三地選擇一如往常地聚焦於鄉村的落後條件與駭人聽聞的細節。（例如，《明鏡》報導「巴丁農夫」一案的文章題為「直到見血」，意指一群驅巫師建議若要幫中邪的孩子解除魔咒，除非將孩子打到皮開肉綻為止。）[18]當然，文中並未提及「迷信」與納粹迫害之間有任何關聯。

克魯斯發現，政府官員跟鄉村的居民一樣排斥啟蒙。一九五二年五月，他發起一項直言不諱的投書運動，第一個針對的就是下薩克森文化部，要求這個毗鄰什列斯維格－霍爾斯坦的邦採取實際行動來對抗「恐巫狂潮」的「精神瘟疫」。[19]克魯斯在信中承認國內外的新聞媒體都報導了這個議題，但也感嘆自己提出的「請願、社論與演講」遭到真正的目標對象所「忽視」，也就是「政府機關與學術機構」。為了引起它們的注意，他在信中列舉了一連串不幸的案例，包括「一名十九歲的少年拿斧頭殺害了……親生祖父，因為他從小深信是這個老人下蠱害他生病。」克魯斯也提到一名婦女不久前遭遇丈夫與兒子雙雙離世的悲劇，有人卻指控是她下蠱害死了他們。克魯斯警告文化部官員，「獵巫狂熱如野火燎原般一發不可收拾之際，會有人在焦慮的恐慌風氣中遭到謀殺……或者自我了結。」[20]

文化部回應感謝他出版《女巫就在我們身邊？》一書，提供了「無疑是對抗迷信的寶貴資料」。但這位前任教師「令人讚賞的作品」是否有可能誇大了這個問題？[21]例如，克魯斯在書中宣稱，不論有意或無意，學校的老師們向學生灌輸迷信的觀念，教導他們民俗傳說與童話故事。他認為，這些故事讓「孩子們建立起……惡魔、女巫與鬼怪的觀念，尤其是小學的學童。」這位退休教師指出，就連「看似無害的《糖果屋》（*Hansel and Gretel*）童話，也造成了許多傷害」。畢竟，這個故事「不只有關巫術，還描述了食人的情節」。[22]可想而知，文化部官員認為這項警告「過於小題大作」。儘管如此，他們仍然支持克魯斯從事「啟蒙工作」，如果他希望在以學童為受眾的教育性廣播節目上講述迷信的案例，或者在地方的教師研討會上闡述相關資料的話。他們也建議他，可以嘗試向一所區域性的遺產協會倡議恐巫現象的深入研究——那所協會顯然仍舊相信，巫術信仰是一種歷史遺風，而不是當代正在擴散的一種現象。[23]

下薩克森的官員們也批評克魯斯採用的方法。部會的聯絡窗口責備這位退休教師，指《女巫就在我們身邊？》一書「使用匿名的資料來源，可信度備受質疑」。[24]然而，克魯斯在開章便解釋了資料來源之所以採用匿名方式，是於理有據的。他寫道，「描述事實的時候，我不能寫出所有當事人的名字，因為他們大多都還在世。」特定的地點也未言明，理由相同：避免任何人「遭到排斥與迫害」，以及被貼上「惡魔的奴隸」的標籤。[25] 他反駁下薩克森當局，「那些獵巫受害者在村里間已經飽受鄰居的排擠，我幹嘛還要公開他們的名字？」[26] 隔年，克魯斯向記者們描述他探訪與試圖安慰獵巫受害者的親身經歷。他透露，有些人將報紙像護身符般隨身攜帶，因為那上頭的標題白紙黑字印有——也因此具有權威性——「世界上不存在女巫」。[27]

即使政府官員輕視問題的嚴重性，克魯斯仍找到其他方法推動他的觀點。開始有人拜他為師，其中包括赫伯特．謝弗（Herbert Schäfer），擁有波昂大學（University of Bonn）博士學位的犯罪學家。謝弗於一九五五年出版的書《女巫的法力與獵巫》（*Witch Power and Witch Hunt*），其中的一連串注腳證明了克魯斯的影響力。此外，克魯斯也與形形色色的組織與夥伴結盟，包含各國母親世界組織（World Organization of Mothers of All Nations，簡稱WOMAN）、德國動物保護協會（German Animal Protection Society）、波昂科學家工作小組（Working Group of Bonn Scientists），以及漢堡藥劑師商會（Hamburg Chamber of Apothecaries）的主席。[28] 他還加入了DEGESA（全名為Deutsche Gesellschaft Schutz vor

Aberglauben），即一九五三年成立的德國反迷信協會（German Society for Protection Against Superstition）。DEGESA似乎將成員們——大多為學術界人士，但也包含許多醫生——認為不完全符合醫學與科學規範的所有事物，都貼上了「迷信」的標籤，從塔羅牌到占卜，從超心理學研究到瑜珈與針灸都是。[29]這些現象與恐巫相差甚遠，但克魯斯用相當有策略的方式，在與政府機關的通信中高調宣告自己與這些組織的友好關係，以證明他的名聲日益壯大，所發起的運動一天比一天更為健全且意義非凡。

※　※　※

然而，最終使克魯斯的理想獲得政府支持的關鍵，與其說是他與各種機構的來往和勤奮不懈的努力，倒不如說是與（不論諷刺與否）伊柏林的關係。一九五五年，這位驅巫師的審判成為全國，甚至全世界關注的新聞，就連距離德國千百里遠的地方的報章雜誌也大幅報導這件事。[30]西北德意志廣播電臺（Northwest German Broadcasting）更為此開設了一個四部曲的電臺節目，名為〈時代的女巫狂熱〉（Witch Mania in Our Time）。[31]幾個月後，伊柏林成了《新德意志週刊》（*New German Weekly*）新聞影片的主角。[32]隨著知名度水漲船高，克魯斯提交的申訴公文開始收到了正面回應。「我決定提出這個禮貌的問題。」他在一九五五年末投書下薩克森內政部的其中一封信件寫道，「文化部……採取了」什麼樣的「措施，來確保當地婦女不會因為被控為女巫而遭到迫害、虐待或謀殺？」[33]這封信件被轉交給了文化部，附上「請參閱」的請求；[34]之後又傳到了警察局，而官員們向警員們解釋，目前不清楚有無相關法條可制裁這些行為。官員們表示，「如果偶爾有幾樁人盡皆知的審巫案進入刑事訴訟程序，通常都跟誹謗或人身傷害有關。」（此言不假：畢竟，伊柏林最終只遭判違反《民俗治療禁令》與一項誹謗罪，而且與煽動鄰里排擠馬森太太無關。）然而，警察局還是同意了調查克魯斯關切的那八起案件。[35]

三個月後，調查有了結果。警方向內政部報告，沒什麼好擔心的，這個問題並未造成「嚴重威脅」。克魯斯指明為獵巫的那幾起案件，單純是假行醫真斂財，「與實際意義上的迷信無關」。由此同樣可知，警方或其他部會官員似乎不太清楚自己調查的究竟是什麼樣的事件。在克魯斯指出的八起案件中，有六起明顯牽涉恐巫，還有數起涉及暴力、一起以謀殺收場。[36]也許，他們並不認為這些案件源於獵巫運動，又或者他們無法想像那些提出指控的人們的確「打從心底相信」自己成了女巫的目標（如果「實際意義上的迷信」是這個意思的話）。

因此，雖然當局在伊柏林的審判之後變得比較有意願調查這類事件，但他們依然未能理解克魯斯看到的核心問題：恐巫的心理導致了某些無辜的人受到社會排斥與成了代罪羔羊的現象。甚至在面對特殊的迫害情況時，當局也總是察覺不出其中的社會意涵與潛在威脅。舉個例子來說，下薩克森的一名官員提到了一起案件，有個「動不動就跟人吵架又好強」的女人被鄰居指控對孩子下蠱。她難過到有了自殺的念頭，當局只好將她送到醫院安置。然而，那位官員認為，地方居民一點也不關心那個女人與鄰居之間的「紛爭」，覺得那是「家務事」。他看不出這起案件有牽涉任何嚴重的社會問題。[37]

當官員們考慮介入時才發現，這種現象牴觸了法律涵蓋的特定罪行：詐欺、危害公共衛生、違反民俗治療規範。對他們而言，「迷信」是一個可能導致這些罪行的一般問題。有些官員根本誤解了這個問題，或者因為忽視許多人眼中非比尋常的流行文化，而將五花八門、與恐巫毫無關聯的「迷信」統統混為一談。例如，下薩克森的內政部長似乎認為這個問題跟算命有關，指這是轄內各個行政區早已立法規範的一種風俗。[38]

政府官員儘管依舊不明白恐巫的實際意義，倒是看得出這種現象正在擴散。一九五六年，下薩克森社會政策部部長海因茲．魯道夫（Heinz Rudolph）博士下令要求地方行政區首長回報任何與巫術有關的事件。魯道夫想藉此判斷，「保護……邦內人口健康的措施」是否有必要。[39] 根據內線消息，這個行動所得到的結果確是「模糊不明」。邦內的「某些地區出現了恐巫案件」，但「獵尋腥羶色」的八卦小報往往「誇大情節」。然而，還是有些官員避免在公開場合討論這些事件，唯恐加深社會的恐巫情緒。下薩克森社會部一位高階公務員在信中預測，「若大肆討論，會讓恐巫的觀念深植於民眾的意識中」。他指出，「如果我們敲響警鐘，反而會造成反效果。」[40]

不論媒體是否誇大了這個議題，下薩克森當局對此予以相當的重視，將「打擊恐巫現象」列入議程，在一九五六年十月召集共二十幾位高層警官、行政長官與內政部和社會部的資深公務員，討論長達兩天之久。他們得出的共識依然是，起因於「民智未開」的巫術信仰問題也許正在擴散，但從中看不出任何重大的社會意義。而在任何情況下，「恐巫引起」的個案大多只「關係到地方社會」，因此不具有「廣泛」威脅性。[41]

在此同時，與會的官員們也承認，一旦地方上有民眾集體指控某個居民，巫術信仰就有可能造成排斥與暴力。在會議報告中，官員們試圖為恐巫心理所引發的各種案件制定法律補救措施。他們指出，針對那些被指控為驅巫者的對象，《民俗治療禁令》可提供法律救助。至於被控為巫師的受害者，也可尋求法律的協助：若加害者遭判犯下人身傷害與誹謗罪，將處以刑期。[42]

為這種引起控訴的文化**信仰**尋求法律的解決途徑，是吃力不討好的工作。官員們建議從教育方面著手：如果發現班級上出現有關傳說與童話故事的討論，「而且開始變調（按：

涉及巫術）」，教師可以灌輸「恐巫」是「無稽之談」的觀念。神職人員與地方歷史文化的相關機構也可發出聲明以正視聽。[43]可能是受到伊柏林一案的啟發，官員們呼籲「所有公家機關」綳緊神經，並要求司法部鼓勵檢察官處理這類案件時訴請更嚴厲的刑罰。倘若無刑罰可處，但被告「遭受情況特殊的群體虐待」，則應呈報內政部裁示。[44]

到了一九五六年，政府官員的輿論似乎倒向了克魯斯那一邊：即使他們有時會得出令人不滿的結論，但仍認為有必要調查他的訴求。同年，他投書運動的另一條陣線也開始取得勝利。多年來，克魯斯一次又一次地對星球出版社（Planet Publishers）提出控訴，這家位於布朗斯維克的出版社推出了一本名為《摩西六七經》（*The Sixth and Seventh Books of Moses*）的低級魔法書。[45]克魯斯向記者表示，他一直認為這本書助長了巫術信仰與針對那些被控為巫師的人們的暴力態度。[46]一九五四年，克魯斯在其中一封引戰的信件中要求下薩克森政府採取必要措施來禁止所有魔法書籍的販售，包括那本指涉《摩西五經》的著作。[47]起初，當局不為所動。一九五五年，一位資深檢察官向媒體解釋，那本包含了各種民俗醫療藥方的書籍只是一個「沒有醫學價值的文學產物」罷了。官員們認為，出版商已清楚表明，這本書不能取代醫生的治療。（的確，書中第一〇一頁的〈發行人的話〉呼籲讀者，「若有疾病在身，務必就醫」。）檢察長與布朗斯維克的高等地方法院也同意這個看法。[48]當局認為，沒有人會把這本書當一回事。

然而，在伊柏林的案子進到聯邦高等法院後，風向卻起了變化。不久後，星球出版社被控詐欺與商業經營不實（據說那本指涉《摩西五經》的書籍提出了毫無根據的主張）；煽動民眾犯罪（包含褻瀆墓地與虐殺動物作為藥方）；以及違反聯邦共和國於一九五三年制定的性傳染病控制法（Law for the Control of Sexually Transmitted Diseases）——因為該書提到了梅毒的療法。克魯斯向法院提交了數頁文件，證明他主張該書會對社會造成有害影響並非毫無根據，尤其是關於如何揭露女巫真面目的資訊。49

如今，翻閱星球出版社於一九五〇年出版的《摩西六七經》版本，不難理解為何起初當局會認為這不過是個新奇的玩意，不會對公共衛生造成任何嚴重的威脅或煽動犯罪。然而，外表不可信。在這本篇幅不多的書籍中，暗藏了一段不為人知的歷史——對此，克魯斯知道的可能更多。廣告不實與褻瀆墓地無疑是那本書危害程度最輕微的面向，而書籍本身的確有其可看之處。在一九五〇年的版本中，我們可以從中試圖找出克魯斯所發現、但不再明確提及的部分：即有關二戰後的獵巫歷史，與數十年前詆毀猶太人的那段過往，這兩者之間究竟有何關聯。

※ ※ ※

魔法書就相當於指導手冊，包含有關儀式、咒語與魔法的知識，也教導讀者召喚靈體的做法。這種書籍提供各種方法與食譜，幫助讀者獲得財富、愛情或好運，也教讀者如何獲取權力、傷害他人或抵禦侵害。一般認為，魔法書起源自一個力量強大、睿智且傳奇的人物（例如所羅門王〔King Solomon〕），而當中的內容揭示了其隱含的知識（向來不為人知）。[50]

《摩西六七經》是二十世紀德文世界最受到歡迎的魔法書，十九世紀中在斯圖加特（Stuttgart）首度出版。[51]這本書背後的概念是，上帝賜予摩西許多智慧，而其中一部分被寫成了《摩西五經》：《聖經．創世紀》、《聖經．出埃及記》、《聖經．利未記》、《聖經．民數記》及《聖經．申命記》。由於作者不明，加上以紙莎草寫成的第八本摩西經書大約從西元前四世紀流傳至今，因此人們推論，這些年來摩西肯定也寫了第六本與第七本經書。

《摩西六七經》的內文並非「一成不變」。它出版了好幾次，經過不同系列與版本中的多次修訂與重新編排。[52]光是在威瑪時代，就至少有五家出版商推出這本書。[53]到了納粹時代，奧祕文學的產出與銷售有時會受到壓制，儘管規定也不斷在變動。[54]一九五〇年，開業十年來出版笑話大全、孕婦指南與婚姻經營祕訣和《孫科：亞特蘭提斯的後裔》（*Sun Koh: Heir of Atlantis*）等通俗經典著作的星球出版商，買斷了這本書的版權。[55]最重要的是，這一小本以紅邊紙張印製的黑皮精裝書，看起來就像詭異的讚美詩集，只是其中的章節在講述如何選擇與準備一根占卜棒、應該在什麼時機通靈，以及如何召喚撒旦，也就是「靈魂中邪者的守護者」。書中解釋了進行儀式前如何正確做好準備：一天只吃兩餐，只在中午與午夜進食，以及迴避「女色」。唯有謹遵這些指示，才能進入「危險的戰鬥並取得勝利」。[56]

星球出版社於一九五〇年推出的版本頗為暢銷。首刷數量達九千本，顯示出版社對於潛在的銷量深具信心，之後其他出版社也紛紛跟進。這本書在一九五〇至一九五四年間締造了將近十萬馬克的銷售額，到了七〇年代熱度依然不減。[57]

《摩西六七經》在德國是許多人都知道的一本著作，不論他們是否有實際購買或依照書中指示去做。據說，殺人狂弗里茲・恩格斯坦（Fritz Angerstein）之所以在一九二四年殺害妻子、家人以及員工，正是因為受到這本書的啟發。[58]二戰過後，民俗學家阿道夫・史貝默（Adolf Spamer）在著作中描述自己在研究魔法的過程中的遭遇，尤其是與《摩西六七經》有關的經歷。他認識一個女人，對方深信自己會終生不幸，因為二〇年代還是少女的她選擇拿身上僅剩的錢去買束腹，而不是《摩西六七經》。在柏林的普魯士國家圖書館（Prussian State Library，即今日的柏林國家圖書館〔德文作Staatsbibliothek〕），史貝默試圖尋找現存的版本。每次他申請圖書調閱，得到的回應都是「找不到資料」。《摩西六七經》的複本經常在遭竊與尋回之間不斷循環。史貝默曾將私藏的版本借給學生，書還回來後，治療咒與護身符的章節卻有好幾頁被撕了下來。他質問借書的學生，但對方表示「對魔法一點興趣也沒有」。[59]

有些人否認自己對《摩西六七經》感興趣，因為他們不希望受人嘲弄，或者是在教會神職人員的指示下才這麼做。[60]但是，其他人否認自己知道這本書，有部分原因跟他們傾向祕密談論女巫相同：這是眾所周知的有害魔法來源。犯罪學家謝弗跟隨克魯斯的腳步，在五〇年代晚期發現，人們說到《摩西六七經》時就跟提到女巫一樣，驚恐不安。沒有人坦然承認自己擁有或使用這本書，雖然他們有時會如此指控那些疑似會巫術的人士。[61]一九五三年五月，慕尼黑的八卦小報《晚報》指出，葛洛寧控訴他那感情疏遠的手足卡爾，因為卡爾在一份文稿中宣稱葛洛寧採用了《摩西六七經》中的做法，並向出版商出售這份文稿的版權。[62]在本書開頭中的第一則故事裡，C先生自稱根據《摩西六七經》所示的做法隔窗窺視N太太。對他而言，這證明了她「與惡魔共謀」。[63]而在指控伊柏林的訴訟中，一名男子向迪特馬申的法庭投書譴責《摩西六七經》，顯然認為此案肯定與這本書脫不了關係。他在信裡寫道，任何人「讀了這本書，就等於落入了撒旦的陷阱中」。[64]

在許多情況下，伊柏林就自身醫術的來源提出了一些矛盾的說法。[65]他回想自己在多特蒙德從事煤礦鍛工期間，同居的老婦人給了他一本書，說他看了之後會變得強大。他說自己拒絕了，因為「書裡有惡魔」。他也堅稱那位老婦人拿給他的那本書不是《摩西六七經》。[66]雖然如此，他在一九三六年被判刑時，法院發現他出現在正接受他治療的一戶人家中，身上還「帶了幾本書，有些屬於宗教類，有些論述猶太神祕哲學」。據說，伊柏林曾將這些書籍的內容抄錄到紙上。[67]他是否有參考《摩西六七經》，我們不得而知，但話說回來，人們通常也不會承認這種事。

法院提及的「論述猶太神祕哲學」一語，值得我們深入探究。過往版本的《摩西六七經》經常使用希伯來的詞語、與上帝有關的人物及名字，還有猶太（或偽猶太）的符號。換句話說，這些版本融合了猶太人、猶太人的文化宗教形式與象徵、希伯來文，以及具有法力（甚至是有害的魔法）的聖人「不為人知的」希伯來名字。

猶太人擁有神奇力量的這種觀念，體現於各種德國文化手工藝品上，不論是納粹時期或之前的那幾年都是。《德國迷信辭典》（*The Dictionary of German Superstition*）——一本篇幅多達十卷、記載著各種「流行信仰」的手冊——就是一個很好的例子。該書在一九二七至一九四二年間出版，收錄了當代一些最著名的民俗學家之作品。篇幅較長的其中一篇為〈猶太人〉（Jew/Jewess）。當中提到了「猶太人向來被視為魔術師」，還會閱讀「《摩西六七經》等魔法書」。可見於一九三二年出版的一卷的〈猶太人〉篇延續了這個脈絡，記載「猶太起源的物品具有魔力」。有鑒於這種觀念淵遠流長，該篇解釋，「不難理解今日為何人們依舊認為猶太人擁有魔力。」[68]

猶太大屠殺之後，這種觀念成了禁忌。儘管如此，還是有各種跡象顯示，某些德國人依然將猶太人與神祕力量連結在一起——有時是良善的，但大部分是邪惡的。如之前所述，在黑羅爾茨巴赫的聖母顯靈地，驅魔法師將拉丁文回文咒稱為〈希伯來眾生之父〉。[69]當地的幾家商店自行出版了咒語小冊，其中一些聲稱他們所謂的「三位一體」可打造黑羅爾茨巴赫與其他朝聖地之間的神祕連結，並終結惡魔對世間的影響力。然而，在法國人與猶太人的幫助下，撒旦阻止了這件事。[70]其中當然也包含作為魔法書標題的摩西。

星球出版社於一九五〇年發行的《摩西六七經》，以溫和的方式承繼了將猶太人與魔法連結在一起的傳統。舉例來說，一些早期德文版本署名第七經由「查萊布拉比」(Rabbi

Chaleb）翻譯，但這項聲明顯然未出現在一九五〇年的版本中。[71]除此之外，這個版本也捨棄了早期版本包含的許多希伯來文與偽希伯來文的符號。[72]然而，祈禱文依然存在，「偉大的主，天主，亞列爾與耶和華」。更引人注意的是，書中僅存的猶太符號大衛之星（Star of David）醒目地印在封面上。這個與猶太人最密不可分的象徵經過多年仍留存了下來。

當然，一個六角星形不只代表大衛之星。這在德國也可見於許多背景中，例如慕尼黑科技大學裡一些年代久遠的門上；作為「啤酒之星」（德文作Bierstern）象徵釀造啤酒所用的六種原料；甚至是八〇年代西柏林常見的聖誕裝飾。[73]一些研究古代與中世紀基督教法術的學者認為，對使用者而言，咒文中的猶太方言有時是如此讓人習以為常，甚至以為原本就已存在，因此不知道這些特色其實源自猶太文化。[74]這樣的情況也見於現代的魔法書。例如在星球出版社發行的《摩西六七經》中，有一章題為「卡巴拉圈」（the Kabbalistic circle）。到了二十世紀，卡巴拉已有數世紀都是神祕難解的非猶太歐洲咒文的一部分。在那個版本中，指涉卡巴拉的敘述，比任何與猶太相關的內容更能代表神祕晦澀的智慧。

今日研究魔法的學者（歷史學家、人類學家與宗教學者）指出，儀式腳本（包含魔法書的一個類別）有時包羅了其作者視為「異類」的宗教傳統元素。這些元素為法術賦予了權威，而方法就如英國人類學家馬林諾夫斯基（Bronislaw Malinowski）在其探討初布蘭群島

（Trobriand Islands）的知名著作中所述，增強了「怪異係數」（coefficient of weirdness）*。[75]據他觀察，初布蘭群島魔法所使用的詞彙與眾不同，不只是一種語言而已。「人們相信咒語是一種原始文本，透過某種方式伴隨動植物、風浪、人類的疾病……勇氣及……脆弱而生。」那麼，法術所用的咒語怎麼會「成了通用語」呢？[76]

簡單來說，魔法咒語的力量與功效取決於它們是否歷史久遠、夠不夠經典具傳奇性，以及在使用者眼中是否具有原創性。或許正是因為如此，長久以來猶太符號才會在基督教與神祕學的歷史中被視為護身符。[77]不過，即使有了這些認識，仍然難以想像遭納粹主義惡意且公然濫用的六角星形符號，在二戰過後並未受到針對性的強烈抨擊。

※ ※ ※

在星球出版社因為發行《摩西六七經》而被告上布朗斯維克的法院時，這段不平靜的歷史並未浮上檯面。[78]一九五六年十一月下旬一連三天裡，各路專家陸續出庭作證。原告的主要證人是一位醫學教授，法醫病理學家奧托．普洛科普（Otto Prokop）。與克魯斯同為德國反迷信協會一員的他，痛斥魔法書是引誘人們走向混亂與犯罪的路線圖。法庭上，他引述一九五四年一起案件並表示，西發利亞有三個男人利用這本書列出的咒語召喚惡魔，犯下各種罪行。[79]

被告的主要證人也是一位知名教授，但所屬的領域不是醫學，而是民俗學。這位教授即是來自西利西亞的波伊克特；他在戰爭結束時逃離家鄉，自一九四六年起在哥廷根大學（University of Göttingen）任職。他主要研究的領域是魔法與巫術，對於《摩西六七經》所抱持的看法與普洛科普及克魯斯大相逕庭。普洛科普認為這本書涵蓋了各式各樣的生活應用類書（德文作Hausväterliteratur）——可追溯至十六世紀的一種書籍類型，囊括農業知識及有關家庭經濟、畜牧業、食物料理與醫療的建議。[80]在他看來，這本書本質上象徵了現代德國科學早期發展的一個歷史階段。他的論點於理有據：星球出版社發行的版本確實包含了舒緩燒傷、抑制出血、緩解咬傷中毒與增進視力的療法。

《摩西六七經》與更令人不安的「猶太魔法」演變史並未出現在法庭上，或許是人們意料中的事。然而，這其中蘊含了至少一個直接的關聯。《德國迷信辭典》中指稱猶太民族具有法力的篇章〈猶太人〉，正是由波伊克特本人撰寫而成，即星球出版社一案的辯方主要

＊編按：根據馬林諾夫斯基的看法，「怪異係數」是指當人類學家在撰寫民族誌或進行田野調查時，由於描述者各自的特異性所導致描述田野時的側重點不盡相同，以至於在呈現田野樣貌時，有可能會有扭曲事實的效果。

證人。[81]

波伊克特就猶太人與法術所提出的論述，屬於這卷長篇中相對溫和的面向，其中也提到了：「猶太人是上帝的敵人」，因為「猶太人受上帝所憎惡，而猶太民族的敵人在祂的召喚下前來消滅他們。」[82]波伊克特在深刻而博學的注腳中引述各種學術文獻，一方面將這個資訊包裝成一系列「迷信」中的「民俗學」，[83]但另一方面也使用現在式時態撰寫了大量內容。整體而言，他寫的這卷〈猶太人〉就跟《德國迷信辭典》的其他內容一樣，缺乏學術方面的「超敘事」（supranarrative）。當中的資訊彷彿不受時間影響，讓人感受不到作者的存在。這種時間的模糊性，也就是歷史與當代觀念的混雜，讓人難以分辨波伊克特什麼時候在談論過去的歷史，什麼時候談論古老的傳說，什麼時候又在指涉一九三二年他的一些同胞們所秉持的信念。[84]他所提出的歷史警告，即上帝在「中世紀」命令子民「消滅」祂所仇視的猶太人，對照後續發生的事件，顯得矛盾至極。

儘管寫出了這篇言論可疑的文章，波伊克特並不支持國家社會主義，而納粹分子也不喜歡他。他們將他貼上了政治不可靠的標籤，並禁止他在大學教書（剝奪他的授課資格），此外還焚毀他的著作《勞動階級的民俗學》（*Folklore of the Proletariat*）——一反文學界以浪漫風格描述俗世的主流趨勢，這本書寫實呈現都市勞動階級的敘事傳統。[85]簡而言之，波伊克特所寫的〈猶太人〉雖然猶如夢魘一場，但並不是一名學者應和秉持種族主義的納粹信條所創作的產物——事實上可謂恰恰相反。身為一名學者，波伊克特比許多同僚更喜好考察歷史，而且更能夠區分古代遺俗與當代德國文化。[86]

然而，作為一項學科，德語國家中的民俗學有很長一段時間以民族主義人士為研究主力。自從十九世紀起，該領域便聚焦於蒐集：蒐集故事、傳說與歌謠，以及物質文化的事物。二十世紀初，民俗學家展開了大規模人口調查，試圖瞭解特定風俗、習慣與具體信仰的分布情況。這需要進行一次幾乎無關歷史的嘗試，努力在現代的風俗與傳說中挖掘古德意志的傳統、信仰與習俗中一些不可或缺且歷久不衰的遺跡。這反而使民俗學在一九三三年之後成了納粹分子可善加利用的成熟領域，儘管許多民俗學家的研究早在納粹掌權前就已十分切合極端民族主義的身分認同政治。

這裡的重點在於，納粹的反猶太主義崛起與壯大，根基於既有的德國文化，當中包含了基督教將猶太人視為上帝的敵人、「猶太人會作法」與暗中策劃陰謀的觀念。這樣的看法流傳已久，在許多人眼中屬於一個根深蒂固、未經反思的思想框架中的一部分，是這個世界及其運作方式的基礎背景知識。這些關聯雖然在一九四五年後成了人們避之唯恐不及的禁忌，但仍以某種形式持續得比第三帝國還要長久。

克魯斯在投書政府官員的信件及本身的著作中持續反對民俗學與童話故事。儘管遭人批評這些指控誇大不實，他仍堅信那些傳說與故事向學童們灌輸了有害的觀念。《德國迷信辭典》（包含篇幅浩繁的〈猶太人〉一卷）出現在《女巫就在我們身邊？》的參考書目中。如果有任何人知道《摩西六七經》被視為一本傳播邪惡魔法的著作，而且猶太人還被控使用書裡的魔法，那麼那個人絕對會是克魯斯。然而，這位退休教師似乎從來不曾在反對此書的運動中指涉這一點。因為若要這麼做，就必然得提及德國人在近代對猶太人施加的迫害與今日的恐巫現象之間的直接關聯，而這麼做，恐怕會觸犯任何嚴重的禁忌。

在此同時，克魯斯對於那些傳說的弦外之音，以及暗藏在《摩西六七經》等看似無害的低級小說中的歷史過往的警覺，無疑是他堅持不懈的動力，因為這使他得以發動另一場戰爭來取代自己無能為力的那場戰役。對他而言，《摩西六七經》不只證明了容易受騙的大眾普遍民智未開，就像女巫信仰不只是「可笑的迷信」那麼簡單。主要的問題也不在於人們希望透過法術治癒梅毒。對此，克魯斯非常清楚，促使誹謗與中傷的信仰有許多種形式，並且可能潛藏在貌似無害的字裡行間。數十年來即使他不再高調揭示，或者不再多加著墨，也了然於心。

※ ※ ※

布朗斯維克的法院與克魯斯和普洛科普兩人站在同一戰線，駁回了星球出版社一案，就詐欺、商業經營不實及其他罪行分別裁罰出版商費迪南德・馬蘇赫（Ferdinand Masuch）與亨里希・施奈爾（Heinrich Schnell）各九千與一千馬克。那本暢銷著作其餘未賣出的書本遭到沒收。[87]西德地區有將近百家報社都報導了這項判決。[88]幾週後，格拉夫沙夫特（Grafschaft）一家報紙高調宣布，下薩克森社會政策部部長魯道夫已「向迷信與女巫狂熱宣戰」。[89]事情似乎正朝克魯斯希望的方向發展。

然而不出幾個月，下薩克森政府展開的調查中止了。這中間發生什麼事？社會政策部發現了一些恐怖的案件，其中被懷疑是巫師的當事人遭到了肉體與精神上的虐待，而且「有不少人因此自殺」。此外，這些案件的數量「非同小可」。[90]但是，展開進一步的堅決行動並不容易。當時的新聞報導指出，每次官員們面對看似「難以動搖」的女巫「迷信」案例，都會陷入「一陣冰冷的沉默」。[91]

之後，同樣的情況也發生在克魯斯的家鄉什列斯維格－霍爾斯坦。一九五七年末，當地的邦總理凱－烏維・馮哈塞爾（Kai-Uwe von Hassel）指示其內政部長「採取行動對抗所謂的『驅魔師』與『驅巫師』」。但調查人員同樣發現，這個問題在監督上有很大的困難。官員估計，「這類案件幾乎只有一%會傳到相關當局的耳裡。」「大多數的迷信者」擔心引起「巫術指控」，因此「拒絕提報」。儘管如此，政府官員計劃發布一項法令以幫助警方「對抗一派胡言的民俗療者」，並要求仲裁機構梳理地方上的恐巫紛爭紀錄。[92]

某種角度而言，克魯斯的積極作為的確發揮了影響。《摩西六七經》最終下架了。政府首長、警方與衛生官員都同意他的看法，認為恐巫現象可能會導致真實甚至致命的後果。然而，他們的調查終究只證明了迫害造成的代價。基於自我保護的意識，地方民眾尤其排斥外來者意圖刺探鄰里間的紛擾而提出的無禮問題。

※ ※ ※

最終，《摩西六七經》一案無以為繼。一九五七年九月，出版商馬蘇赫與施奈爾提出抗辯，並獲判無罪。[93]雖然檢察官有意再次起訴，但是卻少了主要證人普洛科普。就在那年稍早，普洛科普獲聘為東柏林著名的夏里特醫院（Charité Hospital）的法醫科主任，可想見往後將迎來事業巔峰，提攜不只一個世代的後輩，並就各種主題發表備受讚揚的著作與文章。[94]而當時為冷戰時期，在接下東柏林那個職位後，普洛科普突然間發現西德的演講邀約不再。雪上加霜的是，星球出版社的辯護律師在上訴聽證會中抨擊這位病理學家的立場不公正。他表示，由於普洛科普與支持共產主義的東德有所往來，因此立場可能有所偏頗。那位律師甚至影射普洛科普可能支持法西斯主義，宣稱德國反迷信協會（他與克魯斯都是其中成員）繼承了納粹時代研究機構的遺風。[95]

除此之外，起初成功讓《摩西六七經》一案進入審判程序的克魯斯，也遭到反對人士——亦即民俗學教授波伊克特——公開指責。在上訴聽證會中，波伊克特要求法官查明，「一位連拉丁文都不會的學校老師」，怎麼可能有辦法理解《摩西六七經》這類文本的歷史意義。他暗指克魯斯如此執著於這件事實在詭異，認為這位退休教師「具有偏執的靈魂」。[96]

數年後，波伊克特仍不願放過克魯斯，並透過更公然放肆且更加有惡意的方式攻擊他。在討論《摩西六七經》爭議性的一篇文章中，這位民俗學家暗示（顯然意在解釋克魯斯的偏執本性）克魯斯的母親曾被指控為女巫。[97]波伊克特及其同黨比任何人都清楚，這些影射的說法會嚴重玷汙克魯斯的名聲，因為一般認為巫術會在家族中代代相傳。波伊克特強而有力地暗示，克魯斯本身有可能是一名巫師。那篇文章一出，謠言四起。一九六〇年十一月，下薩克森文化部一位高層在一則備忘錄中透露，「克魯斯先生之所以積極反對民俗學，是因為家族圈中曾經發生令人遺憾的事件。他的母親曾被檢舉為女巫。」[98]

克魯斯始終認為政府、教會與學術圈私通串謀，阻止他的訊息觸及普羅大眾。他堅信，當權者不願傾聽他對恐巫現象的看法。雖然這些年來克魯斯持續不懈的努力與無所節制的發言無疑令許多公眾人物感到厭煩，但在充滿懷疑的時刻，他所遭遇的阻礙似乎也具有潛在的政治面向。例如他曾宣稱自己遭到貝文森會（Bevensen Circle）——一個致力提倡本土低地德語文學的團體——所「排擠」，因為他讓會長感到「不安」。[99]他控訴，下薩克森邦總理辛里希・科普夫（Hinrich Kopf）作為該團體的「金主」，授權會長驅逐「麻煩鬼」。[100]

科普夫曾在四〇年代因戰爭罪而遭波蘭政府通緝。雖然跟克魯斯一樣都是社會民主黨成員，但他曾替納粹政權效命了一段時間。在德國占領波蘭的期間，他受命徵收波蘭與猶太民眾的財產。儘管如此，戰後他在政治界飛黃騰達。最終，克魯斯收到信函，確認科普夫並非貝文森會的資助人，也無權「驅逐他看不順眼的人」。[101]

如果克魯斯與科普夫之間確實存在對立，那麼歷史文獻只記載了這起衝突及其本質。儘管如此，我們不難想像舊有的政治恩怨可以造成多大的影響；例如讓一位曾是社會民主黨員的戰犯與一位義無反顧地揭露過去與現今的不堪往事的同袍反目成仇。官方調查或許宣告了中止，政府或許也特赦了過往的種種罪行，但存在已久的懷疑與敵意依然不散。克魯斯認為，自己會遭到排擠是因為談論巫術信仰、引發了人們心中的「不安」。或許，他是對的。

第十章　新時代的序幕

一九五七年七月下旬，葛洛寧步入慕尼黑的法院，參加他公眾生活中最後一起戲劇性事件。自從一九四九年春天他在末日謠言四起的混亂中一夕成名以來，已經過了將近八年。當時，新聞媒體稱他為神醫，巴伐利亞政府高層也公開談論他那看似無所不能的醫術。對許多人而言，葛洛寧就像新的救彌賽亞、神的使者，能夠治癒其他醫生未能發現、更別說是修補的傷痕。但是，他在結識梅克爾伯格夫婦後的那些年裡，官司纏身。有好幾年的時間，他因為違反《民俗治療禁令》，屢次遭到警方與檢察官追捕及控告。因此，在五〇年代初，他幾乎消失在大眾面前，而陣容龐大的朝聖群眾也不復見。雖然他持續與一群又一群的忠誠追隨者及求醫民眾會面，而且偶爾仍會登上八卦小報的頭版，但到了一九五七年，他已成為不同於過去的一號人物——與其說是法師或神聖信使，反而更像是新時代導師（New Age guru）。一如以往，他依舊大力宣揚信仰天主以保健康與遠離罪惡。但是現在，他也談論製藥產業在醫學上的主導地位，以及環境退化對健康的影響。

這段期間，有所改變的不只是葛洛寧而已。事實上，到了五〇年代末，假使有人仍會四處探尋跡象，那麼他／她會發現，眼前可見的徵兆預示了，未來只會變得更好，不會更壞（與葛洛寧在四〇年代末崛起時正好相反）。

這時，聯邦共和國已堅決採用西方的軍事與經濟架構。德國一分為二的演變儘管令人感嘆，但就如同冷戰本身，成了一個為世人所接受與看似永恆不變的現實。末代的德國戰俘（有些被關在蘇聯十多年）回到了祖國，重新成為社會的一部分；對許多德國人而言，這有效地結束了在一九四五年之後持續已久的一場戰爭。一九五四年，西德贏得足球世界盃，舉國歡騰，民眾開心慶祝國家「再度嶄露頭角」。經濟繁榮、物質充裕，即便不是人人如此，比起過去也有更多人民的生活好轉，風格浮誇的報章雜誌也刊出許多冰箱塞滿食物及其他顯現消費力旺盛的照片。在冷戰時期的西方，這是一個文化經歷戲劇性轉變的時代：電影《飛車黨》（*The Wild One*）裡的馬龍・白蘭度（Marlon Brando）與《上帝創造女人》（*And God Created Woman*）裡的碧姬・芭杜（Brigitte Bardot）風靡全球。這也是貓王艾維斯・普里斯萊（Elvis Presley）、查克・貝瑞（Chuck Berry），還有流氓（西德社會所謂的Halbstarken）——穿皮衣與牛仔褲、熱愛搖滾演唱會的叛逆少年少女——的時代。[1] 將飽受回憶摧殘的舊世界取代為煥然一新且得意忘形的世界，成了這個國度獨有的救贖。一名歷史學家寫道，我們距離「德國人對於自身能力與優越迅速增長的自傲，只差一步」。[2]有了充裕的物質生活，人們或許覺得不像過去那樣需要宇宙的慰藉，也不再那麼懼怕上天的懲罰。難怪比起宗教，我們更傾向將後納粹時代與經濟奇蹟連結在一起。

這種遺忘的現象無疑影響了大眾對一九五七年夏天慕尼黑法院展開的葛洛寧審判的認知。儘管其中牽涉了不堪的細節，但人們想必認為那是很久以前，幾乎是另一個時代的事了。這起案件圍繞著葛洛寧在成名之初的那幾個月發展出的一段孽緣。一九四九年秋，這位治療者遇見了患有結核病的十七歲少女露絲（Ruth K.）與她的父親。隨著時間過去，這兩人對葛洛寧虔誠無比。與葛洛寧見面後，露絲在父親的應許下放棄了醫學治療。儘管身體愈來愈衰弱，在之後的幾個月變得奄奄一息，只能臥床不起，但她始終相信葛洛寧會「帶走她身上的疾病」。露絲在一九五〇年過世時，體重不到三十二公斤。

六年半後，檢察官以違反《民俗治療禁令》及過失殺人罪起訴葛洛寧。隨著審判將至，新聞媒體上幾乎看不到任何關於羅森海姆那段瘋狂時期的報導——成千上萬人聚集在特洛特農場參加靈魂醫療。八卦小報與主流報紙針對這起審判的相關報導，各自刊登了截然不同的照片。一些報紙刊出了一九四九年拍攝的照片，從中可見許多母親穿戴頭巾與夏季外套癱躺在地上，或是將生病的孩子舉在空中以接收葛洛寧的治療能量；其他一些媒體則刊出一九五七年葛洛寧膚色黝黑的模樣，其中幾張還多了他新娶的時髦法國嫩妻朱賽特（Josette）。[3]不可否認地，那幾年的報紙頭版千篇一律：標題不是「葛洛寧的神醫之路」，就是「江湖術士葛洛寧」。[4]然而，從那些強烈對比戰後的困苦生活與日益富裕的社會的圖片可知，急速蛻變的聯邦共和國希望區隔動盪不斷的早期悲苦生活與遠比過去來得繁榮的今日，渴望塵封舊時代的混亂失序。有鑒於此，那些見證這起審判的人們倘若認為赫福德與羅森海姆只不過是一場惡夢，只是別人生活中的一起不堪事件，也無可厚非。

※ ※ ※

警方在一九五一年首度得知露絲病死的來龍去脈，而消息來源不是別人，正是奧托・梅克爾伯格。[5]協助安排葛洛寧在一九四九到一九五〇年間的北海之旅後，梅克爾伯格幾度與法律擦身而過。他面臨逃稅、詐欺與其他罪行的調查。警方也挖掘他從事黑市交易的過往。一九五一年，葛洛寧與梅克爾伯格都因為違反《民俗治療禁令》而上了法庭。梅克爾伯格小心謹慎地保存自己與幾位試圖幫助、大力擁護或積極贊助葛洛寧的知名公眾人物之間的通信紀錄。他也保留了病患們寄給葛洛寧多達上萬封未得到回覆的信件，並按照疾病一一分類。

眾多文件也包含了露絲的父親寄來的幾封信。梅克爾伯格之所以將這些文件交給警方，不太可能毫無私心，而更可能與新聞雜誌《明鏡》所稱的「昔日夥伴徹底決裂」有關。[6]

露絲父親撰寫的這些信件訴說了一個可怕的故事，描述一位少女在數個月內經歷緩慢而不可逆的生理衰弱及隨之而來的痛苦。那段期間，露絲與父親持續追隨葛洛寧，堅信他能治癒任何疾病，就連結核病也難不倒他。這對相依為命的父女做出了旁人難以理解的決定：不管發生什麼事都要追隨葛洛寧。下定決心後，就得堅持到最後。露絲與父親漸漸認為，如果斷絕與葛洛寧的連結，就等於打破了**信仰**的魔咒——不只是對他的堅定信念，還有根本的救贖甚至是生命本身。在此同時，那些信件也顯示露絲父親一天比一天更深刻意識到，自己在愛女生命垂危之際或許鑄下了大錯，那就是不顧全家人的反對，允許女兒放棄醫學治療。

話說回來，考量露絲接受治療所需付出的代價，以及罹患結核病在當時所代表的意義，誰又能怪露絲的父親和其他家人呢？露絲生於一九三二年。從一九四四到一九四七年，她都待在陶努斯山（Taunus Mountains）的一所療養院，地點鄰近法蘭克福。她出院後，轉由塞京根（Säckingen）小鎮的一位資深醫師海倫·沃克（Helene Volk）照顧，那兒鄰近瑞士邊界，距離露絲一家人住的地方不遠。[7]在那個年代，抗生素尚未廣泛用於治療結核病，於是沃克採用了一種名為塌陷療法（collapse therapy）的治療形式：[8]其做法是在局部麻醉的情況下，拿一根長針插進病患兩側肋骨之間的胸部，讓部分的肺部塌陷下去。這個方式旨在讓肺部休息與復原，以及讓結核菌缺氧。有段時間，露絲每隔八天就得接受一次治療，之後頻率變成二到三週，如此一共持續了一年半。[9]一九四八年冬天，她開始咳血。沃克醫師將這位年輕的病患轉送至黑森林的韋拉瓦爾德療養院（Sanatorium Wehrawald）住院治療，這間診所被譽為全德國最先進的醫療機構。[10]其提供的療程使用鏈黴素（streptomycin），也就是第一種被發現可有效治療結核病的藥物。沃克事後表示，那或許能對露絲的病情產生正面影響。[11]

但是，露絲不想去那間診所：後來她的母親在作證時指出，女兒「非常害怕」動手術。雖然露絲待過陶努斯山的療養院，但她看到許多跟自己一樣的女孩動完手術後就死了。[12]一九四九年秋天，她希望能見葛洛寧一面。這位神醫當時人在巴德威斯榭，距離塞京根約四百五十公里遠。他的名聲（以及人稱神一般的醫術）正值巔峰。露絲的父親同意帶她去給葛洛寧看病。之後，芮妮．梅克爾伯格在法庭上證實曾在巴德威斯榭見過露絲，說她與葛洛寧「談了一整天」。露絲向芮妮表示，見過葛洛寧之後，她「感覺好多了」。芮妮則告訴她，這代表葛洛寧治好了她。[13]

幾個月後，奧托寫信向露絲的父親分享一些「好消息」（信頭還有剛印上不久的「葛洛寧療法研究與推廣協會」字樣）。露絲已被即將開幕的葛洛寧診所收治，將可免費獲得治療。[14]他寫這封信時是一九五〇年二月初，當時他信心滿滿認為葛洛寧診所很快就能開成。同時，葛洛寧才剛結束在奧登堡的幾次公開行程，一行人即將南返米滕瓦爾德。

不久後，沃克醫師試圖追蹤這位病患的情況，請露絲的父親帶她過來進行檢查。事後沃克表示，他似乎「沉迷於不可動搖的信念，相信葛洛寧可以治好女兒」。露絲的父親在信中寫道，「請不要認為我忘恩負義」，但他不會帶露絲去接受檢查。他「不希望妨礙葛洛寧的療法或讓它們變得不切實際」。然而，他並非毫無疑惑：他告訴沃克，放棄醫療照護的決定一直都是「困難的」，必須承擔「不可預知」的後果。但是，他與露絲決定堅持到底。之後，一九五四年底與調查這起案件的警方聯絡時，沃克解釋她並不希望「動搖這位父親的信念」。在她看來，這家人拒絕讓露絲進入韋拉瓦爾德療養院接受治療的當下，「這個女孩的命運就已經注定了。」[15]

露絲的病情在接下來的幾個月逐漸惡化。她與父母待在塞京根的家，天天發燒，咳得厲害、全身盜汗，而且食不下嚥。露絲的父親開始經常寫信給奧托，傾訴他對女兒病情日益加深的擔憂。他表示，儘管情況很糟，但女兒「不考慮」接受葛洛寧以外的醫生的治療。「露絲唯一的心願是盡快見到葛洛寧先生。」他很清楚，這「可能是露絲最後一個願望」了。他在信中懇求道，「親愛的梅克爾伯格先生，」

我由衷懇求您盡快將露絲的心願告知葛洛寧先生，求你們坐車前來，車資我們會負擔……不要浪費一分一秒……請您體諒我們的痛苦與肩上的重擔。

露絲的父親語中盡是哀求，但也帶有輕微的控訴之意。畢竟，信中「我們」的責任是如此廣大，涵蓋的不只是他本身，還有梅克爾伯格與葛洛寧。最後，他指出女兒目前咳得「非常嚴重」，有時他都擔心她會「把晚餐都吐出來」。16

隔了一個月，也就是四月，露絲在報上看到「葛洛寧先生到了康斯坦斯（Constance，距離他們家不遠）」的新聞，暫時恢復了生氣。她「臉上露出笑容，也會跟我們說笑了」，對這個消息感到振奮。露絲的父親繼續懇求梅克爾伯格安排葛洛寧來訪，堅稱這位治療者曾向他承諾會來看女兒。「請轉告葛洛寧先生，露絲依然相信最後一次療程時，他斬釘截鐵承諾『重逢』的約定。請告訴他，露絲還是不願意接受其他醫生的治療。每次問她，她總說『我的醫生是葛洛寧先生。』」他如此寫道。但是，必須盡快讓露絲跟葛洛寧見面，因為她撐不久了。「親朋好友都要我們找醫生來，但……我們拒絕這麼做。」他承認，在靈魂深處，自己感覺到一股愈來愈強烈的「巨大責任感」。他絕望地說，「請想想我們必須面對的事情。」然而，他敢肯定，只要梅克爾伯格「能夠明白露絲的信念堅如磐石，」必然會「感到驚奇，而且會盡一切力量來實現她的最後一個願望」。[17]

約莫五月中，奧托帶葛洛寧來到塞京根；他的妻子芮妮也同行。這次拜訪讓露絲的父親欣喜若狂。「您的到來與幫助讓我們非常感動，」事後他寫信向葛洛寧表示，「您離開後，我們不斷叩謝上天……親愛的葛洛寧先生，我緊握您的手。我實在太開心了，於是寫信向巴伐利邦總理陳情，『德國的人民啊，請接納這個偉大的恩人，准許他獲得行醫執照。』我不知道這麼做對不對，但我必須敞開心胸。」[18]幾天後，他也寄信給梅克爾伯格。他表示，露絲的狀況有了起色。儘管有許多證據表明事實正好相反，但他相信，露絲將能完全康復，甚至出外找工作。[19]

歷史紀錄中幾乎不見露絲本人的陳述，但她在一本病情日記中寫了幾頁，描述身體的細微狀況。[20]這些日記文章是寫給葛洛寧看的。「一九五〇年五月三十日星期二。今天早上的寒流冷颼颼……肺部感覺沒有很嚴重，倒是腎臟比較痛……血液循環非常順暢。爬樓梯時心跳很快。」隔天她寫道：「一九五〇年五月三十一日星期三。腦袋好重好悶！今天肺部沒有什麼感覺。跟昨天一樣，身體的中間部分不太對勁。血液循環非常順暢……大約中午的時候，我的體溫三十八度，後來又降回三十七度。」到了星期四，她表示自己「沒有任何特別的感覺。午餐時有感覺到屋外的寒意。血液循環很順，脈搏很快。」過了幾天，露絲開心寫下健康狀況似乎有所改善的跡象，「終於……已經八個星期都沒有的月經回來了」，並在文末一貫題上「溫暖的問候，露絲」。星期六，也就是六月三日，「寒流一過」她便「全身發燙」，這種情況「非常少見」，燒到雙眼疼得厲害。[21] 接著，她的支氣管與氣管有灼熱感。不久後，她父親寫信向奧托表示，露絲的病情「有所好轉」，因為他覺得她的氣色看起來比之前好。[22]

六月到十月之間，露絲的父親與奧托的通信中斷了。那時，葛洛寧與梅克爾伯格夫婦已分道揚鑣，而露絲的病況急轉直下。她的父親在信中寫道，「噢，親愛的葛洛寧先生，」

> 請饒恕我，我只是用一位父親的身分寫下幾行字跟您報告露絲的病情。看到孩子受苦，我心痛萬分，她是那麼堅強地忍受這一切，將自己奉獻給上帝，對您的力量深信不疑。現在，我可憐的女兒瘦到只剩三十四公斤；她不能去看電影，也不能去任何其他地方。請拯救這個孩子，讓她不要每天從晚上十點就一路乾咳到凌晨兩、三點。她的尿液顏色看起來也很糟。我擔心狀況不妙。請憐憫這個美麗、純潔與善良的靈魂。如果您有時間，還請抽空回覆。她渴望得到您的鼓勵。[23]

一週後，露絲父親遲遲未收到葛洛寧回信，發瘋似地嘗試透過葛洛寧的慕尼黑友人（即民俗療者恩德林）聯絡他。「我女兒的病情非常糟糕，」他在信中寫道，葛洛寧先生非常清楚她發生了什麼事。我不需要告訴他這個可憐的孩子正在遭受什麼樣的苦痛。」他接著表示，「我的女兒篤信天父……她對葛洛寧的信任至死不渝，也不讓其他醫生靠近。葛洛寧先生不能拋棄這個可憐的孩子。」信末寫道，「恩德林先生，我懇求您，如果您無法轉交這封信，可否好心捎給我一些回音？」[24]之後恩德林在法庭上表示，露絲的父親「每兩天」就寄來一封信。[25]

到了十一月一日，露絲腹瀉不止，無法進食，也不能起身走動。「儘管如此，她沒有失去勇氣。」她的父親向葛洛寧透露，「就在今天，她不斷念著您說過的話……『露絲小姐，妳可以完全信賴葛洛寧，我將會幫助妳。』」露絲還說：

「你覺得他會丟下我不管嗎？不，不，我完全相信他說的話。五月時他告訴我：我來到這裡，是要讓你明白之後將發生的事，因為到了第二個階段，你將會面臨更大的痛苦。」她把希望都寄託在您身上，對神聖的天父深信不疑。

露絲的父親寫道，「我和她每天晚上坐在一起拿著錫箔球禱告時，都這樣彼此喊話。」他說，露絲只是需要一點徵兆，「一個可以增強信念的東西」。或者，是他自己需要？他在信中表示，自己不斷問露絲，「妳的醫生是誰？他說了什麼？」他們一家並未對外人透露實情（露絲沒有給醫生看病），以避免招來辱罵。他由衷懇請葛洛寧回信。「孩子這般受苦，讓我們的信念不斷動搖，害怕最糟糕的事會發生……求您回信幫助我們。」[26]

十二月初，露絲全身動彈不得。她的父親寫信向恩德林表示，「葛洛寧先生不能前來，但也沒有任何回音。」

> 我知道葛洛寧先生的狀況，知道他個性反覆無常，也知道他一直都有很多事要忙。正因如此，我一次又一次懇求您，不要遺忘我那可憐的女兒。如果可以的話，在葛洛寧先生取得行醫執照後，請您盡快通知我。我們從報上得知，葛洛寧先生因為這件事受盡刁難。除此之外，那些有心人士也處處找他麻煩。[27]

露絲的肺部劇烈疼痛。「我每天都祈禱上帝能賜予葛洛寧先生力量來治癒我的孩子，」他寫道，「葛洛寧先生不會拋下我的孩子不管……大約一年前，我的女兒原本應該要去黑森林的一間療養院治療……那裡有瑞士最頂尖的醫生……但是，女兒苦苦哀求我們帶她去找葛洛寧先生。」

露絲的父親表示，他們不得不這麼做，而葛洛寧也對他們許下承諾。他一再提及，他們「早已承擔」不把露絲送到診所治療的「重大責任」。他向恩德林解釋，「你可以想像這對我而言是多麼沉重的負擔。」

如果女兒得不到幫助，我們會悲痛欲絕……如果這個孩子因為得不到葛洛寧先生的鼓勵而感到絕望，那會是糟糕透頂又無法想像的事情。親愛的恩德林先生，請您盡一切可能拯救我的愛女脫離悲慘的命運。請代我們向葛洛寧先生致上最誠摯的問候。請他告訴我，露絲是否很快就會熬過目前這個階段，還是需要再撐一段時間。[28]

不到兩週，露絲在一九五〇年十二月三十日過世。她的父親寄出了最後一封信。

敬愛的葛洛寧先生，結局十分可怕駭人，我沒有必要多說什麼。我怪你，但也不怪你。但我要提醒你，在巴德威斯榭，你曾經當著我的面告訴我的孩子她會痊癒，我也要提醒你，你在五月十四日曾經保證她的肺會好起來。那孩子抱持堅定不屈的信念，直到死前最後一刻都在向你呼救。你必須向上帝懺悔。哀莫大於心死、懊悔萬分的露絲父親敬上。[29]

葛洛寧不是世俗的造物主，也無法透過神祕的能量與堅持不懈的信仰治癒結核病。如露絲父親所沉痛體會的，葛洛寧不過也就只是個凡人，一個性情多變、喜怒無常的人。露絲的堅定信念（在她父親眼中如此不可思議）是那樣虔誠，既展現了純淨的靈魂，也展現了堅不可摧的信仰，而那成為了她父親肩上的重擔，既無法擺脫，又難以承受。露絲病死僅僅幾週後，他也離世了。醫生診斷的死因是肝病，不過有些媒體（基於他寫的那些信件而聳動且貌似可信地）宣稱，他是心碎而死。[30]

※　※　※

雖然露絲父親所寫的信件令人憂心，但在一九五一年六月——當時梅克爾柏格與葛洛寧因違反《民俗治療禁令》而受審——從奧托那裡取得這些信件的官員們，除了從葛洛寧當時的夥伴恩德林獲得的初步供述之外，並未找到進一步調查的充分理由。[31]那時，比起露絲的死因，當局更關心葛洛寧正在進行的活動——與求醫民眾舉行所謂的「信仰座談」——是否違反了民俗治療規範。事實上，在五〇年代早期，許多官員對此意見分歧。一九五一年，有一名試圖控告葛洛寧犯下詐欺罪的男子從慕尼黑一位資深檢察官得到的回應是，葛洛寧「不可否認地對病患有正面的影響，」在「不勝枚舉的案例中」都「令人意外地治癒了患者」。[32]

一九五二年，葛洛寧第二次獲判未違反《民俗治療禁令》，原因是證據不足。法庭發現這項法令定義模糊不明，有鑒於「葛洛寧採用的特殊療法與眾不同」，因此難以據此界定何謂「治療」。[33] 葛洛寧的療法向來不太符合旨在規範只有醫生才能診斷與治療疾病的《民俗治療禁令》，那不只需要某種技巧或飲食運動的哲學，也牽涉了法律範圍以外的某種元素。

一九五二年末，邦衛生主管機關派來視察葛洛寧信仰講座的醫生們對他表示，這些座談遊走在法律邊緣，因為民眾「來此明顯不是為了上課」，而是尋求治療。然而，那些醫生也認為葛洛寧「似乎真心希望能透過合法途徑從事這些活動」，也對他甚至有在考慮中請醫術執照而感到欣慰。[34] 相較之下，警方往往抱持高度懷疑眼光。例如，他們想知道為什麼葛洛寧不斷詢問參加座談的觀眾有何感覺。巴伐利亞警方在報告中指出，「光從這一點就可看出，他正在對民眾發揮影響力，或者試圖這麼做。」[35] 在北部的哈梅恩（Hamelin），也就是著名傳說〈哈梅恩的吹笛人〉的故事背景（有鑒於新聞媒體經常拿葛洛寧對大眾的影響力與這個傳說中知名的捕鼠人做比較，這個地點實在諷刺），一位衛生官員向當局告發葛洛寧有治療病患的事實——其中一人是一位退休的市政府高層官員的妻子。[36]一般大眾對這件事的看法，跟司法機構、警方與衛生當局一樣分歧。「為了科學利益起見，」一九五三年末葛洛寧在慕尼黑一間旅館舉行座談會時，人也在場的麥可森（Michelson）表示，「必須揭發他是騙子的真面目……拆穿他的詭計和花招」。那些參加座談會的民眾向麥可森抗議：葛洛寧不是騙子。相反地，「他的內心具有某種神聖的元素，就像耶穌一般。」[37]

信仰座談是葛洛寧對那場即使矛盾，但仍正在進行的訴訟的回應。經過一九五一及一九五二年的審判，他選擇低調行事，定期只與三十到五十人舉行會談。[38]從事女僕工作的瑪格達莉娜（Magdalena）參加過一場。她向調查人員表示，「我只記得他說過他想醫治病人，但病人必須相信他才行。他也提到，我們必須相信天主與……祈禱。」[39]演講的形式屬於整體策略的一部分，為的是避免牴觸法規，同時又能（如葛洛寧經常說的）「觸及病患」。他的律師羅伊斯（Reuss）在一九五二年的審判之後直截了當地告訴他，「現在他們千方百計想抓你」（指的是巴伐利亞的檢察官們），「如同我反覆重申的那樣，你只能進行演講，不能有『治療行為』，另外也不要再說到『治療』這個詞彙了。如果他們以違反《民俗治療禁令》為由逮捕你，你可能會被判處嚴重刑罰，這樣我就幫不上忙了。所以，只能演講！不能治療！」[40]

羅伊斯在信末感謝這位客戶送來咖啡機作為禮物。

一家八卦小報簡要地形容葛洛寧在一九五三年的處境是「以合法掩蓋非法」。[41] 雖然他繼續挑戰法律極限，但同時也嘗試新的做法。他交了一些新朋友，受到有別於過去的影響。一群貴族——包括馮．齊柏林（von Zeppelin）家族的成員——創立了布魯諾．葛洛寧實驗室公司（Bruno Gröning Laboratory, Inc.），開發「生物療法」，並尋求德意志聯邦共和國總統豪斯的資助。[42] 葛洛寧的追隨者出版了宣傳手冊，透過他本人從未採用的方式解釋他的治療概念與技術。最早期關於他的著作（在他呼風喚雨的赫福德時期寫成）著重於他體現的《聖經》情節。但是，一九五三年出版的《布魯諾．葛洛寧的治療能量》（*Bruno Gröning's Healing Current*）宣揚他的醫術既神聖不可侵犯，**而且**在「科學與哲學」上也都是事實。[43]

這些實務與論述方面的改變，有部分或許可歸因於史密特。這位葛洛寧前經紀人與評論家在五〇年代中期以葛洛寧的「媒體顧問」一職重出江湖，發動了一場媒體閃電戰來宣傳這位神醫的新活動。多家報紙都報導了這些將葛洛寧「透過靈魂的力量治療疾病」的方法傳播給「芸芸眾生」的計畫。一個名為葛洛寧組織（Gröning League）的組織應運而生，旨在推動診所、醫院與研究中心的成立，「藉由系統性方法研究葛洛寧的治癒力量」。[44] 葛洛寧甚至開始自稱私家學者（德文作 Privatgelehrter）——我們或許可以譯為「獨立學者」、「大師」或

「博學者」。[45]他形容求醫的民眾是「聽眾」，並發放用錫箔捏製的小球給他們，就像「教會發給信徒聖像與護身符等」，好讓他們「時時刻刻都記得我的訓誡」。[46]

信仰講座、靈魂自救、批評現代醫學受製藥業牽制的立場、「以合法掩蓋非法」的行為……這些或許勾勒出了更符合「公眾認知」的葛洛寧的輪廓。在某個時刻，這位治療者似乎逐漸成為一種建制：與其說是媒體塑造出來的彌賽亞，可能更像現今所謂替代醫學（alternative medicine）的聖人。但基於文獻資料並未指明的某種原因，在一九五四年夏天，當局從原本積極調查葛洛寧是否違反《民俗治療禁令》，轉而關注他涉及露絲的案件與過失殺人罪的情事。[47]一九五五年初，斯圖加特的刑警審問葛洛寧連續兩天，「如果有罹患重度肺結核的病患來找你看病，還有好起來的可能性嗎？」他以一貫的格言風格與句法零碎的說話方式回答：「我會給這個人一些建議，如果他之前都沒有注意身體的話，我會叮嚀他仔細留意身體狀況與好好保養，隨時注意身體的變化，不要去想身上的病痛。」葛洛寧也引述帕拉塞爾蘇斯（Paracelsus）——文藝復興時期的一位醫生，也是各類型自然治療者心目中的典範——的話：「每一種疾病都是治得好的，但不是每一個人都能夠痊癒。」葛洛寧接著說，「我不反對死亡。我就是這樣引導那位父親的。」他的意思似乎是，他在某種意義上幫助了露絲的父親做好迎接女兒死去的準備。[48]

隔年警方再次訊問葛洛寧時，他有備而來。他引述暢銷作家諾曼・文森・皮爾（Norman Vincent Peale）寫的《正向思考的力量》（*The Power of Positive Thinking*），這本書他實際看過，並從中找到了可佐證本身主張信念與健康密不可分的看法。他向警方引述由爾文・甘博（Erwin Gamber）博士撰寫，題為《路西法的魔爪》（*Lucifer's Grip on the Living*）一書的內容，指出全然秉持理性主義思維，是各種罪惡的源頭：原子武器、基因實驗、化學食品添加物、醫學上普遍過度仰賴製藥產業等等，還有「地球上大部分地區」即將「變得不適合居住」的事實。葛洛寧向警方表示，他希望讓人們意識到，「他們忽視了虔誠的力量」。他們需要「重新學習」，才能運用靈魂的力量「恢復與維持神聖的秩序」。他也讚揚民俗醫學早在盤尼西林問世前就已經使用發霉的麵包來幫助傷口癒合。[49]

在所有這些評論中，他遺漏了魔法元素及善與惡之間的對抗——這一向（實際上也依然）是他理念論述的一部分。一名曾經參加信仰座談的女子向警方透露，善與惡一直是葛洛寧討論的主題。她還記得座談會中有個男人拄著兩根拐杖走路，而葛洛寧對他的拐杖誦咒作法。[50] 許多向葛洛寧求醫的民眾（患有各種疾病，如偏頭痛、腦瘤或斷裂的肋骨始終痊癒不了）表示，葛洛寧透過演講或帶他們回到了神的懷抱，治癒了他們身上的病痛。[51] 實際上，不論葛洛寧如何施行療法，對許多追隨者而言，他本身就是解藥。他所說的話一向不比他本人現身來得有療效。確實也有許多求醫民眾指出，他的訓悔治癒了他們，但也有病患透露了一些不可思議的經驗：他們見過葛洛寧或與他喝杯咖啡之後，病情就好轉了。不論葛洛寧自稱，或是追隨者視他為新時代的民俗療者或謙遜的傳教士，他每次公開露面仍舊吸引大批群眾圍堵，渴望碰觸他的身體或從他手中拿到錫箔球。

※ ※ ※

冷戰時代見證了心靈學研究的復興，包含透視、超感官知覺、靈視與控制他人動作能力等現象。到了五〇年代後半，如同歐洲其他地區與美國，該領域在西德迅速體制化。早在第三帝國時期便已成名的弗萊堡心理學教授漢斯・班德（Hans Bender），成為西歐學界的領導人物之一。[52]班德的一位同事英格・史特勞赫（Inge Strauch）博士對靈魂治療的研究特別感興趣，在班德主持的心靈學研究中心，也就是心理學與精神健康前沿領域研究院（Institut für Grenzgebiete der Psychologie und Psychohygiene），對曾經追隨葛洛寧的民眾與愛國人士特蘭普勒（他在那之後憑自身本事成了家喻戶曉的治療者）進行實驗。

史特勞赫認為特蘭普勒之所以能成為治療者，是因為他投身「充滿強烈情感的領域」，在這當中，病患的信念聚焦於「互利過程」中「治療者的『超凡』力量」。[53]來自漢堡的醫生亞瑟・祖利斯（Arthur Jores）針對神醫提出了類似的結論。在一九五五年刊登於德國內科學會（German Society for Internal Medicine）週報的一篇文章中，祖利斯形容醫生與病患之間的無形互動猶如一段「神奇的……關係」，有助於「產生療效」。他指出，正是因為那樣的療效，「這個時代的偉大醫生」（例如葛洛寧與特蘭普勒）儘管「沒有受過解剖學或生理學訓練」，仍能「巡遊全國各地……吸引大批來自社會各階層的追隨者」。那些求醫的民眾「相信」，這些醫術士擁有「本科出身的醫師所缺乏的『能力』。」[54]

這種說法聽來新潮，但其實不然。祖利斯與史特勞赫的觀點基本上只是換個方法詮釋爾文・利克（Erwin Liek）的主張罷了——這位德國醫生是二〇與三〇年代的整體論擁護者。[55]利克反對純粹從機械論角度看待人體，認為這種立場將有機整體與外在環境的複雜關係簡化成了生物機制。在祖利斯與史特勞赫提出看法的數十年前，他就已在著作中論述醫生與神職人員及其治癒力之間的古老關聯，也提到一些醫者光靠人格的力量就能促成驚人的療效。[56]自利克所屬的時代**以來**所發生的變遷，與他明顯以宗教為本的自然、生命與健康觀脫不了關係。五〇年代的心靈學學者在評論葛洛寧與特蘭普勒這類的治療者時，使用的是心理學與科學的語言，而非從靈魂角度出發。

就此而言，葛洛寧的工作到了五〇年代晚期益趨世俗化，因而在多數人民拋棄宗教信仰的國家裡，變得更加主流。除此之外，他也不再像一九四九年剛崛起時的那樣引人好奇了。國內外也有許多遠近馳名的靈魂治療者：西德有特蘭普勒與杜蘭蒂；法國有伊夫・阿爾伯（Yves Albre）與路西恩・希維（Lucien Rivet）；英國有哈利・愛德華茲（Harry Edwards）；荷蘭則有格利特・霍夫曼斯（Greet Hofmans）。[57]媒體描述露絲的死是「這個時代最弔詭的案例之一」時，不只揭露了赫福德與羅森海姆的民眾瘋狂朝聖葛洛寧的過往恍如隔世，也顯示露絲及其父親對葛洛寧的虔誠奉獻讓人難以理解，甚至危險。如此強烈的信仰，似乎與一個處於過渡時期的社會不太協調，因為這樣的環境更傾向於確證信念正當與否、檢驗奇蹟是否屬實，以及審視聖人可不可信。

※ ※ ※

一九五七年，葛洛寧的名氣不再像一九四九年那樣引起民眾狂熱追隨與造成社會轟動了，但那年七月開庭前，仍有大批群眾聚集在慕尼黑法院數小時之久。隨著葛洛寧現身並一邊帶著微笑、一邊發送錫箔球給「圍觀的人們」，民眾激動湧上前去，爭相觸摸他與「從他手中搶走小球」。[58]早期猛烈批評葛洛寧的新聞雜誌《評論》表示，這位治療者受歡迎的程度不減當年：他每天依然收到約三百封信件。[59]八卦小報《畫報》（*Bild*）描述一位退伍軍人與一位盲人在休庭期間大聲吵著要葛洛寧治療病痛，還有「一些婦女興奮地拜跪在地，期盼能親吻他的手」。《畫報》的報導指出，這位治療者「宛如獅子鬃毛的女性」髮型特別引人注意。[60] 一名記者觀察到，葛洛寧看起來像一個「球莖甘藍使徒（kohlrabi apostle）」*，

* 譯注：當代的人們即以此戲稱茹素的迪芬巴赫。

慕尼黑檔案館

這個詞彙曾用於形容德國老一代的宗教術士。其中一些人，例如四海為家的傳教士古薩夫．納格爾（gusaf nagel，他偏好名字首字小寫），以及身為畫家、主張和平、嚴守素食主義與崇尚自由戀愛的卡爾．威廉．迪芬巴赫（Karl Wilhelm Diefenbach），都留有一頭跟《聖經》裡的先知們相似的長髮。[61]

在德國，刑事訴訟案件大多由多名法官裁決；有些是專業人士，有些則是政府任命的平民參審法官。專業法官會輪流傳喚證人。那天法庭傳喚的第一位證人正是葛洛寧本人，他對幾項指控提出了辯詞。先是娓娓道來自己的生平，包括家人及戰爭前後的求學與工作經歷，然後大致回答了行醫與療法的相關問題，澄清自己是在試圖**治療**疾病，或者純粹希望灌輸大眾一些與健康有關的精神或哲學原則。

在法庭的嚴格審視下，如今被尊奉為大師的葛洛寧，似乎巴不得讓自己的民俗療者身分重新回到一九四九年的狀態。他強調，他**本身**沒有什麼特別有益於健康的地方。他沒有碰觸病患的身體，也沒有向任何人保證可以治好疾病。他確實有拿錫箔球給民眾，但那就只是紀念品而已。有時他這麼做，是因為觀眾期待拿到錫箔球，「否則就會傷心難過」。他向法官表示，當人們尋求治療時，「不是我能治好他們，而是『這』可以達到療效」——意指治療能量（德文作Heilstrom）。然而，葛洛寧倒是有糾正求醫民眾的身體姿勢（讓能量傳導更順暢），並詢問那些拿到錫箔球的人有何感覺。「我告訴聽眾，人類有自癒的能力」，但每個「人都必須將注意力放在**自己**的身體，而不是我身上」。他表示，自己有時的確會談論疾病，因為他希望人們去思考「身體為什麼會生病」。他承認知道自己在人們眼中是「超自然力量的傳播者」。[62]

葛洛寧回憶起與露絲及其父親見面的情況。「露絲的父親告訴我，很多醫生都放棄了他的女兒，他也不敢再把女兒交給他們，深怕她被當成實驗的對象。」露絲自己也說，「她不想再回去看醫生」。葛洛寧宣稱不知道露絲的身體出了什麼毛病。他提到，露絲聽聞他在巴德威斯榭向群眾演講後，「說自己好多了，覺得自己痊癒了」。他表示，得知隔天露絲應該要啟程前往「療養院或醫院」接受治療時，他問自己，「那你在這裡做什麼？」[63]然而，他不希望動搖露絲認為自己有可能康復的信念，於是鼓勵她接受醫學治療，並叮嚀她的父親要讓女兒做X光檢查。[64]他聲稱從未看過露絲父親寫的信件，但想起奧托曾經告訴他，這對父女為了懇求他的訪視，「寫信寫到手指長繭」。葛洛寧指出，等到終於安排探視，而他與奧托去到這家人位在塞京根的住處時，奧托對那位先生說，「現在葛洛寧人來到這裡，是為了帶走你女兒露絲的病痛！」[65]

其他證人也提出供詞。曾與葛洛寧共事的慕尼黑治療者恩德林表示，他每兩天就會收到露絲父親寄來的信件，絕望地請求葛洛寧到塞京根治療露絲。在法庭上的戲劇性時刻，檢察官要求他大聲念出露絲父親寫的幾封信。恩德林表示「曾轉交一些信件給被告本人」，推翻了葛洛寧聲稱從未收到任何信件的供詞。[66]

即使是對葛洛寧最友善的證人，也突顯了葛洛寧的聖人地位與神醫身分不相上下。一名經過葛洛寧治療後有所好轉的女性氣喘病患解釋，在她看來，葛洛寧在信仰講座中發放的錫箔球是解藥——意指充滿了神奇的力量。她說，人們找葛洛寧治病，「是因為知道他身上有源源不絕的治癒力」。其他證人則表示，葛洛寧告訴他們，「痊癒的過程關乎信念」，患者必須相信自己能夠恢復健康。然而，也有一些病患指出，與葛洛寧交談過後，感覺「手腳發癢」。[67]

隔天，六十五歲的露絲母親戴了一副藍色的太陽眼鏡站在證人席上，描述家中的嚴重歧異，一邊是篤信葛洛寧的丈夫與女兒，一邊是為了露絲不願接受醫學治療一事而公開指責她丈夫的其他家人。她反駁了奧托曾對她女兒說葛洛寧將帶走病痛的供詞，聲稱那句話出自葛洛寧本人。她還向法官表示丈夫曾說葛洛寧不准露絲做X光檢查，但也坦承從未實際聽過葛洛寧要求露絲不得找其他醫生看病。[68]

第十七號證人是奧托。庭審紀錄載明他是一位商人，而實際上，他與葛洛寧決裂之後，依然繼續神醫經紀人的事業。一九五四年，《明鏡》報導梅克爾伯格正負責掌管杜蘭蒂的事業，而杜蘭蒂則在五〇年代初一炮而紅，是繼葛洛寧之後德國第一位享譽國內外的神醫。《明鏡》在報導中指出，一九五二年，梅克爾伯格自稱曾在波昂與阿根廷大使及其他官員商討，安排杜蘭蒂前去探訪垂死的第一夫人伊娃・裴隆（Eva Peron）。[69] 如今，在慕尼黑的法庭上，梅克爾伯格無話可說，尤其是考量他過去在這個病例中扮演的重要角色。他聲稱，露絲的父親告訴他葛洛寧「承諾會治好露絲」，還說「被告曾向我確保會治好她」。他表示，自己曾多次與葛洛寧討論這個病例與病患父親寄來的信件。芮妮也作證指出自己與葛洛寧討論過露絲的病情。在巴德威斯榭第一次與葛洛寧見面之後，露絲還向芮妮表示過，葛洛寧曾說：「你很健康，去做X光檢查吧！」芮妮似乎意指，葛洛寧要露絲這麼做是為了確認她已經痊癒。[70]

傳喚了所有證人之後，邦檢察官赫穆特・費（Helmut Fey）以過失致死與違反《民俗治療禁令》的罪名對葛洛寧求處一年徒刑。費也請求法官沒收葛洛寧以錫箔做成的薄紙與小球。[71]

法庭沒收了那些錫箔小物。[72] 葛洛寧被判違反《民俗治療禁令》，遭處三個月刑期，得易科兩千馬克罰金。但是，關於更嚴重的過失致死罪，他獲判清白。法官在判決書中指出，一九四九年葛洛寧與露絲見面時，巴伐利亞當局尚未禁止他行醫。法庭也同情露絲父親的困境：他的女兒遭到醫生們「放棄」，而他自己也不希望讓女兒成為「實驗對象」。法官表示，沒有人駁斥這項陳述，「畢竟他肯定有請求被告介入的理由」。[73]

往事隨著這句話悄然映入眼簾，猶如一個無人願意正視的鬼魂。沒有人具體提及，結核病在露絲的情況中可能扮演什麼樣的角色。任何情況下，這都是一種可怕的疾病，實際上也是如此。即使這在民俗醫學的道德框架中不是罪惡的象徵，卻仍在第三帝國時期蒙上了可怕的汙名。一九三三年的《德國人民遺傳健康保護法》規定，傳染病患者（例如結核病）不得通婚。結核病患者的糧食配額與照護受到嚴格管控（如果病患本身是猶太人，則兩種福利都享受不到）。政府甚至規劃強迫將結核病患者安置在庇護所，之後發現這個做法行不通才作罷。[74]有鑒於此，人們即使發現自己有類似病徵，也不願去做檢查。[75]今日的我們只能想像，這些不堪過往在人們心中盤繞了多久，造成了多麼深刻的傷害。

小時候，露絲目睹年紀相仿的女孩們在接受治療過後離開人世，而她自己也經歷過數個月的痛苦療程。法官總結道，不論露絲的父親是否對女兒接受過的醫學治療失去信心，但「他的女兒顯然」如此。同樣地，也沒有任何人證明，葛洛寧實際上曾要求那家人停止讓露絲接受醫學治療。即使其他家人堅持，露絲的父親仍拒絕帶她去看醫生，也因此背負了沉重的壓力。最後，法庭並未釐清，為何「以教育程度而言」，「他」（即葛洛寧）應該採取不同的做法。這似乎意指，葛洛寧並未準備好抵抗那些使他——如同他的信徒與病患——迷失自我的周遭現象。法官指出，被告在遇見露絲時，「是大家公認的神醫」。[76]

※　※　※

葛洛寧的審判開始之前，法庭在約談不同證人的過程中不時會徵求弗萊堡大學精神病學與神經診所醫師們的專業意見，請他們評估被告的法律責任。一九五七年二月，臨床神經生理學與精神醫學教授理查．榮格（Richard Jung）曾邀請葛洛寧到診所長駐十四天。[77]榮格的報告指出，他與葛洛寧的談話著重在信仰與信任的主題上。這位治療者表示，他很清楚嚴重的疾病牽涉了「盲目信仰」的危險性。但是，前來尋求治療的病患（當然也包含露絲）往往失去了對專業醫生的信心。葛洛寧透露，從業之初，他以治療疾病為主，但現在他關注的是，如何幫助混亂的靈魂走回正軌。他一向仰賴自己的情緒，相信自己的感覺。有一次就連祕書跟在後頭，與他隔了一層樓，他也能夠感應到對方心情不好。他表示，自己的成功要歸功於可察覺他人「內心的不和諧」的能力。[78]

「人們總是勉強他做他不願意做的事情。」榮格引述葛洛寧的話。如果他能隨心所欲，「必定會有一番作為」。他憶起有次在羅森海姆發生的事情表示，「向群眾發表演說時，他感覺怡然自得，身體也變得輕盈，甚至從陽臺上跳下去熱情擁抱觀眾。」他不受拘束做自己的同時，觀眾也樂在其中。他們「忘卻了煩惱」。他說，那是一種「開心同樂」的感覺，「與個人對話」的感受，永遠無法像「與一群人的對話」那樣強烈。讓葛洛寧熱愛親近群眾的，是一種「『輕盈』又『振奮』」的感覺。[79]

受法庭之邀在一九五一年的審判中對葛洛寧進行評估的精神科醫師米切利希發現，這位治療師智力不足，更別說是道德品行了。然而據榮格判斷，葛洛寧的智商「無疑高於平均水準」。他跟這位同業一樣認為葛洛寧「極度需要獲得認同與群體感」。榮格表示，雖然這項特質使他十分容易受他人影響，但也是他巨大影響力的來源。[80]

我們也許永遠無法得知，一九四九年夏天在羅森海姆登高演說的葛洛寧與臺下群眾之間，究竟發生了什麼化學作用。我們或許永遠也無法搞清楚，靈魂醫學、赫福德那些痊癒的病患、治療能量還有錫箔球是怎麼一回事。但是，至少葛洛寧一直以來都與眾不同，而那些狂熱追隨他的民眾或許也是如此。在米切利希與其他人士見證「未開化」的民眾輕易受那些猶如獨裁者般的術士所牽動、激動到失去了理智與因為缺乏見解而盲目追隨之際，葛洛寧喚起了靈魂的一致性、完整性，一種「精神振奮」的感覺：在這種狀態，人們會忘卻所有煩惱，不論關於心理、生理或靈魂。在國家社會主義的影響下，德國人非常重視「對群體感的高度需求」。僅僅過了八年，大批民眾聚集在羅森海姆、高唱聖歌、等待大師開釋與渴望得到救贖的那段回憶，竟然就顯得離經叛道，且令人反感。

我們不會知道，露絲在陶努斯山接受沃克醫生的治療時，到底發生了什麼事。我們不會知道是什麼讓她如此迫切希望見到葛洛寧一面，或者假如葛洛寧從未親自探訪她的話，會發生什麼事。

葛洛寧在一九五七年八月的過失致死案件中獲釋無罪的判決，在短短幾個月後便被上訴法庭撤銷。紀錄中寫道，「對法院而言」，這位治療者「看來不可能」不知道露絲罹患結核病。法官也認為，根據露絲父親撰寫的信件，葛洛寧「確實承諾會治好那個女孩」。接手進行她的治療，「加上承諾會治好她」，使他成了殺人兇手，因為那促使這對父女停止尋求醫學治療，以及取消露絲住進黑森林那間診所的計畫。葛洛寧「知道他們懷抱不可動搖的信念」與「盲目的熱情」，而這也讓露絲後來的遭遇成了可以預見的悲劇。一九五八年一月，他被判處八個月徒刑與五千馬克罰金。宣判時，法官以露絲父親也有責任為由，減輕了他的罪刑，並暗指沃克醫師大可訴諸法律來強制露絲重新接受治療，但卻沒有這麼做。儘管如此，法院仍譴責葛洛寧「袖手旁觀」這個小女孩的生死。81

結果，隨著民眾紛紛投書譴責法院，出現了更多遭到無視的鬼魂。身為納粹分子的前普萊特（Plaidt）市長奧古斯特・安格（August Unger）——他自稱「希特勒二世」，還是極右派「良善德國民眾黨」（Party of Good Germans）的首領——向「地方法院的偉大懲罰者」喊話。「今天我遺憾地得知葛洛寧又成了另一起審判的主角。我認為在現今的文明時代，這種對待人的方式實在粗暴至極。」他毫無諷刺之意地將葛洛寧的審判比喻為「焚巫時代」。法院收到了一張明信片，內文斥責這整件事「是一齣悲劇」。有一個女人寫信指名給「德意志帝國最高層級的政府官員」，譴責「慕尼黑高等法院不明智地為全德國人民**否決了上帝**」。她寫道，她由衷感謝葛洛寧治好了她的癌症，指責法院的判決簡直就像「兩千年前耶穌基督被釘死在十字架上那樣地殘忍……布魯諾・葛洛寧先生是善良正直的上帝之子。」一名喚作齊默曼（Zimmermann）的男子則在信中表示，倘若自己能待在葛洛寧身邊「幾個星期」，他會「開心得不得了。他一定能減輕我身上的病痛，激發我有更多求生意志」。同時，一名來自漢堡的婦女訓斥法院，「生病的人有**權利**相信自己會痊癒。」她堅稱，葛洛寧展現了比一般的醫生更強烈的責任感，他拒絕「殘忍地向露絲解釋實際的病情，深怕讓她的希望破滅」。至少，這位治療者給了她希望。[82]

一九五八年三月，慕尼黑的邦檢察官提交訴狀，對葛洛寧求處重刑。檢察官在訴狀中寫道，難以想像這位治療者未來會奉公守法，意思就是：幾乎可以確定他會繼續從事治療，「只是換個形式罷了」。[83]然而在下一輪審判之前，整起案件無預警地畫下了句點，比一九四九年夏天開審時還要無聲無息。政府於一九五九年二月二十一日發布簡短而隱晦的公告通知相關人士，「訴訟程序因被告死亡而宣告終結」。[84]葛洛寧離開了人世，死於胃癌，享年五十二歲。這位治療者的死不只代表本身生命的終點，也標誌了一個時代的結束。同時，這也是一個隱喻。戰後時代最顯著的表現形式之一——象徵了戰敗的痛苦、社會的動盪與精神的病態——就此煙消雲散。

那時，自從這位治療者在赫福德首度全國亮相，已過了將近十年。《明鏡》為葛洛寧刊出的訃告表示，迪特．胡斯曼，也就是臥床了一整個冬天之後神奇地又能起身行走、進而吸引成千上萬人湧入西發利亞那座小鎮朝聖的那個男孩，在幾年前離世了，得年十六歲。報導指出，他被埋葬在赫福德一座無人照管的墳墓。[85]就德國人而言，此事的意義不言自明：在一個重視慎終追遠的國家，迪特的墓碑無人悼念，顯示他已遭到世人遺忘。這個世界以獨有的方式繼續向前走了。

結語

對邪惡的恐懼，並未隨著葛洛寧而消失，至少不是徹底脫離。一間柏林教會的檔案中有一疊剪報證明，直到六〇年代中期，偶爾仍有零星幾件指控他人為巫的案件發生。例如，一九六二年在巴伐利亞的邁拉赫（Mailach），一名二十五歲的汽車技工坦承縱火燒毀了一位六旬老婦的房子，因為他深信對方是巫婆。當地居民不敢清理事發現場，唯恐接觸到老婦的遺物而被下咒。[1]

然而，許多人都清楚記得，到了六〇年代，恐巫的風潮確實出現。一九六一年二月，《摩西六七經》的出版商再度進了法院，但這次遭控的罪名只有廣告不實。同一年，什列斯維格－霍爾斯坦內政部長寫了一份恐巫調查報告。他表示，「已成立的審巫案」的數量少之又少，似乎「沒必要強勢干預」。聯邦共和國的其他邦則早已揮別過去。這位部長認為，「禁止性規範是消除不了迷信的」，只能透過「大眾的開化」來達成。舉例來說，藥材商同意，販售巫術配方所使用的調劑——如魔鬼的糞便（阿魏粉）——時只能「採用普通的德文名稱」，而這麼做應該是為了避免藥劑帶有任何巫術的色彩。[2]

檔案中一份寫於一九六一年六月、宣告什列斯維格—霍爾斯坦恐巫調查結案的備忘錄，宛如為過去十年來受到刻意忽視與塵封的歷史所譜下的一段終曲：「從今往後，這整件事應該就算了結了。」[3]人們意識到，對巫術的指控不只屬於過去，更確切來說屬於戰後的那段過往。民俗學家史密特在一九六五年寫道，「報章雜誌上看不到關於巫師作法，或是天主教會反對黑羅爾茨巴赫的狂熱朝聖者的報導了。」[4]同一年，《法蘭克福評論報》（*Frankfurter Rundschau*）拋出了這個問題，「巫術狂熱的風潮結束了嗎？」僅僅幾年前才對迷信「宣戰」的下薩克森社會部長魯道夫向記者表示，「過去五年裡，沒有傳出任何一起獵巫案。」他說，「我們也搞不清楚怎麼會這樣。」[5]

有些人推論，這個改變可能與電視的普及有關。有些人則認為是太空旅行，改編引述莎士比亞劇作中哈姆雷特對好友赫瑞修（Horatio）所說的：可能「許多關於天地間萬物的奇特觀點也永遠」消失了。[6]相較於新興科技一掃大眾懼怕邪惡的這種看法，更有可能的是，五〇年代恐巫風潮的根源——暗地裡的相互指責、社會的猜忌氛圍與精神上的不安全感——已逐漸消散。當人們不再恐懼過往罪惡的懲罰，也就不再整天提心吊膽，害怕遭到巫師與其他潛在密謀者的毒害了。

至於葛洛寧，他在死後依舊是八卦小報消費的對象。一九五九年，一家名為《七日》（*7 Days*）的爆料刊物謠傳，葛洛寧並非死於癌症，據說死因是他的妻子意圖謀害，強迫他接受不必要的甲狀腺腫移除手術。另一種說法是，葛洛寧之所以去世，是因為他經常要求病患「將疾病轉移給他」。他體內積累愈來愈多的病痛，最終付出了代價。[7]葛洛寧的骨灰埋存在迪倫堡（Dillenburg），與兒子君特（Günter）葬在一起。他下葬後，一直都有民眾前去悼念，在墓前獻上花圈。一九六〇年，有一名公墓管理人員向《畫報》透露，「幾乎每一天」都有人來弔祭葛洛寧。當地一位商人擔心，那裡很快便會取代迪倫堡的「頭號觀光勝地」——畢竟這座城鎮是奧倫治親王威廉（William of Orange）的出生地。[8]然而到了六〇年代中期，追悼葛洛寧的熱潮似乎已成往事。八卦報《新畫報》（*New Illustrated*）在系列報導中稱頌他是「戰後時代最知名的德國人物，甚至勝過艾德諾與路德維希．威廉．艾哈德（Ludwig Wilhelm Erhard）*」。[9]

※ ※ ※

* 譯注：艾哈德（1897–1977）曾於一九六三至一九六六年擔任聯邦總理。

戰爭留下了讓人難以想像的死亡與財物損失。但是，它所造成的道德問題極其廣泛且嚴重，就連到了今日，在殘垣瓦礫都清理乾淨、建築門面的彈孔與凹痕都補上了灰泥，還有二戰的最後一批士兵相繼凋零的很久之後，這些關於殘酷無比的人類行為，以及大屠殺如何獲得支持與實際執行的疑問，依然充其量只有部分得到解答。

過往不容否認。不論人們多嚴厲抵制、如何打死不認，歷史就是存在。例如，自十八世紀以來，美國始終流傳著有關印地安墓地鬧鬼的文化指涉與故事。如一位作家所述，這些傳言隱含了「對美國人（尤其是中產階級的美國白人）生活的那片土地所抱持的某種焦慮感。有一個觀念深植在我們的房產所有權中……那就是，我們其實不是這片土地的擁有者」。[10] 諸傳鬼魂出沒的故事也顯現了美國白人在生活未言明的無形恐懼：那些遭受迫害的原住民將化作復仇的鬼魂，回來宣示主權。同樣地，經過猶太大屠殺與納粹主義，受害者的亡靈也徘徊在德國人的社會生活中，久久不散。

戰後西德社會飽受鬼魂侵擾的現象，分為兩種主要形式。一種是垂直影響：感到痛苦、愧疚或受到詛咒而渴望救贖的人們，在關鍵時刻盼到了彌賽亞的出現。值得注意的是，葛洛寧在治療慢性病、專業醫生判定不存在的各種疾病，以及醫生們放棄挽救的神祕病症上，獲得了成功。這些病痛到底是什麼？在病患與葛洛寧交談、跪拜在他腳邊、苦等在黑暗中，或站在聚光燈下之際，許多病痛就這樣痊癒了。正確的問題或許應該是：這些病痛到底是什麼問題的**症狀**？對此，戰後某些醫生似乎有想法。他們提到了愧疚與疾病之間的關聯、源自於罪惡的病痛，以及需要贖罪才能達到的痊癒。葛洛寧說過，「生病」，就是被惡魔附身。但惡魔來自何處呢？某種程度上，葛洛寧暗指背離天主就等於允許邪惡與疾病入侵。然而，這位神醫對邪惡的看法，也暗示了萬物已經失序、很多人犯下惡行，卻往往不會遭受懲罰。他表示，每個人心中都有一頭**禽獸**（德文作Schweinhund）。

另一種形式則為水平擴散：在五〇年代使整個群體社會籠罩在不安陰影下的恐巫心理，是一種鄰居對鄰居的現象。這種現象牽涉了許多複雜因素。在審巫案似乎多於其他地區的什列斯維格—霍爾斯坦，鄉村社會經歷了重大變遷：逃離前德國東部領土與其他東歐德裔社群的數百萬名難民在此落腳，產生了衝突。在此同時，有明確跡象顯示，其中有許多紛爭起因於與納粹時代及去納粹化有關的未平之怨、對身分曝光的恐懼與被壓抑的敵意。在這種前納粹黨員占人口比例特高的地區，尤其是在小型社區進行去納粹化，引發高度焦慮。沒有人知道，誰會對誰透露哪些事情。這種指控鄰居是巫師的行為，讓某些人心中的各種仇恨與不安得以宣洩，同時也隱匿、壓抑與重新標籤了這些情緒。

※ ※ ※

本書聚焦於過去，以及德國在二戰中吞敗後成立的聯邦共和國所經歷的艱辛時期。然而，戰後的恐巫潮與神祕治療的歷史，也引起了更為廣泛的問題，其中許多議題在今日看來，跟在五〇年代一樣重要。其中之一是，知識、權威、信任與道德彼此有何關聯？我們有必要深入瞭解，是什麼樣的社會背景使各種想法顯得可信，或相反地，損害了這個世界的可知性與知識的可信度。如果社會包含了一系列共同的世界觀，那麼當促使群體達成共識的情況不再，會發生什麼事？社會還能繼續運作嗎？抑或是四分五裂？

如我們所知，西德社會並未分裂，反而建立了成功的民主制度與經濟體，即使在冷戰的局限之下，依舊保有和平。然而，正是這樣「成功的故事」，需要加以深思探究。對我們所有人而言，如果一個國家可以在如此短暫的時間內從興建奧許維茲集中營轉變為建立繁華富足的社會，這代表了什麼意義？經歷了種族屠殺與道德崩潰後，有哪些事是大家沒說出口的，又有哪些是為了達到無情地維持現實感更別說是「正常感」，而刻意漠視的？而那又是什麼樣的常態？面對如此意義重大的問題時，若從「現實主義者」的歷史角度回答，必定是不足的。如政黨成立、失業數據與貿易協定、聯邦的家庭政策等，這些細節背後所隱匿的東西，可能與他們所揭示的一樣多。它們也許營造了一種有序與凝聚的氛圍，但那完全是個假象，與多數人實際的生活和經歷天差地遠。[11]

有時，我們必須傾聽鬼魂的聲音。因為，就如社會學家埃弗瑞·戈登（Avery F. Gordon）所述，在一個幽魂出沒的社會中，「鬼魂往往帶來重要的訊息」，但「不是透過學術論文、臨床個案研究、劍拔弩張的公共爭議或令人麻木的事實報告等形式」。[12] 有些問題，因為它們的本質，需要我們對另類的現實更敏感，才能獲得解答。

致謝

我很榮幸有機會可以感謝所有幫助我的人士與機構，如果沒有他們，我無法完成研究並寫出這本書。

田納西大學諾克斯維爾分校給了我寫作本書所需的時間與部分資金。在今日的美國，公立大學的人文教育瀕臨絕跡，但田納西大學諾克斯維爾分校持續為教職員提供研究人類經驗所需的資源，為共同利益盡一份心力。國內州立大學在龐大的（意識形態及財務等）壓力下所推動的工作，永遠不該遭到遺忘或忽視。

我所屬的歷史系是一個可以深刻激勵同仁在教學與思想上有所突破的地方。在此要特別感謝查德・布萊克（Chad Black）、爾尼・費里伯格（Ernie Freeberg）、路克・哈洛（Luke Harlow）、維亞斯・盧列維休斯（Vejas Liulevicius）、托爾・歐爾森（Tore Olsson）、維特・佩卓夫（Victor Petrov）、丹尼斯・菲利浦斯（Denise Philips）與吳雪倫（Shellen Wu），以及田納西大學諾克斯維爾分校人文中心所資助的醫學人文研究研討會，其中的歷史學者克莉絲汀·布拉克（Kristen Block）、妮基·艾格斯（Nikki Eggers）與莎拉·芮奇（Sara Ritchey），以及我在學校的前同事傑·盧本斯坦（Jay Rubenstein）與湯姆·柏曼（Tom Burman），謝謝他們的支持。

在各大檔案館與圖書館裡，我有幸得到多位成功專業人士的協助，才有了更完整的研究結果，並省下許多心力。其中，特別感謝赫福德社區文獻館（Kommunalarchiv Herford）的克里斯多夫·勞爾（Christoph Laue）；慕尼黑邦立檔案館（Staatsarchiv München）的羅伯特·比爾施耐德（Robert Bierscheider）博士；國立什列斯維格—霍爾斯坦檔案館（Landesarchiv Schleswig-Holstein）的史溫·薛恩（Sven Schön）；弗萊堡心理學與精神健康前沿領域研究院的埃伯哈德·鮑爾（Eberhard Bauer）與烏韋·施林格（Uwe Schellinger）。柏林福音派中央檔案館（Evangelisches Zentralarchiv）的露絲·帕斯特（Ruth Pabst）目前正幫助我進行兩本書的寫作。謝謝田納西大學諾克斯維爾分校霍吉斯圖書館（Hodges Library）負責館際借還書服務的職員們，我必須對自己沒有一次準時還書表示抱歉，謝謝他們的代勞與多年來的寬容。另外，我想感謝旺格奧格的漢肯先生在一個美好的日子與我分享私藏的葛洛寧文物。

分享個人在不同階段的研究，讓我得以瞭解自己希望寫出什麼樣的作品。謝謝以下機構給予我這樣的機會：維吉尼亞大學的文化高等研究學院（Institute for Advanced Studies in Culture）、普林斯頓大學的謝爾比・庫洛姆・戴維斯歷史研究中心（Shelby Cullom Davis Center）、柏林的麥克斯・普朗克人類發展學院（Max Planck Institute for Human Development）、維吉尼亞理工學院的布萊恩・伯托提研究生研討會（Brian Bertoti graduate student conference）、克萊姆森大學（Clemson University）的桃樂絲・蘭伯特・懷斯南特女性歷史講座（Dorothy Lambert Whisnant Lecture on Women's History）、牛津大學的聖安東尼學院、德國研究協會（German Studies Association）、柏林美國學會（American Academy in Berlin）、海德堡大學的海德堡美國研究中心（Heidelberg Center for American Studies）、莫斯科紀念國際學會（Memorial International Society）二十三巴斯之家選讀（XXIII Bath House Readings）、耶魯大學的現代歐洲學術研討會（Modern Europe Colloquium）、柏林洪堡大學的塞爾瑪・斯特恩柏林—勃蘭登堡猶太研究中心（Selma Stern Zentrum für Jüdische Studien Berlin-Brandenburg）、范德堡大學（Vanderbilt University）的麥克斯・凱德歐洲研究中心（Max Kade Center for European Studies）、印第安納大學的歐洲歷史學術研討會（European History Colloquium），以及威廉斯學院（Williams College）宗教研究學系。我特別感謝丹・羅傑斯（Dan Rodgers）、亞爾・明茲克（Yair Mintzker）、姚阿幸・哈伯倫（Joachim Häberlen）、孟

麥可（Michael Meng）、保羅・貝茲（Paul Betts）、史帝夫・史密斯（Steve Smith）、艾琳娜・普賀露娃（Irina Prokhorova）、亞當・圖茲（Adam Tooze）、史蒂芬妮・舒勒—施普林格魯姆（Stefanie Schüler-Springorum）、史蒂芬妮・費雪（Stefanie Fischer）、喬伊・卡利可（Joy Calico）、蜜雪兒・莫伊德（Michelle Moyd）、馬克・羅斯曼（Mark Roseman）、傑森・約瑟夫—森斯托姆（Jason Ā. Josephson-Storm）與格蘭特・蕭夫斯托（Grant Shoffstall）。

美國學術協會理事會（American Council of Learned Societies）與柏林美國學會讓我受益良多。若不是起初有機會與後者的傑出同僚共事，我肯定寫不出這樣一本書。每天與成就卓著的學者、藝術家及作家的交流，讓我學到了比教職員學術研討會還要多的寶貴經驗。感謝柏林美國學會的優秀同仁與我在二〇一四年秋季遇到的所有同事，包括碧翠茲・科洛米納（Beatriz Colomina）、丹・艾森伯格（Dan Eisenberg）、邁爾斯・傑克森（Myles Jackson）、安東尼・麥考爾（Anthony McCall）、馬克・梅多（Mark Meadow）、丹・羅森伯格（Dan Rosenberg）、亞當・羅斯（Adam Ross）、希列爾・舒瓦茲（Hillel Schwartz）、路易斯・沃克（Louise Walker）與瑪喬莉・伍茲（Marjorie Woods），以及他們親切開朗的伴侶和家人們。我要另外感謝小說家與編輯好友亞當・羅斯在《塞瓦尼評論》（*Sewanee Review*）期刊中就本書的內容給予我莫大的肯定。

我非常幸運能請到三位頂尖的歷史學家閱讀書稿與提供廣泛評論：艾倫・布歇（Ellen Boucher）、艾隆・康菲諾（Alon Confino）與艾瑞克・科蘭德（Eric Kurlander）。由衷感激他們對本書所投入的時間、情誼、見解與關心。

許多朋友也解答了我在寫作與研究上的疑惑，提供出版方面的建議，多年來也給予道德支持，並且陪伴我度過深入而愉悅的談話時光：大衛・伯納迪（David Bernardy）、保羅・貝茲、桃樂絲・布蘭茲（Dorothee Brantz）、艾隆・康菲諾、朱溫森（Winson Chu）、傑恩・伊凡斯（Jen Evans）、麥可・蓋爾（Michael Geyer）、斯文尼亞・戈爾特曼（Svenja Goltermann）、尤利亞・科姆斯卡（Yuliya Komska）、莫莉・洛伯格（Molly Loberg）、孟麥可、艾瑞克・米多爾芙特（Erik Midelfort）、麥可・莫伊德（Michelle Moyd）、提爾・范・拉登（Till van Rahden）、馬克・羅斯曼、凱瑟琳・施泰恩伯格（Catherine Shteynberg）、蓋瑞・施泰恩伯格（Garriy Shteynberg）、尼克・斯塔加特（Nick Stargardt）與瓊尼・泰維斯（Joni Tevis）。我的朋友，謝謝你們！

教書是激盪研究想法的最佳途徑之一，而我在二〇一六年秋季第三帝國醫學的課程上所遇到的學生們，給了我實驗的空間。這裡要特別感謝潔思敏（Jasmine）、潔米（Jamie）、艾力克斯（Alex）、喬丹（Jordan）、麥可、雪梨（Sydni）、史賓賽（Spencer）、卡特琳（Caitlin）、凱特琳（Kaitlyn）、瑪德蓮（Madeline）、伊莉莎白（Elizabeth）、托利（Tory）、海瑟（Heather）、克莉絲蒂（Kristi）、傑瑞米（Jeremy）、梅格（Meg）與瑪姬（Maggie）。

我虧欠經紀人黛博拉・葛洛斯文納（Deborah Grosvenor）甚多，除了感激之外，還應該頒給她一面獎牌。她多年來與我合作書籍提案，之後還幫我與鼎鼎大名的莎拉・伯什特爾（Sara Bershtel）牽線。我很榮幸能與這麼一位聲望崇高、態度嚴謹與能力出眾的人士所帶領的出版社合作。非常謝謝莎拉及大都會出版（Metropolitan Books）的工作團隊，尤其是專業又積極的格里高利・托比斯（Grigory Tovbis）。

有一個人讓我每天的生活與其中的點點滴滴變得更加有趣而意味深長。馬修・吉利斯（Matthew Gillis）就是我的宇宙，我的一切。

83. StAM, Staatsanwaltschaften 3178a/3, 496–97, Revisionsbegründung, March 28, 1958.
84. StAM, Staatsanwaltschaften 3178a/3, p. 544, begl. Anschrift, betr. Bruno Gröning wegen fhl. Tötung, February 21, 1959.
85. "Nachruf: Bruno Gröning," *Der Spiegel* 6, February 4, 1959, p. 62.

結語

1. "Der Hexenspuk in Mailach," *Suddeutsche Zeitung*, June 6, 1962; Hans Morper, "Die 'Hexe' sollte in ihrem Haus verbrennen," *Stuttgarter Zeitung,* June 7, 1962. 剪報收錄於：EZA 180/44.
2. LSH, Abt. 605, Nr. 537, Innenmin. des Landes Schleswig-Holstein an den Herrn Ministerpräsidenten, May 19, 1961.
3. LSH, Abt. 605, Nr. 537, Vermerk, June 8, 1961.
4. Leopold Schmidt, "Die Wiederkehr des Volksglaubens: Versuch einer Umschau nach dem Zweiten Weltkrieg," in Leopold Schmidt, ed., *Volksglaube und Volksbrauch: Gestalten, Gebilde, Gebarden* (Berlin: E. Schmidt Vlg., 1966).
5. Karl-Heinz Kallenbach, "Ist die Welle des 'Hexenwahns' vorbei?" *Frankfurter Rundschau*, August 28, 1965, p. 68. 剪報收錄於：EZA 180/44.
6. Kallenbach, "Ist die Welle des 'Hexenwahns' vorbei?"
7. "Rätsel um den Tod Grönings," *7 Tage*, February 14, 1959. 剪報收錄於：KAH, S Slg. E/E60.
8. "Viele Fragen nach Grönings Grab," *Bild*, date unclear, presumably 1960. 剪報收錄於：KAH, S Slg. E/E60.
9. Paul Mevissen and Werner Schmidt, "Mein Leben mit Bruno Gröning," *Neue Illustrierte*, June 20, 1965, p. 65. 剪報收錄於：KAH, S Slg. E/E60.
10. Colin Dickey, "The Suburban Horror of the Indian Burial Ground," *The New Republic,* October 19, 2019.
11. Monica Black, "The Supernatural and the Poetics of History," *Hedgehog Review* 13:3 (Fall 2011): 72–81.
12. Avery F. Gordon, *Ghostly Matters: Haunting and the Sociological Imagination* (Minneapolis: University of Minnesota Press, 2008), 98.

61. "Gröning sagt: ich kann gar nicht heilen!" *Munchner Merkur*, July 31, 1957. 剪報收錄於：Stadtarchiv München, 167/14, Personen, Gröning, Bruno, Wunderdoktor.
62. StAM, Staatsanwaltschaften 3178a/3, pp. 419–22, Protokoll, August 1, 1957.
63. StAM, Staatsanwaltschaften 3178a/3, pp. 423, 424–25, Protokoll, August 1, 1957.
64. StAM, Staatsanwaltschaften 3178a/2, p. 296. Psychiatrische und Nervenklinik. . . der Universität Freiburg, an dem Schöffengericht München-Land, February 9, 1957.
65. StAM, Staatsanwaltschaften 3178a/3, pp. 423–24, Protokoll, August 1, 1957.
66. StAM, Staatsanwaltschaften 3178a/3, pp. 425–26, Protokoll, August 1, 1957.
67. StAM, Staatsanwaltschaften 3178a/3, pp. 426–27, 429, Protokoll, August 1, 1957.
68. StAM, Staatsanwaltschaften 3178a/3, p. 432, Protokoll, August 1, 1957. Sunglasses: "Bittere Anklage einer Mutter gegen Gröning," *Bild*, 6. Jhg., Nr. 176, August 1, 1957, p. 1. 剪報收錄於：IGPP/E 123/100.
69. "Heilen Sie auch Krebs?" *Der Spiegel* 29, July 14, 1954, pp. 12–15.
70. StAM, Staatsanwaltschaften 3178a/3, pp. 434, 435, 437–38, Protokoll, August 1, 1957.
71. StAM, Staatsanwaltschaften 3178a/3, p. 441, Protokoll, August 1, 1957.
72. "Der Fall Bruno Gröning," *Welt am Sonntag*, August 4, 1957. 剪報收錄於：IGPP（文件上無其他資訊）。
73. StAM, Staatsanwaltschaften 3178a/3, p. 446, Urteil, August 1, 1957.
74. Dirk Blasius, "Tuberkulose: Signalkrankheit deutscher Geschichte," *Geschichte in Wissenschaft und Unterricht* 1 (1996): 329–30.
75. Winfried Süss, *Der "Volkskorper" im Krieg: Gesundheitspolitik, Gesundheitsverhaltnisse und Krankenmord im nationalsozialistischen Deutschland* (Munich: Oldenbourg Vlg., 2003), 138, 319–22, 254.
76. StAM, Staatsanwaltschaften 3178a/3, p. 449, Urteil, August 1, 1957.
77. StAM, Staatsanwaltschaften 3178a/2, pp. 277, 282. Jung an das Schöffengericht, February 9, 1957.
78. StAM, Staatsanwaltschaften 3178a/2, pp. 292, 293–94. Psychiatrische und Nervenklinik . . . der Universität Freiburg, an dem Schöffengericht München-Land, February 9, 1957.
79. StAM, Staatsanwaltschaften 3178a/2, pp. 293–94.
80. StAM, Staatsanwaltschaften 3178a/2, pp. 297–303.
81. StAM, Staatsanwaltschaften 3178a/3, Urteil, January 14–16, 1958.
82. StAM, Staatsanwaltschaften 3178a/3, letters from Böttcher, Liebner, Zimmermann, and Bundesführer der Partei der guten Deutschen, dated January 15–21, 1958. On Unger: "Die guten Deutschen von Plaidt," *Die Zeit*, Nr. 35, August 29, 1957.

49. StAM, Staatsanwaltschaften 3178a/3, pp. 367–69, Landespolizei Nürtingen, betr.: Ermittlungsverfahren gegen B. Gröning, June 25, 1956; Erwin Gamber, *Luzifers Griff nach der Lebenden* (Bietingheim: Turm Vlg., ca. 1954), 56, 63, 64.
50. StAM, Staatsanwaltschaften 3178a/3, 429, Protokoll, July 30–August 1, 1957.
51. StAM, Staatsanwaltschaften 3178a/2, Erfolgsberichte, 無確切日期，但約紀錄於一九五七年。
52. Anna Lux, "Passing Through the Needle's Eye: Dimensionen der universitären Integration der Parapsychologie in Deutschland und den USA," in Lux and Palatschek, eds., *Okkultismus.*
53. Inge Strauch, "Die 'geistigen' Heilungen von Dr. rer. Pol. Trampler," in Wilhelm Bitter, ed., *Magie und Wunder in der Heilkunde: Ein Tagungsbericht* (Stuttgart: Ernst Klett Vlg., 1959), 125–29.
54. A. Jores, "Magie und Zauber in der modernen Medizin," *Deutsche medizinische Wochenschrift*, 80. Jhg., Nr. 24, June 17, 1955.
55. Harrington, *Reenchanted Science*; Mitchell G. Ash, *Gestalt Psychology in German Culture, 1890–1967: Holism and the Quest for Objectivity* (Cambridge, UK: Cambridge University Press, 1995); Christopher Lawrence and George Weisz, eds., *Greater Than the Parts: Holism in Biomedicine, 1920–1950* (Oxford, UK: Oxford University Press, 1998).
56. Erwin Liek, *Das Wunder in der Heilkunde* (Munich: Lehmanns Vlg., 1930), 175–76. 另參考Michael Hau, *The Cult of Health and Beauty in Germany: A Social History, 1890–1930* (Chicago: University of Chicago Press, 2005); 以及 Susanne Michl, " 'Gehe hin, dein Glaube hat dir geholfen': Kriegswunder und Heilsversprechen in der Medizin des 20. Jahrhunderts," in Geppert and Kössler, eds., *Wunder*, 211–36.
57. Paul Mevissen, "Der Mann mit dem Zeichen Rasputins," *Frankfurter Nachtausgabe*, April 22, 1955, p. 4. 剪報收錄於：Stadtarchiv Rosenheim.
58. "Gröning: 'Dieser Prozeß ist f. mich eine Erholung,'" *Abendpost,* August 1, 1957, 剪報收錄於：IGPP, PA 029; "Gröning sagt: Ich kann gar nicht heilen!" *Munchner Merkur*, July 31, 1957, 剪報收錄於：Stadtarchiv München, 167/14, Personen, Gröning, Bruno, Wunderdoktor; "Gröning verurteilt und freigesprochen," *Munchner Merkur,* August 2, 1957, p. 4, 剪報收錄於：IGPP, PA 026.
59. "Gröning geht vor Gericht!" *Revue*, Nr. 31, August 3, 1957, p. 9. 剪報收錄於：IGPP（文件上無其他資訊）。
60. "Der Dämon ist entzaubert," *Bild*, 6. Jhg., Nr. 176, August 1, 1957, p. 18. 剪報收錄於：IGPP/E 123/100.

Hameln, August 5, 1953; StAM, Staatsanwaltschaften 3178a/1, p. 53, Staatl. Gesundheitsamt an die Stadtverwaltung Hameln, September 15, 1953.

37. StAM, Staatsanwaltschaften 3178a/1, p. 95, Niederschrift, Michelson, October 23, 1953.
38. "Herr Gröning und seine Grönium," *Suddeutsche Zeitung*, Nr. 113, May 19, 1951. 剪報收錄於：StAM, Polizeidirektion 15558, p. 162. StAM, Polizeidirektion München, 15558, p. 168, betr.: Verhandlung gegen Bruno Gröning [und] Mitangeklagten, March 19, 1952; StAM, Staatsanwaltschaften 3178/3, Begläubigte Abschrift, Urteil, May 27, 1952. StAM, Polizeidirektion München, 15558, pp. 171, 173, 剪報收錄於：*Munchner Merkur* (No. 144) and *Abendzeitung* (No. 155), both dated July 9, 1952. 一九五二年一月，葛洛寧也因詐欺、勒索與違反巴伐利亞南部的加米許—帕滕基興（Garmisch-Partenkirchen）的《公共集會法》而遭到起訴。StAM, Staatsanwaltschaften 3178/6, "Eingestellt in Richtung gegen Bruno Gröning," January 21, 1952.
39. StAM, Staatsanwaltschaften 3178a/1, Baerische [*sic*] Landpolizei, Landpolizei Station Moorenweis, Vernehmungsniederschrift, March 5, 1953.
40. StAM, Staatsanwaltschaften 3178a/3, Anwalt Reuss to Bruno Gröning, April 10, 1952.
41. "Legal illegality": "Was macht Gröning heute?" *Grune Blatt,* Jhg. 6, Nr. 5, February 1, 1953. 剪報收錄於：IGPP E 123/100.
42. "Gröning Anhänger weinen," *Abendzeitung*, November 23, 1953. 剪報收錄於：IGPP/Busam Sammlung, PA 214.
43. Friedrich Retlow, *Bruno Groning's Heilstrom: Seine Natur und seine Wirkung* (n.p., n.d., ca. 1953), 3.
44. "Geht der Rummel wieder los?" n.p., n.d. (presumably 1953). 剪報收錄於：IGPP, PA 012.
45. StAM, Staatsanwaltschaften 3178a/1, Bayerische Landpolizei, Kriminalaußenstelle Fürstenfeldbruck, an die Staatsanwaltschaften beim Landgericht München I, March 1, 1953. StAM, Staatsanwaltschaften 3178a/1, Krim. Pol. Stuttgart, statement from Privatgelehrter Bruno Gröning, January 31, 1955.
46. StAM, Staatsanwaltschaften 3178a/1, pp. 159–60, Krim. Pol. Stuttgart, statement from . . . Privatgelehrter Bruno Gröning, January 31, 1955.
47. StAM, Staatsanwaltschaften 3178a, p. 144. Staatliches Gesundheitsamt Saeckingen an die Landespol. Saeckingen, betr. Bruno Gröning wegen Verdachts der fahrl. Tötung, November 5, 1954.
48. StAM, Staatsanwaltschaften 3178a/1, pp. 159–60. Krim. Pol. Stuttgart, statement, Privatgelehrter Bruno Gröning, January 31, 1955.

November 5, 1954.
12. StAM, Staatsanwaltschaften 3178a/3, pp. 431, 433, Protokoll, August 1, 1957.
13. StAM, Staatsanwaltschaften 3178a/3, 435, Protokoll, July–August 1957.
14. StAM, Staatsanwaltschaften 3178/1/145a, Gemeinschaft zur Erforschung und Unterstützung Grön'scher an Herrn K., February 12, 1950.
15. StAM, Staatsanwaltschaften 3178a/1, pp. 144–45, Staatliches Gesundheitsamt Säckingen an die Landespol. Säckingen, betr. B. Gröning wegen Verdachts der fahrl. Tötung, November 5, 1954.
16. StAM, Staatsanwaltschaften 3178/1/145h, K. to Meckelburg, March 28, 1950.
17. StAM, Staatsanwaltschaften 3178a/2, p. 10, K. to Meckelburg, May 6, 1950.
18. StAM, Staatsanwaltschaften 3178a/2, p. 12, K. to Gröning, May 15, 1950.
19. StAM, Staatsanwaltschaften 3178a/2, p. 15, K. to Meckelburg, June 17, 1950.
20. StAM, Staatsanwaltschaften 3178a/3, pp. 431–32, Protokoll, August 1, 1957.
21. StAM, Staatsanwaltschaften 3178a/2, Ruth K's letters to Gröning, May–June 1950.
22. StAM, Staatsanwaltschaften 3178a/2, p. 15, K. to Gröning, June 17, 1950.
23. StAM, Staatsanwaltschaften 3178a/2, p. 23, K. to Gröning, October 4, 1950.
24. StAM, Staatsanwaltschaften 3178a/2, p. 25, K. to Enderlin, October 11, 1950.
25. StAM, Staatsanwaltschafen 3178a/3, p. 425, Protokoll, August 1, 1957.
26. StAM, Staatsanwaltschaften 3178a/2, p. 26, K. to Gröning, November 1, 1950.
27. StAM, Staatsanwaltschaften 3178a/2, p. 30, K. to Enderlin, December 5, 1950.
28. StAM, Staatsanwaltschaften 3178a/2, p. 32, K. to Enderlin, December 18, 1950.
29. StAM, Staatsanwaltschaften 3178a/2, p. 141, K. to Gröning, January 7, 1951.
30. "Die Wunderkur brachte ihr den Tod," *Suddeutsche Zeitung*, Nr. 172, July 19, 1957. 剪報收錄於：IGPP. 其中一篇說露絲的父親死於栓塞："Ein Mädchen zerbricht an Gröning," *Abendzeitung*, Nr. 92, April 26, 1955, p. 3, 剪報收錄於：IGPP, Busam Slg.
31. StAM, Staatsanwaltschaften 3178a/1, p. 136, Bay. Landespolizei, Vernehmungsniederschrift von Enderlin, August 18, 1954.
32. StAM 3178/4, Oberstaatsanwalt Munich II, January 18, 1951.
33. StAM, Staatsanwaltschaften 3178a/2, p. 173, Anklageschrift, March 7, 1955.
34. StAM, Staatsanwaltschaften 3178a/1, Landratsamt Starnberg, Abt. II, Vermerkung, November 22, 1952.
35. StAM, Staatsanwaltschaften 3178a/1, Bayerische Landpolizei, Kriminalaußenstelle Fürstenfeldbruck, March 1, 1953.
36. StAM, Staatsanwaltschaften 3178a/1, pp. 46–47, Landeskriminalpolizei, Außenstelle

99. HH, Nds. 401, Acc. 112/83, Nr. 564, 45, Kruse an das Niedersächsische Kultusministerium, September 26, 1960; and HH, Nds. 401, Acc. 112/83, Nr. 564, 51, an Herrn Johann Kruse, December 5, 1960.
100. HH, Nds. 401, Acc. 112/83, Nr. 564, 45. Kruse to Niedersächsisches Kultusministerium, September 26, 1960.
101. HH, Nds. 401, Acc. 112/83, Nr. 564, 51, an Herrn Johann Kruse, December 5, 1960.

第十章

1. Uta G. Poiger, *Jazz, Rock, and Rebels: Cold War Politics and American Culture in a Divided Germany* (Berkeley: University of California Press, 2000).
2. Wolfgang Benz, "Postwar Society and National Socialism: Remembrance, Amnesia, Rejection," in *Tel Aviver Jahrbuch f. deutsche Geschichte* 19 (1990), 8.
3. Julius P. F. Hütt, "Auf der Anklagebank: Bruno Gröning," *Kriminal Illustrierte*, May 15, 1957; "War es fahrlässige Tötung?" *Gong*, March 16, 1957. 剪報收錄於：IGPP.
4. "Gröning, Die Karriere eines Scharlatans," *7 Tage*, n.d. (presumably July 1957), 剪報收錄於：IGPP (no further information given on document); "Grönings Weg zum Wunderheiler," *7 Tage*, (day illegible) July 1957, 剪報收錄於：IGPP, PA 031a.
5. StAM, Staatsanwaltschaften 3178/4, p. 724, Otto Meckelburg, June 1951; StAM, Staatsanwaltschaften 3178/4, p. 719, Otto Meckelburg, betr.: Eidestattliche Erklärung, June 3, 1951. Mildenberger, "Heilstrom," n. 88暗指恩德林提供有關露絲的情報使警方「大感訝異」，引述：StAM 3178/1, Vernehmung, Eugen Enderlin, June 23, 1953. 然而，之前梅克爾伯格似乎早已透露過這些消息。
6. "Zwecks Heilung vorsprechen," *Der Spiegel 23*, June 6, 1951, p. 7.
7. StAM, Staatsanwaltschaften 3178a/1, p. 142, Landespolizei Säckingen/Baden, Ersuchen der Krim. Außenstelle Fürstenfeldbruck, October 19, 1954.
8. StAM, Staatsanwaltschaften 3178a/1, p. 144, Staatliches Gesundheitsamt Säckingen an die Landespolizei Säckingen, November 5, 1954; StAM, Staatsanwaltschaften 3178a/3, p. 437, Protokoll, August 1, 1957.
9. StAM, Staatsanwaltschaften 3178a/3, pp. 437–38, Protokoll, August 1, 1957.
10. StAM, Staatsanwaltschaften 3178a/1, p. 144, Staatliches Gesundheitsamt Säckingen an die Landespolizei Säckingen, November 5, 1954; StAM, Staatsanwaltschaften 3178a/3, p. 437, Protokoll, August 1, 1957.
11. StAM, Staatsanwaltschaften 3178a/1, pp. 144–45, Staatliches Gesundheitsamt Säckingen an die Landespol. Säckingen, betr. B. Gröning wegen Verdachts der fahrl. Tötung,

Niedersachsischen Volkssage und zum Volksbuch (Göttingen: Vlg. Otto Schwartz, 1960); 以及A. Eigner and O. Prokop, "Das sechste und siebente Buch Moses: Zur Frage der Kriminogenität von Büchern und besonders laienmedizinischen Schundliteratur," in *Medizinischer Okkultismus: Paramedizin* (Stuttgart: Gustav Fischer Vlg., 1964).

79. Baumhauer, *Johann Kruse*, 88, 91; Schäfer, *Der Okkulttater*, 55.
80. Peuckert, *Verborgenes Niedersachsen*, 124.
81. Johanna Micaela Jacobsen, "Boundary Breaking and Compliance: Will-Erich Peuckert and Twentieth-Century German *Volkskunde*" (PhD diss., Folklore and Folklife, University of Pennsylvania, 2007), 3; the entry was one of 110 Peuckert published in the *HDA*.
82. "Jude/Jüdin," *HDA*, 817.
83. Thomas Hauschild, "Hexen in Deutschland," in *Der Wissenschaftler und das Irrationale*, vol. 1 (1981), 559.
84. Jacobsen, "Boundary Breaking," 48.
85. Jacobsen, "Boundary Breaking," 57–58, 61, 89.
86. Daxelmüller, "Vorwort," 41–42.
87. LSH, Abt. 605, Nr. 537, Innenmin. des Landes Schleswig-Holstein an die Landeskanzlei, May 14, 1957.
88. Baumhauer, *Johann Kruse*, 88.
89. "Hexenspuk in der Heide," *Grafschafter Nachrichten*, December 22, 1956, n.p. 剪報收錄於：HH, VVP 17, Nr. 3558.
90. HH, Nds. 100, Acc. 47/94, Nr. 63, p. 34, Niedersächsische Sozialminister an Herrn J. Kruse, March 7, 1957.
91. Rolf Seufert, "Geschäft mit dem Aberglauben," newspaper not given, May 20, 1957. 剪報收錄於：HH, ZGS 2.2, Nr. 247.
92. LSH, Abt. 605, Nr. 537, Innenminister des Landes Schleswig-Holstein an den Herrn Justizminister, Kiel, betr.: Bekämpfung der neuzeitlichen Hexenwahns, December 12, 1957.
93. LSH, Abt. 605, Nr. 537, Vermerk, November 29, 1957.
94. Mark Benecke, *Seziert: Das Leben von Otto Prokop* (Berlin: Das Neue Berlin, 2013).
95. Baumhauer, *Johann Kruse*, 89–90.
96. Baumhauer, *Johann Kruse*, 90, 93.
97. Peuckert makes these insinuations in *Verborgenes Niedersachsen*. 另參考HH, Nds. 401, Acc. 112/83, Nr. 564, 50. Vermerk, November 4, 1960.
98. HH, Nds. 401, Acc. 112/83, Nr. 564, 50. Vermerk, November 4, 1960.

58. Philipp Schmidt, "Skandal in der Geschichte der deutschen Rechtsprechung," July 17, 1960, n.p. 剪報收錄於：HH, Nds. 401, Acc. 112/83, Nr. 564, 47.
59. Spamer, "Zauberbuch und Zauberspruch," 113.
60. 消息來自五〇年代在萊茵蘭（Rhineland）長大的一位同事。
61. Schäfer, *Der Okkulttater*, 106.
62. Claus Philip, "Gröning gegen Gröning," *Abendzeitung*, May 8, 1953. 剪報收錄於：IGPP, Busam Slg.
63. Schöck, *Hexenglaube in der Gegenwart*, 183.
64. LSH, Abt. 352, Itzehoe, Nr. 419, 無確切日期，但信件的日期為一九五四年十月九日。
65. Baumhauer, *Johann Kruse*, 232–33.
66. LSH, Abt. 352, Itzehoe, Nr. 413, Gutachte, March 21, 1955, p. 49.
67. LSH, Abt. 352, Itzehoe, Nr. 413, Gutachte, Aktenauszug, p. 30.
68. "Jude/Jüdin," *HDA,* 811–12, 815.
69. Kriß, "Heroldsbach: Eine verbotene Wallfahrt," 210.
70. Rudolf Kriß, "Heroldsbach, Statistiken und jüngste Entwicklung," *Bayerisches Jahrbuch fur Volkskunde 1955* (Regensburg: Vlg. Josef Habbel, 1955), 111. 這本小冊子題為〈人類的救贖，法蘭肯尼亞的祕密〉（The Salvation of Mankind, the Mystery of Franconia）。
71. A. Jacoby, "Mosis, das sechste und siebente Buch," *HDA*, Band 6, 587.
72. Davies, *Grimoires*, 253.
73. Susan Neiman, *Slow Fire: Jewish Notes from Berlin* (New York: Schocken, 1992), 39–40.
74. Ra'anan Boustan and Joseph E. Sanzo, "Christian Magicians, Jewish Magical Idioms, and the Shared Magical Culture of Late Antiquity," *Harvard Theological Review* 110:2 (2017): 221.
75. Boustan and Sanzo, "Christian Magicians," 221.
76. Bronislaw Malinowski, *Coral Gardens and Their Magic: A Study of the Methods of Tilling the Soil and of Agricultural Rites in the Trobriand Islands*, vol. II (Allen & Unwin, 1935), 214, 218.
77. Davies, *Grimoires*, 30–31, 74–5. 猶太文化的原初地位對納粹而言有何意義，是艾隆・康菲諾（Alon Confino）在著作《沒有猶太人的世界》（*A World Without Jews*）中探討的主題。
78. 《摩西六七經》審判的法庭文件似乎已不復存。如今這起訴訟的已知相關資訊肯定都是從媒體與當代記述拼湊而來，包含威爾─埃里希・波伊克特與奧托・普洛科普的著作。請參考：Peuckert, *Verborgenes Niedersachsen: Untersuchungen zur*

44. HH, Nds.100, Acc. 47/94, Nr. 63, pp. 31–32. Auszugsweise Abschrift aus dem Protokoll, October 30–31, 1956.
45. "Die Hexenmeister sind unter uns," *Allgemeine Zeitung,* April 28–29, 1956, n.p. 剪報收錄於：HH, VVP 17, Nr. 3558; Rainer Schulze, "Verfolgt als Hexe!" *Welt am Sonntag,* Nr. 34, p. 2, August 21, 1955. 剪報收錄於：HH, Nds. 401, Acc 112/83, Nr. 564; Baumhauer, *Johann Kruse,* 85–86.
46. HH, Nds. 401, Acc 112/83, Nr. 564, p. 3, J. Kruse to Niedersächsiche Kultusministerium, May 26, 1952; Hans J. Messerharm, "Attacke gegen Hexenwahn," no newspaper given, November 25, 1953. 剪報收錄於：HH, ZGS 2.2, Nr. 247; Rainer Schulze, "Verfolgt als Hexe!" *Welt am Sonntag,* Nr. 34, p. 2, August 21, 1955. 剪報收錄於：HH, Nds. 401, Acc 112/83, Nr. 564.
47. HH, Nds. 401, Acc 112/83, Nr. 564, J. Kruse to Ministerium des Innern, Hannover, August 31, 1954.
48. Rainer Schulze, "Verfolgt als Hexe!" *Welt am Sonntag,* Nr. 34, p. 2, August 21, 1955. 剪報收錄於：HH, Nds. 401, Acc 112/83, Nr. 564.
49. "Ermittlungsverfahren gegen Planet-Verlag," *Offenburger Tageblatt,* January 28, 1956. 剪報收錄於：HH, Nds. 401, Acc 112/83, Nr. 564, p. 15; LSH, Abt. 352, Itzehoe, Nr. 418, Amtsgericht Braunschweig an Staatsanwaltschaften Itzehoe, October 15, 1956; Baumhauer, *Johann Kruse,* 85–87.
50. Davies, *Grimoires,* 特別參閱第一章。
51. Stephen Bachter, "Anleitung zum Aberglauben: Zauberbücher und die Verbreitung magischen 'Wissens' seit dem 18. Jahrhundert" (PhD diss., Universität Hamburg, 2005), 95–96.
52. Adolf Spamer, "Zauberbuch und Zauberspruch," *Deutsches Jahrbuch f. Volkskunde* 1 (1955): 117; Hauschild, "Hexen in Deutschland," 537; Bachter, "Anleitung zum Aberglauben," 112–13.
53. Davies, *Grimoires,* 248.
54. Kurlander, *Hitler's Monsters,* 110–14; Davies, *Grimoires,* 249–50.
55. 在德國古書網站ZVAB.de上搜尋所得到的結果。
56. *Das sechste und siebente Buch Moses,* F. H. Masuch, ed. (Braunschweig: Planet, 1950), 16–17.
57. Davies, *Grimoires,* 254; Bachter, "Anleitung zum Aberglauben," 136–37; Karl-Peter Wanderer, "Gedruckter Aberglaube: Studien zur volktümlichen Beschwörungsliteratur" (PhD diss., Frankfurt am Main, 1976), 27.

於：LSH, Abt. 352, Itzehoe, Nr. 419.

29. Martin Schneider, "Soldaten der Aufklärung," in *Okkultismus,* Lux and Palatschek, eds., 283, n. 29.
30. "Witchcraft in Germany," *Western Folklore* 15:1 (January 1956): 66, cites Reuters story in *Los Angeles Times,* July 31, 1955. 來自 Davies, *Grimoires*, 345–46, n. 104.
31. "Hexenverfolgung 'nach Vorschrift,' " *Die Ansage,* Nr. 216, February 16, 1955. Quote in "Hexenwahn in Schleswig-Holstein," *Sudschleswigische Heimatzeitung,* January 26, 1955. 剪報皆收錄於：LSH, Abt. 352, Itzehoe, Nr. 419.
32. *Neue Deutsche Wochenschau* for May 4, 1956, 檢索於二〇一八年十月十五日：https://www.filmothek.bundesarchiv.de/video/586223.
33. HH, Nds. 100, Acc 47/94, Nr. 63, Kruse to Niedersächsisches Ministerium des Innern, Hannover, December 29, 1955.
34. HH, Nds. 401, Acc 112/83, Nr. 564, Niedersächsisches Minister des Innern to Nieders. Kultusminister, Hannover, January 18, 1956.
35. HH, Nds. 100, Acc 47/94, Nr. 63. Landeskriminalamt Niedersachsen to Herrn Niedersächsischen Minister des Innern, January 28, 1956.
36. HH, Nds. 100, Acc. 47/94, Nr. 63, pp. 12–13, Landeskriminalpolizeiamt Niedersachsen to Niedersachsen Min. des Innern, March 16, 1956.
37. HH, Nds. 120, Lün. Acc. 108/84, Nr. 10, Abschrift, Bericht, 無確切日期，約於一九五六年五月。
38. HH, Nds. 410, Acc. 112/83, Nr. 564, p. 33, Niedersächsische Minister des Innern an den Herrn Innenminister des Landes Schleswig-Holstein, October 23, 1956.
39. HH, Nds. 100, Acc. 47/94, Nr. 63, p. 19, Niedersächsische Sozialminister an die Herren Regierungspräsidenten, April 27, 1956. "Kampf gegen Aberglauben und Hexenwahn," *Osterholzer Kreisblatt*, May 12, 1956. 剪報收錄於：HH, VVP 17, Nr. 3558.
40. HH, Nds 100, Acc. 47/94, Nr. 63, p. 29, an Frau Ministerialrätin Mosolf, October 29, 1956; HH, Nds 401, Acc 112/83, Nr. 564, p. 32, Mosolf to Grabenhorst, November 6, 1956.
41. HH, Nds.100, Acc. 47/94, Nr. 63, pp. 31–32. Auszugsweise Abschrift aus dem Protokoll, October 30–31, 1956.
42. HH, Nds.100, Acc. 47/94, Nr. 63, pp. 31–32. Auszugsweise Abschrift aus dem Protokoll, October 30–31, 1956.
43. HH, Nds. 401, Acc. 112/83, Nr. 564, p. 30. Betr.: Hexenwahn heute noch und Kurpfuscherei aus Aberglauben, October 29, 1956.

居住於什列斯維格—霍爾斯坦，其餘大多定居基爾與盧貝克（Lübeck）等大城市。Ulrich Lange, ed., *Geschichte Schleswig-Holsteins: Von den Anfangen bis zur Gegenwart* (Neumünster: Wachholtz, 1996), 549. 引述的居民人口多達四千一百五十二人。之所以會出現這種差異，可能是因為漢堡—阿爾托納（Hamburg-Altona）現被劃為朗格（Lange）轄內，而前者直到一九三七年都屬於什列斯維格—霍爾斯坦的一部分。

14. Kruse, *Hexenwahn in der Gegenwart* (Leipzig, 1923), 43. 引述自 Christoph Daxelmüller, "Vorwort," in *Handworterbuch des deutschen Aberglaubens* (hereafter: *HDA*), ed. Hanns-Bächtold-Stäubli (Berlin: De Gruyter, 2000), 25.
15. Cited in Daxelmüller, "Vorwort," 25.
16. Baumhauer, *Johann Kruse,* 71–72.
17. HH, Nds. 401, Acc. 112/83, Nr. 564, Johann Kruse an das Niedersächsische Kultusministerium, May 26, 1952; Hans J. Mesterharm, "Attacke gegen Hexenwahn," 沒有新聞刊載的紀錄，November 25, 1953. 剪報收錄於：HH, ZGS 2.2, Nr. 247.
18. "Bis das Blut kommt," *Der Spiegel* 14, April 4, 1951, p. 10.
19. HH, Nds. 401, Acc. 112/83, Nr. 564, Johann Kruse an das Niedersächsische Kultusministerium, May 26, 1952.
20. HH, Nds. 401, Acc. 112/83, Nr. 564, Johann Kruse an das Niedersächsische Kultusministerium, May 26, 1952.
21. HH, Nds. 401, Acc. 112/83, Nr. 564, letter to Johann Kruse from Niedersächsische Kultusministerium, June 26, 1952.
22. Johann Kruse, *Hexen unter uns? Magie und Zauberglauben in unserer Zeit* (Hamburg: Verlag Hamburgische Bücherei, 1951), 141.
23. HH, Nds. 401, Acc. 112/83, Nr. 564, letter to Johann Kruse from Niedersächsische Kultusministerium, June 26, 1952; HH, Nds. 401, Acc. 112/83, Nr. 564, an Herrn J. Kruse, September 15, 1952.
24. HH, Nds. 401, Acc. 112/83, Nr. 564, letter to Johann Kruse from Niedersächsische Kultusministerium, June 26, 1952.
25. Kruse, *Hexen unter uns?*, 7–8.
26. HH, Nds. 401, Acc. 112/83, Nr. 564, J. Kruse to Niedersächsische Kultusministerium, July 24, 1952.
27. Hans J. Mesterharm, "Attacke gegen Hexenwahn," 沒有新聞刊載的紀錄，November 25, 1953. 剪報收錄於：HH, ZGS 2.2, Nr. 247.
28. "Hexenverfolgung 'nach Vorschrift,' " *Die Ansage*, Nr. 216, February 16, 1955. 剪報收錄

106. LSH, Abt. 352, Itzehoe Nr. 419, p. 87, Herr E. to Herrn Landgerichtsdirektor Rostock, June 2, 1955.
107. LSH, Abt. 352, Itzehoe, Nr. 413, pp. 279, 281–82, 284–85, Kremendahl, Revision.
108. BAK, B 142/3930/66–71. "Im Namen des Volkes," November 1, 1955.
109. LSH, Abt. 351, Nr. 1130, p. 41. Oberstaatsanwalt to Herrn Justizminister des Landes Schleswig-Holstein, April 28, 1956.
110. LSH, Abt. 352, Itzehoe, Nr. 413, p. 373, "Im Namen des Volkes," May 23, 1956.
111. Baumhauer, *Johann Kruse,* 222.
112. LSH, Abt. 352, Itzehoe, Nr. 418, p. 76, Gutachte, March 21, 1955.
113. LSH, Abt. 352, Itzehoe, Nr. 413, p. 373, "Im Namen des Volkes," May 23, 1956.

第九章

1. "Bis das Blut kommt," *Der Spiegel* 14, April 4, 1951, p. 10.
2. HH, Nds. 401, Acc. 112/83, Nr. 564, p. 8. An den Herrn Kulturminister in Niedersachsen, September 12, 1955.
3. Karl-Heinz Christiansen, "Hexenspuk in Heidedorf," 沒有新聞刊載的紀錄，April 18, 1951, 剪報收錄於：HH, ZGS 2.2, Nr. 247.
4. Baumhauer, *Johann Kruse,* 214–15.
5. LSH, Abt. 351, Nr. 1130, 剪報收錄於：*Schleswig–Holstein Volkszeitung,* December 1, 1955.
6. "Eberling antwortet Kruse: Mich haben die Menschen gerufen!" *Schleswig–Holstein Volkszeitung,* December 8, 1955. 剪報收錄於：LSH, Abt. 351, Nr. 1130.
7. Karin Lieven, "Die Hexen sind unter uns," [Münchner] *Merkur am Sonntag,* February 16–17, 1963. 剪報收錄於：EZA 180/44; Thomas Hauschild, "Hexen in Deutschland," in *Der Wissenschaftler und das Irrationale,* Band 1, Hans P. Duerr, ed. (Frankfurt: Syndikat, 1982), 556.
8. Otto-Morris, *Rebellion in the Province,* 19.
9. Joachim Whaley, *Religious Toleration and Social Change in Hamburg, 1529–1819* (London: Cambridge University Press, 1985), 146.
10. Baumhauer, *Johann Kruse,* 47–48, 63.
11. Baumhauer, *Johann Kruse,* 61.
12. Baumhauer, *Johann Kruse,* 25.
13. Bettina Goldberg, *Abseits der Metropolen: Die judische Minderheit in Schleswig-Holstein* (Neumünster: Wachholtz Vlg., 2011)，一九三三年之前，僅有大約兩千名猶太人

nervenärztliches Gutachten, March 21, 1955, pp. 66, 74.

80. LSH, Abt. 352, Itzehoe, Nr. 418, Gutachte, Aktenauszug, March 21, 1955, pp. 67, 69, 70.
81. LSH, Abt. 352, Itzehoe, Nr. 418, Gutachte, March 21, 1955, pp. 60–62, 66, 69, 70, 72, 78.
82. LSH, Abt. 352, Itzehoe, Nr. 418, Gutachte, March 21, 1955, pp. 51–53.
83. Baumhauer, *Johann Kruse*, 250.
84. LSH, Abt. 352, Itzehoe, Nr. 418, Gutachte, March 21, 1955, pp. 53–55.
85. LSH, Abt. 352, Itzehoe, Nr. 418, Gutachte, March 21, 1955, pp. 62, 71.
86. LSH, Abt. 352, Itzehoe, Nr. 418, Gutachte, March 21, 1955, p. 75.
87. LSH, Abt. 352, Itzehoe, Nr. 418, Gutachte, March 21, 1955, p. 80.
88. G. E. Störring, *Besinnung und Bewusstsein: Personlichkeitsaufbau und Personlichkeitszerfall aus psychologisch-padagogischer, soziologischer und psychiatrischer Sicht* (Stuttgart: Georg Thieme Vlg., 1953), 91–94.
89. Störring, *Besinnung*, 97, 99, 100.
90. Störring, *Besinnung*, 102.
91. LSH, Abt. 352, Itzehoe, Nr. 418, Gutachte, March 21, 1955, p. 66.
92. LSH, Abt. 352, Itzehoe, Nr. 418, Gutachte, March 21, 1955, pp. 28–29, 74, 76.
93. LSH, Abt. 352, Itzehoe, Nr. 418, Gutachte, March 21, 1955, pp. 81–82, 84.
94. "'Satan' kam in Ochsenkarren," *Bersenbrucker Kreisblatt*, date stamped June 1, 1955. 剪報收錄於：HH, Zgs. 2.1.
95. LSH, Abt. 351, Nr. 1130, 剪報收錄於：*Schleswig-Holstein Volkszeitung*, May 10–June 1, 1955.
96. "'Satan' kam in Ochsenkarren," *Bersenbrucker Kreisblatt.*
97. Oma C.: 剪報收錄於 *Schleswig-Holstein Tagespost*, May 25, 1955, and *Sudschleswigischen Heimatzeitung*, May 26, 1955; 皆收於 LSH, Abt. 351, Nr. 1130.
98. LSH, Abt. 352, Itzehoe Nr. 413, p. 232, "Im Namen des Volkes," June 9, 1955.
99. LSH, Abt. 352, Itzehoe Nr. 413, p. 236, "Im Namen des Volkes."
100. LSH, Abt. 352, Itzehoe Nr. 413, pp. 241–42, 249, 252, "Im Namen des Volkes."
101. LSH, Abt. 352, Itzehoe Nr. 413, pp. 247, 252, "Im Namen des Volkes."
102. LSH, Abt. 352, Itzehoe Nr. 413, pp. 248, 255, 256, "Im Namen des Volkes."
103. LSH, Abt. 352, Itzehoe Nr. 413, pp. 257, 259–60, 263, 265, "Im Namen des Volkes."
104. LSH, Abt. 352, Itzehoe Nr. 419, p. 89, Frau Arma H. to Herrn E., June 1, 1955.
105. LSH, Abt. 352, Itzehoe, Nr. 419, p. 109. Letter from Ehrenberg, October 21, 1955.

57. LSH, Abt. 351, Nr. 1130, p. 26, Abschrift, November 11, 1954.
58. LSH, Abt. 352, Nr. 414, statement by Käthe, October 19, 1954.
59. Jeanne Favret-Saada, *Deadly Words*, 63, 169; *Anti-Witch*, introduction, x.
60. Danker and Schwabe, *Schleswig-Holstein und der Nationalsozialismus*, 176, 183.
61. Gerolimatos, "Structural Change and Democratization," 111; Jessica Jürgens, "Entnazifizierungspraxis in Schleswig-Holstein: Eine Fallstudie f. den Kreis Rendsburg, 1946–49," *Zeitschrift der Gesellschaft f. Schleswig-Holsteinische Geschichte*, Band 125 (Neumünster, 2000), 150–51.
62. Gerolimatos, "Structural Change and Democratization," 111.
63. Gerolimatos, "Structural Change and Democratization," 111–13; Jürgens, "Entnazifizierungspraxis in Schleswig-Holstein," 169.
64. Jürgens, "Entnazifizierungspraxis in Schleswig-Holstein," 169–71.
65. Hans Fallada, *Nightmare in Berlin,* trans. Allen Blunden (Melbourne: Scribe, 2016), 69.
66. Baumhauer, *Johann Kruse*, 265, 269.
67. Michel de Certeau, *The Possession at Loudun,* trans. Michael B. Smith (Chicago: University of Chicago Press, 1996), 27–28.
68. LSH, Abt. 352, Itzehoe, Nr. 413, Gutachte, Aktenauszug, p. 2.
69. LSH, Abt 352, Itzehoe, Nr. 413, p. 62, June 12, 1954.
70. 大量剪報收錄於：LSH, Abt. 352, Itzehoe, Nr. 416 attest.
71. "Der Hexer von Sarzbüttel," *Hamburger Abendblatt*, Nr. 235, Jahrgang 7, October 9–10, 1954, p. 16.
72. LSH, Abt. 352, Itzehoe, Nr. 419, p. 23, Landgericht in Itzehoe from Pinneberg, Holstein, October 10, 1954.
73. LSH, Abt. 352, Itzehoe, Nr. 419, n.p., letter from Grünenthal, October 11, 1954.
74. LSH, Abt. 352, Itzehoe, Nr. 419, n.p., letter from Uelzen, October 21, 1954.
75. "Der Hexer von Sarzbüttel," *Hamburger Abendblatt*, Nr. 235, Jahrgang 7, October 9–10, 1954.
76. LSH, Abt. 352, Itzehoe, Nr. 418, Gutachte, March 21, 1955, pp. 28–29.
77. LSH, Abt. 352, Itzehoe, Nr. 418, Psychiatrische und Nervenklinik der Universität Kiel, nervenärztliches Gutachten, March 21, 1955, p. 73.
78. LSH, Abt. 352, Itzehoe, Nr. 418, Gutachte, Aktenauszug, March 21, 1955, p. 62. Dr. Völkel's "Spezialforschungsgebiet" 根據後來法院的文件來看，確實是迷信。請參考 LSH, Abt. 352, Itzehoe, Nr. 413, p. 373, "Im Namen des Volkes," May 23, 1956.
79. LSH, Abt. 352, Itzehoe, Nr. 418, Psychiatrische und Nervenklinik der Universität Kiel,

38. Lattimore, Bertram Gresh, Jr., *The Assimilation of German Expellees into the West German Polity and Society Since 1945: A Case Study of Eutin, Schleswig-Holstein* (The Hague: Martinus Nijhof, 1974), 5; George Gerolimatos, "Structural Change and Democratization of Schleswig-Holstein's Agriculture, 1945–1973" (PhD diss., History, UNC-Chapel Hill, 2014), 111–13; Jürgens, "Entnazifizierungspraxis in Schleswig-Holstein," 54; Baumhauer, *Johann Kruse,* 205.
39. Baumhauer, *Johann Kruse,* 269–70.
40. Koshar, *Germany's Transient Pasts,* 238.
41. Alexander Otto-Morris, *Rebellion in the Province: The* Landvolkbewegung *and the Rise of National Socialism in Schleswig-Holstein* (Frankfurt a.M.: Peter Lang, 2013), 19, 335.
42. Uwe Danker and Astrid Schwabe, *Schleswig-Holstein und der Nationalsozialismus,* 2nd ed. (Neumünster: Wachholtz Vlg., 2006), 40.
43. Allan Borup, *Demokratisierungsprozesse in der Nachkriegszeit: Die CDU in Schleswig-Holstein und die Integration demokratieskeptischer Wahler* (Bielefeld: Vlg. f. Regionalgeschichte, 2010), 132.
44. LSH, Abt. 352, Itzehoe, Nr. 418, Nervenärztliches Gutachten, March 21, 1955, pp. 33–34.
45. LSH, Abt 352, Itzehoe, Nr. 413, p. 33, April 22, 1954.
46. LSH, Abt. 352, Itzehoe, Nr. 418, Nervenärztliches Gutachten, March 21, 1955, pp. 35–36.
47. LSH, Abt. 352, Itzehoe, Nr. 418, Nervenärztliches Gutachten, March 21, 1955, p. 34.
48. LSH, Abt. 352, Itzehoe, Nr. 418, Nervenärztliches Gutachten, March 21, 1955, pp. 38–39.
49. LSH, Abt 352, Itzehoe, Nr. 413, pp. 33–34, April 22, 1954; LSH, Abt. 352, Itzehoe, Nr. 418, Nervenärztliches Gutachten, March 21, 1955, p. 49.
50. LSH, Abt 352, Itzehoe, Nr. 413, p. 33, April 22, 1954.
51. LSH, Abt. 352, Itzehoe, Nr. 413, Gutachte, Aktenauszug, March 21, 1955, pp. 30–33.
52. LSH, Abt. 352, Itzehoe, Nr. 418, Nervenärztliches Gutachten, March 21, 1955, pp. 46–47, 73.
53. LSH, Abt. 352, Itzehoe, Nr. 418, Nervenärztliches Gutachten, March 21, 1955, pp. 34, 36.
54. LSH, Abt 352, Itzehoe, Nr. 413, p. 35, April 22, 1954.
55. LSH, Abt. 460.16, Nr. 219; LSH, Abt 352, Itzehoe, Nr. 413, p. 17, April 8, 1954.
56. LSH, Abt. 352, Itzehoe, Nr. 414, 華特的證詞請參考October 19, 1954.

29. LSH, Abt 352, Itzehoe, Nr. 413, pp. 25–26, April 8, 1954.
30. LSH, Abt 352, Itzehoe, Nr. 413, p. 21, April 9, 1954.
31. LSH, Abt. 352, Itzehoe, Nr. 418, Gutachte, p. 76, March 21, 1955.
32. Schäfer, *Der Okkulttater*, x–xi.
33. David W. Kriebel, *Powwowing Amongst the Pennsylvania Dutch: Traditional Medical Practice in the Modern World* (University Park, PA: Pennsylvania State University Press, 2007), 117. 來源：Davies, *Grimoires*, 209–10.
34. Behringer, *Witches and Witch-Hunts*, 2.
35. 一般而言是如此，請參考Willem de Blécourt, "The Witch, Her Victim, the Unwitcher, and the Researcher: The Continued Existence of Traditional Witchcraft," in Bengt Ankarloo and Stuart Clark, eds., *Witchcraft and Magic in Europe: The Twentieth Century* (Philadelphia: University of Pennsylvania Press, 1999). 丹麥部分：Gustav Henningsen, "Witch Persecution After the Era of the Witch Trials: A Contribution to Danish Ethnohistory," *Scandinavian Yearbook of Folklore* 44 (1988): 103–53. 英格蘭部分：Owen Davies, "Healing Charms in Use in England and Wales, 1700–1950," *Folklore* 107 (1996): 19–32. 芬蘭部分：Laura Stark-Arola, *Magic, Body and Social Order: The Contribution of Gender Through Women's Private Rituals in Traditional Finland* (Helsinki: Finnish Literature Society, 1998). 法國部分：Jeanne Favret-Saada, *Les Mots, la mort, les sorts: La sorcellerie dans le Bocage* (Paris: Gallimard, 1977), 有英譯本：*Deadly Words: Witchcraft in the Bocage* (Cambridge, UK: Cambridge University Press, 1981), trans. Catherine Cullen. 義大利部分：Thomas Hauschild, *Macht und Magie in Italien: Uber Frauenzauber, Kirche und Politik* (Gifkendorf: Merlin Verlag, 2002). 波蘭部分：Aldona Christina Schiffmann, "The Witch and Crime: The Persecution of Witches in Twentieth-Century Poland," *Scandinavian Yearbook of Folklore* 43 (1987): 147–64. 西德部分：Baumhauer, *Johann Kruse,* and Inge Schöck, *Hexenglaube in der Gegenwart: Empirische Untersuchungen in Sudwestdeutschland* (Tübingen: Tübinger Vereinigung f. Volkskunde, 1978).
36. Peter Geschiere, *Witchcraft, Intimacy, and Trust: Africa in Comparison* (Chicago: University of Chicago Press, 2013), xv; Michael D. Bailey, "Provincializing European Witchcraft: Thoughts on Peter Geschiere's Latest Synthesis," *Magic, Ritual, and Witchcraft* (Summer 2015): 86–87; Robin Briggs, *Witches and Neighbors: The Social and Cultural Context of European Witchcraft* (New York: Penguin, 1996).
37. Leopold Schmidt, *Volksglaube u. Volksgut* (1966), 282. 引述自：Baumhauer, *Johann Kruse,* 205.

9. LSH, Abt 352, Itzehoe, Nr. 413, p. 3, March 3, 1954.
10. LSH, Abt. 352, Itzehoe, Nr. 413, p. 199.
11. LSH, Abt 352, Itzehoe, Nr. 413, p. 24, April 8, 1954, and p. 28, April 10, 1954; LSH, Abt 352, Itzehoe, Nr. 413, Vermerk, April 10, 1954.
12. LSH, Abt 352, Itzehoe, Nr. 413, p. 7, n.d.
13. "Hexen-Aberglaube im Zeitalter der Wasserstoffbombe," *Volkszeitung Kiel*, Nr. 75, March 30, 1954. 剪報收錄於：LSH, Abt. 352, Itzehoe, Nr. 413.
14. LSH, Abt. 352, Itzehoe, Nr. 413, p. 7, n.d.
15. LSH, Abt. 352, Itzehoe Nr. 413, p. 237, "Im Namen des Volkes," June 9, 1955.
16. LSH, Abt. 352, Itzehoe, Nr. 413, p. 18, n.d.
17. LSH, Abt 352, Itzehoe, Nr. 413, p. 21, April 9, 1954.
18. LSH, Abt 352, Itzehoe, Nr. 413, pp. 40–42, April 26, 1954.
19. LSH, Abt 352, Itzehoe, Nr. 413, pp. 40–42, April 26, 1954.
20. Albert Hellwig, *Verbrechen und Aberglaube* (Leipzig: Teubner, 1908), 13.
21. Rudolf Olden, *Propheten in deutscher Krise: Das Wunderbare oder die Verzauberten* (Berlin: Rowohlt, 1932), 19–20, 引述自 "letzten Jahresbericht der evangelischen-lutherischen Kirche in Hamburg."
22. Eduard Juhl, "Aberglaube und Zauberei: Wahn oder Wirklichkeit?" 5. Heft der Volksmission (Schleswig-Holstein: Selbstverlag der Bekennenden ev. luth. Kirche, 1935), 3–4, 6. Pamphlet located in Evangelisches Zentralarchiv Berlin (hereafter: EZA) 180/44.
23. Joachim Friedrich Baumhauer, *Johann Kruse und der 'neuzeitliche Hexenwahn': Zur Situation eines norddeutschen Aufklarers und einer Glaubensvorstellung im 20. Jahrhundert untersucht anhand von Vorgangen in Dithmarschen* (Neumünster: Karl Wachholtz Vlg., 1984), 101; Owen Davies, *Grimoires: A History of Magic Books* (Oxford, UK: Oxford University Press, 2009), 345, n. 104.
24. Schäfer, *Der Okkulttater*, x.
25. Baumhauer, *Johann Kruse*, 72, n. 244, 引述自 "Hexengläubige im Bodenseegebiet," *Badisches Tagblatt*, Baden-Baden, August 8, 1957.
26. Karl-Heinz Christiansen, "Hexenspuk im Heidedorf," no newspaper given, April 18, 1951, 剪報收錄於：HH, ZGS 2.2, Nr. 247.
27. Hans J. Mesterharm, "Attacke gegen Hexenwahn," no newspaper given, November 25, 1953. 剪報收錄於：HH, ZGS 2.2, Nr. 247.
28. Reiner Schulze, "Verfolgt als Hexe," *Welt am Sonntag*, Nr. 34, August 21, 1955, p. 2. C剪報收錄於：HH, Nds. 401, Acc 112/83, Nr. 564.

(Hannover: Schmorl & von Seefeld Nachf., 1950), 7.
54. Von Siebenthal, *Krankheit als Folge*, 89–90, 93–95.
55. StAM, Staatsanwaltschaften 3178/3, Renée Meckelburg, "Tatsachenbericht," 541–42.
56. James Shapiro, *Oberammergau: The Troubling Story of the World's Most Famous Passion Play* (New York: Vintage, 2001), 142, 153; Helena Waddy, *Oberammergau in the Nazi Era: The Fate of a Catholic Village in Hitler's Germany* (Oxford, UK: Oxford University Press, 2010), 250–51.
57. Waddy, *Oberammergau*, 249–51.
58. Waddy, *Oberammergau*, 190.
59. Waddy, *Oberammergau*, 245.
60. Shapiro, *Oberammergau*, 142; Waddy, *Oberammergau*, 250–51.
61. Amos Elon, *Journey Through a Haunted Land: The New Germany* (New York: Holt, Rinehart and Winston, 1967), 13–14.
62. Rudy J. Koshar, *Germany's Transient Pasts: Preservation and National Memory in the Twentieth Century* (Chapel Hill, NC: University of North Carolina Press, 1998), 234–35.
63. Michael Meng, *Shattered Spaces: Encountering Jewish Ruins in Postwar Germany and Poland* (Cambridge: Harvard University Press, 2011), 113–29.
64. Jan T. Gross, *Neighbors: The Destruction of the Jewish Community in Jedwabne, Poland* (New York: Penguin, 2002), 112–13.

第八章

1. Landesarchiv Schleswig-Holstein (hereafter: LSH), Abt 352, Itzehoe, Nr. 413, pp. 25–26, April 8, 1954. 德國檔案文件所包含的個人身分之保密期限為出生日起算九十年。由於我不清楚本章提到的每一位當事人的出生年份，因此通常只寫出他們的名字或姓氏。
2. LSH, Abt 352, Itzehoe, Nr. 413, pp. 25–26, April 8, 1954. 關於住在對街的這兩家人的細節也出自同一份檔案，p. 20。
3. LSH, Abt 352, Itzehoe, Nr. 413, pp. 25–26, April 8, 1954.
4. LSH, Abt 352, Itzehoe, Nr. 413, pp. 39–40, April 26, 1954.
5. LSH, Abt 352, Itzehoe, Nr. 413, p. 3, March 3, 1954.
6. LSH, Abt 352, Itzehoe, Nr. 413, p. 17, April 8, 1954.
7. LSH, Abt 352, Itzehoe, Nr. 413, p. 70, June 16, 1954.
8. "Hexen-Aberglaube im Zeitalter der Wasserstoffbombe," *Volkszeitung Kiel*, Nr. 75, March 30, 1954. 剪報收錄於：LSH, Abt. 352, Itzehoe, Nr. 413.

1950.

41. StAM, Staatsanwaltschaften 3178/5, Landespolizei-Oberbayern, Kriminalaußenstelle an die Bezirksinspektion der Landpolizei, München-Pasing, October 21, 1950 (Meier) and Abschrift, Staatl. Gesundheitsamt München-Land an Bay. Staatsmin. d.I., Gesundheitsabt., betr.: Auftreten des Bruno Gröning, October 23, 1950 (Bachmann).
42. Vortrag, Bruno Gröning, Krailling, October 5, 1950, p. 4. https://www.bruno-groening-stiftung.org/images/stories/bgs-media/pdf/vortraege/bruno-groening1950-10-05_vortragkrailling_ich-habe-heute.pdf.
43. Abschrift des stenographischen Protokolls eines Vortrags Bruno Grönings vom 12.10.1950, Wagnerbräu, Lilienstr., München, https://www.bruno-groening-stiftung.org/images/stories/bgs-media/pdf/vortraege/EN/EN_bruno-groening1950-10-12talkit-is-difficult-to-accomplish-the-purpose_2-col.pd.
44. Pastor Wilfried Voigt's "Bericht über eine 'Massenheilung' des 'Wunderdoktors' Gröning am 16./17. Januar 1950 im Hotel Hanken." IGPP, Busam Sammlung, PA 204.
45. Bruno Gröning, *Reden,* Bd. II (Berlin: Edition Busam, 1999), 68–69.
46. Goltermann, *Die Gesellschaft der Uberlebenden*, 122–23.
47. Dornheim, *Kranksein im dorflichen Alltag,* 243–45.
48. Siegfried Sommer, "Glauben versetzt Berge," *Suddeutsche Zeitung*, August 30, 1949.
49. BAK, B 142/3930/267–288,Kurzprotokoll der 10. Sitzung des Ausschusses f. Fragen des Gesundheitswesens, July 12, 1950. On Hammer: Albrecht Kirchner, "Abschlussbericht der Arbeitsgruppe zur Vorstudie 'NS-Vergangenheit ehemaliger hessischer Landtagsabgeordneter' der Kommission des Hessischen Landtags für das Forschungsvorhaben 'Politische und parlamentarische Geschichte des Landes Hessen'" (Wiesbaden, 2013).
50. BAK, B 142/3930/448, Bayer. Staatsmin. des Innern an das Bundesministerium des Innern, March 16, 1950; BAK, B 142/3929, "Stellungnahme der ärztlichen Berufsvertretungen zu den Änderung des Heilpraktikergesetzes vom 17.2.1939," n.d. (presumably 1950); BAK, B 141/6908/71-2, Anlage zum Protokoll Nr. 24 (Sitzung vom 13. Juli 1955) des Ausschusses f. Fragen des Gesundheitswesens.
51. Geoffrey Cocks, *Psychotherapy in the Third Reich: The Goring Institute*, 2nd ed. (New Brunswick, NJ: Transaction, 1997).
52. BAK, B 142/3930/290-296, Kurzprotokoll der 12. Sitzung des Ausschusses f. Fragen des Gesundheitswesens, September 14, 1950.
53. Wolf von Siebenthal, *Krankheit als Folge der Sunde: Eine Medizinhistorische Untersuchung*

22. StAM, Polizeidirektion München 11301, Abschrift, Ev.-Luth. Dekanat an das Pol. Präs. München, November 17 and 23, 1951.
23. StAM, Polizeidirektion München 11301，安東尼厄斯・柯邁耶的證詞，一九五一年十二月十八日。
24. "Gröning darf wieder heilen," *Der Hausfreund*, September 24, 1949, 12.
25. StAM, Polizeidirektion München 11301，安東尼厄斯・柯邁耶的證詞，一九五一年十二月十八日；弗里茲・科勒的證詞，一九五一年十一月二十七日。
26. StAM, Polizeidirektion München 11301，弗里茲・科勒的證詞，一九五一年十一月二十七日。
27. StAM, Polizeidirektion München 11301，安東尼厄斯・柯邁耶的證詞，一九五一年十一月二十六日。
28. StAM, Polizeidirektion München 11301, Schlussbericht, January 15, 1952.
29. 艾斯潘勞布的相關資料來自作者與萊納・加布里爾（Rainer Gabriel）的私人通信，後者正進行艾斯潘勞布聲明的口述歷史研究；另出自 Böhme, *Wunderheilungen*, 9–11.
30. Paul Gerhardt Voigt, *Gesundheit und Heil* (Hannover: Lutherhaus-Vlg., 1959), 19–20.
31. Böhme, *Wunderheilungen*, 9–10; KAH, S10/270, an die Stadtverwaltung Herford from Richard Wenz, June 23, 1949.
32. Böhme, *Wunderheilungen*, 9–10.
33. Hermann Zaiss, *Gottes Imperativ: Sei Gesund!* (Marburg/Lahn: Verlagsbuchhandlung Hermann Rathmann, 1958), 10–13, 42–44.
34. Voigt, *Gesundheit*, 20.
35. Zaiss, *Sei gesund!* 5.
36. Tim Linder, *Hermann Zaiss: Einblicke in sein Leben* (Wuppertal: R. Brockhaus, 2000), 88.
37. "Bruno Gröning heilt in München," *Mittelbayerische Zeitung* (Regensburg), August 30, 1950. 剪報收錄於：StAM, Staatsanwaltschaften 3178/5. Monocle: StAM, Polizeidirektion München 15558, Nr. 100, betr.: Bruno Gröning, unerlaubter Ausübung der Heilkunde, October 23, 1950.
38. StAM, Polizeidirektion München 15558, Nr. 76–77, betr.: Bruno Gröning, October 24, 1950; StAM, Polizeidirektion München 15558, Nr. 94, Stadtrat der Landeshauptstadt München, betr.: Bruno Gröning, October 30, 1950.
39. StAM, Polizeidirektion München 15558, Nr. 99, betr.: Bruno Gröning, unerlaubte Ausübung der Heilkunde, October 23, 1950.
40. StAM, Polizeidirektion München 15558, Nr. 75, betr.: Bruno Gröning, October 17,

and Postwar Popular Culture," *Zeithistorische Forschungen/Studies in Contemporary History*, Online-Ausgabe 6:1 (2009), 11–34, 出自 http://www.zeithistorische-forschungen.de/1-2009/id=4628（檢索於二〇一五年五月一日）。Monique Scheer, *Rosenkranz und Kriegsvisionen*, 169. 如欲更廣泛認識戰後的天主教奇蹟，請參考：Michael O'Sullivan, *Disruptive Power: Catholic Women, Miracles, and Politics in Modern Germany, 1918–1965* (Toronto: University of Toronto Press, 2018); and Yuliya Komska, *The Icon Curtain: The Cold War's Quiet Border* (Chicago: University of Chicago Press, 2015).

5. Johannes B. Walz, *Die Protokolle von Augenzeugen zu den "Muttergottes-Erscheinungen" von Heroldsbach-Thurn*, vol. III (1958), 99–102.
6. Rudolf Kriß, "Heroldsbach: Eine verbotene Wallfahrt der Gegenwart," in Leopold Schmidt, ed., *Kultur und Volk: Beitrage zur Volkskunde aus Osterreich, Bayern und der Schweiz* (Vienna: Selbstverlag des Österreichischen Museums f. Volkskunde, 1954), 210.
7. Göksu, *Heroldsbach*, 49.
8. 例如K太太的證詞，收錄於：in Walz, *Die Protokolle*, vol. III, 99–102. 另參考 "Heller Schein im gelben Laub," *Der Spiegel*, 27 October 1949, p. 32.
9. Göksu, *Heroldsbach*, 42–48.
10. Rudolf Kriß, "Heroldsbach in volkskundlicher Sicht: Zum Wallfahrtswesen der Gegenwart," *Osterreichische Zeitschrift f. Volkskunde*, Bd. 6, Heft 3–4 (1952), 120.
11. Kriß, "Heroldsbach: Eine verbotene Wallfahrt," 210. 關於薩托回文，請參考 Herbert Freudenthal, *Das Feuer im deutschen Brauch und Glauben* (Berlin: De Gruyter, 1931), 420.
12. Kriß, "Heroldsbach: Eine Verbotene Wallfahrt," 211, 214; O'Sullivan, "Miracles," 23.
13. Göksu, *Heroldsbach*, 47, 51.
14. Göksu, *Heroldsbach*, 41.
15. Kriß, "Heroldsbach in volkskundlicher Sicht," 110.
16. Göksu, *Heroldsbach,* 77–83, 88; O'Sullivan, "West German Miracles," 16.
17. O'Sullivan, "West German Miracles," 16, 18, 25.
18. Brian P. Levack, *The Devil Within: Possession and Exorcism in the Christian West* (New Haven: Yale University Press, 2013), 82–93.
19. StAM, Polizeidirektion München 11301, Überwachungsbericht, November 28, 1951.
20. StAM, Polizeidirektion München 11301, Abschrift, Strafanzeige, November 29, 1951; on Bavaria's antichicanery (anti-*Gaukelei*) law, see Schäfer, *Der Okkulttater*, 6. 該項法規於一九五四年進行了修改。
21. StAM, Polizeidirektion München 11301，供詞副本由瑪莉安娜於一九五一年十一月十六日提供。

剪報收錄於：StAM, Staatsanwaltschaften 3178/5.

101. StAM, Staatsanwaltschaften 3178/1, Pol. Bezirk Aurich to Pol. Präs. München, betr. Meckelburg, June 1, 1950.
102. StAM, Staatsanwaltschaften 3178/2, 360, Vernehmungsniederschrift, Anneliese Hülsmann, July 20, 1950.
103. StAM, Staatsanwaltschaften 3178/1, 205, Polizeibezirk Aurich, January 31, 1950.
104. "Herr Gröning ist wieder im Lande," *Suddeutsche Zeitung*, Nr. 77, April 1–2, 1950, 4. 剪報收錄於：StAM, Staatsanwaltschaften 3178/5.
105. "Zwecks Heilung vorsprechen," *Der Spiegel 23*, June 6, 1951, 7.
106. "Herr Gröning ist wieder im Lande," *Suddeutsche Zeitung*, Nr. 77, April 1–2, 1950, 4. 剪報收錄於：StAM, Staatsanwaltschaften 3178/5.
107. "Gröning außer Verfolgung," *8-Uhr-Blatt* (Nuremberg), April 14, 1950. 剪報收錄於：StAM 3178/5.
108. "Gröning-Heilstätten vor der Entscheidung," *Hochland Merkur* (Garmisch-Partenkirchen), May 10, 1950. 剪報收錄於：StAM, Staatsanwaltschaften 3178/5.
109. StAM, Staatsanwaltschaften 3178/1, Vernehmungsniederschrift, June 27, 1950.
110. StAM, Staatsanwaltschaften 3178/1, 118–19, Rechtsanwältin Fr. Vögel-König zur Staatsanwaltschaften beim Landgericht München II, June 26, 1950.
111. StAM, Staatsanwaltschaften 3178/6, Oberstaatsanwalt München II an Herrn Generalstaatsanwalt beim Oberlandesgericht, betr.: Ermittlungsverfahren, July 17, 1950.
112. StAM, Staatsanwaltschaften 3178/3, Renée Meckelburg, "Tatsachenbericht," 541, 526.
113. StAM, Staatsanwaltschaften 3178/1, p. 128. Vernehmungsniederschrift, June 27, 1950.
114. "Gröning mit 3 hochblonden Damen," *8-Uhr-Blatt* (Nuremberg), June 10, 1950. 剪報收錄於：StAM, Staatsanwaltschaften 3178/5; "Heilen Sie auch Krebs?" *Der Spiegel* 29, July 14, 1954, pp. 12–15.

第七章

1. "A Visit to Germany: From a Medical Correspondent," *The Lancet*, December 16, 1950, p. 817.
2. Monique Scheer, *Rosenkranz und Kriegsvisionen: Marienerscheinungen im 20. Jahrhundert* (Tübingen: Tübinger Vereinigung f. Volkskunde 2006), 171.
3. Cornelia Göksu, *Heroldsbach: Eine verbotene Wallfahrt* (Würzburg: Echter Vlg., 1991), 13–21.
4. Michael E. O'Sullivan, "West German Miracles: Catholic Mystics, Church Hierarchy,

84. StAM, Staatsanwaltschaften 3178/3, Renée Meckelburg, "Tatsachenbericht," 520.
85. "Gröning in Oldenburg . . . der rege und bewege sich!" No paper given, Feburary 7, 1950. 剪報收錄於：IGPP, Busam Slg., PA 200. Prices from Statistisches Bundesamt/ Wiesbaden, ed., *Statistisches Jahrbuch f. die Bundesrepublik Deutschland* (Stuttgart-Cologne: W. Kohlhammer, 1954), 472–75.
86. StAM, Staatsanwaltschaften 3178/3, Renée Meckelburg, "Tatsachenbericht," 528.
87. StAM, Staatsanwaltschaften 3178/1, Abschrift von Dr. med. Julius Ahlhorn, "Erfahrungsbericht über die 'Massenheilung' Grönings vom 9.–10. Februar 1950 i.d. Astoria (Oldenburg)."
88. StAM, Staatsanwaltschaften 3178/1, Abschrift von Dr. med. Julius Ahlhorn, "Erfahrungsbericht über die 'Massenheilung' Grönings vom 9.–10. Februar 1950 i.d. Astoria (Oldenburg)."
89. "Das Phänomen Bruno Gröning," *Neue Miesbacher Anzeiger,* September 10, 1949; "Tausende im Banne des Herforder Wunderdoktors," *Munchner Merkur*, June 24, 1949. 剪報皆收錄於：StAM, Gesundheitsämter 4256.
90. StAM, Staatsanwaltschaften 3178/1. Abschrift von Dr. med. Julius Ahlhorn, "Erfahrungsbericht über die 'Massenheilung' Grönings vom 9.–10. Februar 1950 i.d. Astoria (Oldenburg)."
91. StAM, Staatsanwaltschaften 3178/3, Renée Meckelburg, "Tatsachenbericht," 532. 根據以下資料，第一批療程在三月初展開：StAM, Staatsanwaltschaften 3178/3, Akte d. Schöffengerichts, p. 3; "glorious view": StAM, Staatsanwaltschaften 3178/3, Heuner, "Tatsachenbericht," 458.
92. StAM, 3178/3, Abschrift of Urteil, May 27, 1952.
93. "Strahlen in den Polstern," *Der Spiegel,* 11, 13.
94. StAM, Staatsanwaltschaften 3178/3, Renée Meckelburg, "Tatsachenbericht," 533–34.
95. "Gröning Heilstätte bei Behörden unbekannt," *Hochland Bote* (Garmisch), January 13, 1950; and "Gröning Heilstätte wird vorbereitet," *Straubinger Tagblatt*, January 13, 1950. 剪報收錄於：StAM München/Staatsanwaltschaften 3178/5.
96. "Sogar Grönings Badewasser wird noch verlangt," *Frankische Presse* (Bayreuth), March 21, 1950. 剪報收錄於：StAM, Staatsanwaltschaften 3178/5.
97. StAM, Staatsanwaltschaften 3178/3, Renée Meckelburg, "Tatsachenbericht," 522.
98. StAM, Staatsanwaltschaften 3178/3, Renée Meckelburg, "Tatsachenbericht," 536.
99. StAM, Staatsanwaltschaften 3178/3, Heuner, "Tatsachenbericht," 472.
100. "Herr Gröning ist wieder im Lande," *Suddeutsche Zeitung*, Nr. 77, April 1–2, 1950, p. 4.

Feierman and John M. Janzen's *Social Basis of Health and Healing in Africa* (Berkeley: University of California Press, 1992) 中有數篇文章觀點相似，如同：Stacey Langwick's *Bodies, Politics, and African Healing: The Matter of Maladies in Tanzania* (Bloomington: Indiana University Press, 2011); 以及艾格斯自己的一篇文章 "Mukombozi and the *Monganga:* The Violence of Healing in the 1944 Kitawalist Uprising," *Africa* 89:3 (2019).

68. Opel Olympia: StAM, Staatsanwaltschaften 3178/3, 444; Wangerooge: StAM, Staatsanwaltschaften 3178/3, Renée Meckelburg, "Tatsachenbericht," 520.
69. "Gröning verursacht Wintersaison," *Neue Presse* (Coberg), January 10, 1950. 剪報收錄於：StAM, Staatsanwaltschaften 3178/5.
70. Pastor Wilfried Voigt's "Bericht über eine 'Massenheilung' des 'Wunderdoktors' Gröning am 16./17. Januar 1950 im Hotel Hanken." IGPP, Busam Sammlung, PA 204.
71. "Strahlen in den Polstern," *Der Spiegel,* 12.
72. Pastor Wilfried Voigt's "Bericht über eine 'Massenheilung' des 'Wunderdoktors' Gröning am 16./17. Januar 1950 im Hotel Hanken." IGPP, Busam Sammlung, PA 204.
73. StAM, Staatsanwaltschaften 3178/3, Heuner, "Tatsachenbericht," 465.
74. Pastor Wilfried Voigt's "Bericht über eine 'Massenheilung' des 'Wunderdoktors' Gröning am 16./17. Januar 1950 im Hotel Hanken." IGPP, Busam Sammlung, PA 204.
75. StAM, Staatsanwaltschaften 3178/3, Heuner, "Tatsachenbericht," 465.
76. Pastor Wilfried Voigt's "Bericht über eine 'Massenheilung' des 'Wunderdoktors' Gröning am 16./17. Januar 1950 im Hotel Hanken." IGPP, Busam Sammlung, PA 204.
77. 引述於 Pastor Wilfried Voigt's "Bericht über eine 'Massenheilung' des 'Wunderdoktors' Gröning am 16./17. Januar 1950 im Hotel Hanken." IGPP, Busam Sammlung, PA 204.
78. StAM, Staatsanwaltschaften 3178/3, Heuner, "Tatsachenbericht," 465.
79. Pastor Wilfried Voigt's "Bericht über eine 'Massenheilung' des 'Wunderdoktors' Gröning am 16./17. Januar 1950 im Hotel Hanken." IGPP, Busam Sammlung, PA 204.
80. StAM, Staatsanwaltschaften 3178/3, Renée Meckelburg, "Tatsachenbericht," 520; StAM, Staatsanwaltschaften 3178/3, Akte d. Schöffengerichts, 3.
81. "Gröning in Oldenburg . . . der rege und bewege sich!" No paper given, February 7, 1950. 剪報收錄於：IGPP, Busam Slg., PA 200.
82. StAM, Staatsanwaltschaften 3178/1. Abschrift von Dr. med. Julius Ahlhorn, "Erfahrungsbericht über die 'Massenheilung' Grönings vom 9.–10. Februar 1950 i.d. Astoria (Oldenburg)."
83. "Gröning in Oldenburg . . . der rege und bewege sich!" No paper given, February 7, 1950. 剪報收錄於：IGPP, Busam Slg., PA 200.

München, betr.: Ermittlungen in Sachen Bruno Gröning, September 9, 1949.

49. "Schenk mir ein Pferdchen," *Der Spiegel*, 8.
50. StAM, Staatsanwaltschaften 3178/3, Renée Meckelburg, "Tatsachenbericht," 511.
51. StAM, Staatsanwaltschaften 3178/1, 123. Vernehmungsniederschrift, June 27, 1950.
52. StAM, Staatsanwaltschaften 3178/1, 123. Vernehmungsniederschrift, June 27, 1950; StAM, Staatsanwaltschaften 3178/2, 340, Vernehmungsniederschrift, Sachgebiet Einsatz der Kriminalabteilung beim Präsidium der Landpolizei von Bayern, October 10, 1950.
53. StAM, Staatsanwaltschaften 3178/1, 124. Vernehmungsniederschrift, June 27, 1950.
54. StAM, Staatsanwaltschaften 3178/3, Renée Meckelburg, "Tatsachenbericht," 494, 513.
55. StAM, Staatsanwaltschaften 3178/3, Renée Meckelburg, "Tatsachenbericht," 518.
56. StAM, Staatsanwaltschaften 3178/3, Heuner, "Tatsachenbericht," 439.
57. Schmidt, *Die Wunderheilungen*, 50, 57.
58. Rehn, "Ich kann nur gute Menschen heilen!"
59. A. Kaul, *Das Wunder von Herford: Die merkwurdige Heilerfolge des Bruno Groning* (Laudenbach: Lauda Vlg., 1949), 13. Located in KAH, S Slg. E/E 348-02.
60. Böhme, *Wunderheilungen*, 14.
61. Trampler, *Die grose Umkehr*, 75.
62. StAM, BezA/LRA 57182. Abschrift zur Kenntnisnahme an das Landrat Rosenheim, Evang.-Luth. Pfarramt to Evang.-Luth. Landeskirchenrat, September 10, 1949.
63. StAM, Gesundheitsämter, 4256. 剪報收錄於：*Munchner Merkur*, "Tausende im Banne des Herforder 'Wunderdoktors,' " June 24, 1949. 另參考 Schmidt, *Wunderheilungen*, 49–50.
64. StAM, Staatsanwaltschaften 3178/3, Renée Meckelburg, "Tatsachenbericht," 482.
65. Amanda Porterfield, *Healing in the History of Christianity* (Oxford, UK: Oxford Universitiy Press, 2005), 22, 5.
66. "Scharfer ärztlicher Vorstoß gegen Gröning," *Stuttgarter Zeitung*, Nr. 169, September 17, 1949, 7. 剪報收錄於：Landesarchiv Baden-Württemberg, Best. 466-5/7330, Gröning, Bruno.
67. 改編自我的同事妮基・艾格斯（Nikki Eggers）在田納西大學諾克斯維爾分校（University of Tennessee, Knoxville）任教的〈非洲的健康與治療〉（Health and Healing in Africa）課程中向學生拋出的挑戰性問題：「如果巫術是病灶，那什麼是解藥？」她的靈感來自於格溫・普林斯（Gwyn Prins）的文章〈大家生了什麼病？非洲健康與治療研究的現況〉（"But What Was the Disease? The Present State of Health and Healing in African Studies," *Past & Present* 124 (August 1989).）Steve

29. StAM, Staatsanwaltschaften 3178/3, Heuner, "Tatsachenbericht," 444; "Strahlen in den Polstern," *Der Spiegel*, 12.
30. StAM, Staatsanwaltschaften 3178/3, Renée Meckelburg, "Tatsachenbericht," 520.
31. StAM, BezA/LRA/57182, 19. Abschrift SSD Fst. Herford Nr. 243 an Kripo Rosenheim/ Bayern, betr.: Bruno Gröning, September 4, 1949.
32. StAM, Staatsanwaltschaften 3178/3, Heuner, "Tatsachenbericht," 442. Fallen out: "Schenk mir ein Pferdchen," *Der Spiegel*, p. 8.
33. StAM, Staatsanwaltschaften 3178/3, Heuner, "Tatsachenbericht," 444.
34. StAM, Staatsanwaltschaften 3178/3, Renée Meckelburg, "Tatsachenbericht," 492.
35. StAM, Staatsanwaltschaften 3178/4, "Eingestellt in Richtung gegen Bruno Gröning et al.," January 18, 1951.
36. StAM, Staatsanwaltschaften 3178/3, Renée Meckelburg, "Tatsachenbericht," 499.
37. Stadtarchiv Rosenheim OAH 24, undated letter from Leo Hawart to Gemeinderat Happing, 無確切日期（約出現於一九五〇年三月或四月）。
38. StAM, Staatsanwaltschaften 3178/3, Renée Meckelburg, "Tatsachenbericht," 526. Jungbauer, *Deutsche Volksmedizin*, 67.
39. StAM, Staatsanwaltschaften 3178/3, Renée Meckelburg, "Tatsachenbericht," 526.
40. StAM, Staatsanwaltschaften 3178/2, 365, Vernehmungsniederschrift, Helmut Hülsmann, July 20, 1950; 赫福德鎮長梅斯特也回報了類似的事情：KAH, S10/270, "Wunderheiler" Bruno Gröning (Akten des Hauptamtes, 1949–1950), 250, Oberstadtdirektor Meister an den Herrn Regierungspräsidenten Detmold, September 26, 1949.
41. StAM, Staatsanwaltschaften 3178/4, "Eingestellt in Richtung gegen Bruno Gröning et al.," January 18, 1951.
42. StAM, Staatsanwaltschaften 3178/3, Renée Meckelburg, "Tatsachenbericht," 504–5.
43. StAM, Staatsanwaltschaften 3178/3, Renée Meckelburg, "Tatsachenbericht," 489.
44. StAM, Staatsanwaltschaften 3178/1, 123. Vernehmungsniederschrift, June 27, 1950.
45. "Gröning in der Roxy-Bar," 未見於報紙，無確切日期，約於一九四九到五〇年間出現。剪報收錄於：Stadtarchiv München, 167/14, Personen, Gröning, Bruno, Wunderdoktor.
46. StAM, Staatsanwaltschaften 3178/3, Renée Meckelburg, "Tatsachenbericht," 512, 515, 517–18.
47. StAM, Staatsanwaltschaften 3178/3, 439, Ernst Heuner, "Das war Bruno Gröning."
48. StAM, Polizeidirektion 15558, 54. Abschrift, Kriminalpolizei Herford an das Polizeipräs.

von Bayern, October 11, 1950.

11. Biddiscombe, *The Denazification of Germany*, 40.

12. Ulrich Herbert, *Best: Biographische Studien uber Radikalismus, Weltanschauung und Vernunft, 1903–1989* (Bonn: Dietz, 1996), 475.

13. StAM, Staatsanwaltschaften 3178/1, 20. 無確切日期，約出現於一九五〇年四月或五月。

14. StAM, Staatsanwaltschaften 3178/1, 104. Polizeibezirk Aurich, Wittmund, January 31, 1950.

15. StAM, Staatsanwaltschaften 3178/2, 383, Vernehmungsniederschrift, June 28, 1950; StAM, Staatsanwaltschaften 3178/1, 104. Polizeibezirk Aurich, Wittmund, January 31, 1950.

16. StAM, Staatsanwaltschaften 3178/2, 383, Vernehmungsniederschrift, June 28, 1950.

17. Norbert Frei, "Identitätswechsel: Die 'Illegalen' in der Nachkriegszeit," in Helmut König, Wolfgang Kuhlmann, and Klaus Schwabe, eds., *Vertuschte Vergangenheit: Der Fall Schwerte und die NS-Vergangenheit der deutschen Hochschulen* (Munich: C. H. Beck, 1997), 207, 216.

18. StAM, Staatsanwaltschaften 3178/1, 20–21, 無確切日期，約出現於一九五〇年

19. StAM, Staatsanwaltschaften 3178/2, 383, Vernehmungsniederschrift, Sachgebiet Einsatz der Kriminalabteilung . . . der Landpolizei von Bayern, June 28, 1950; StAM, Staatsanwaltschaften 3178/2, 384, Vernehmungsniederschrift, Sachgebiet Einsatz der Kriminalabteilung . . . der Landpolizei von Bayern, October 11, 1950; StAM, Staatsanwaltschaften 3178/1, Polizeibezirk Aurich, an das Polizeipräsidium in München, June 1, 1950.

20. Frei, "Identitätswechsel," 217–18.

21. Bettina Stangneth, *Eichmann Before Jerusalem: The Unexamined Life of a Mass Murderer*, trans. Ruth Martin (New York: Knopf, 2014), 62–63, 71–72.

22. StAM, Staatsanwaltschaften 3178/3, Renée Meckelburg, "Tatsachenbericht," 478–79.

23. StAM, Staatsanwaltschaften 3178/3, Renée Meckelburg, "Tatsachenbericht," 480.

24. StAM, Staatsanwaltschaften 3178/3, "Das war Bruno Gröning: Ein Tatsachenbericht von Ernst Heuner," n.d., presumably 1950, 441.

25. StAM, Staatsanwaltschaften 3178/3, Renée Meckelburg, "Tatsachenbericht," 480–84.

26. StAM, Staatsanwaltschaften 3178/3, Heuner, "Tatsachenbericht," 443.

27. StAM, Staatsanwaltschaften 3178/3, Renée Meckelburg, "Tatsachenbericht," 486, 497.

28. StAM, Staatsanwaltschaften 3178/3, Renée Meckelburg, "Tatsachenbericht," 497.

於：StAM, Staatsanwaltschaften, 3178/5.

108. "Erste Gröning-Heilstätte in Mittenwald-Obb.," *Rosenheimer Tageblatt*, December 24, 1949. 剪報收錄於：StAM, Staatsanwaltschaften, 3178/5.

109. "Grönings Patienten warten vergebens: Verlassen auf dem Traberhof," *Abendzeitung*, Nr. 311, September 29, 1949. 剪報收錄於：Stadtarchiv München, 167/14, Personen: Gröning, Bruno, Wunderdoktor.

110. IGPP E 123/100. Letter to Herrn Dr. Wüst, Ludolf-Krehl- Klinik, Heidelberg, December 30, 1949.

第六章

1. StAM, Staatsanwaltschaften 3178/2, 355, Vernehmungsniederschrift, Sachgebiet Einsatz der Kriminalabteilung . . . der Landpolizei von Bayern, October 26, 1950; StAM, Staatsanwaltschaften 3178/3, Renée Meckelburg, "Tatsachenbericht," 477 (file page number), June 20–27, 1950; Opel P4: StAM, Staatsanwaltschften 3178/3, Heuner, "Tatsachenbericht," 443.
2. "Strahlen in den Polstern," *Der Spiegel* 36, September 6, 1950, p. 11.
3. StAM, Staatsanwaltschaften 3178/2, 375, Vernehmungsniederschrift, Sachgebiet Einsatz der Kriminalabteilung . . . der Landpolizei von Bayern, September 22, 1950; StAM, Staatsanwaltschaften 3178/2, 35, Staatliche Kriminalpolizei, Kriminalabt. Konstanz, May 17, 1950.
4. StAM, Staatsanwaltschaften 3178/3, Heuner, "Tatsachenbericht," 443.
5. StAM, Staatsanwaltschaften 3178/1, Pol. Bezirk Aurich to Pol. Präs. München, June 1, 1950; apartment: StAM, Staatsanwaltschaften 3178/3, Heuner, "Tatsachenbericht," 443, 453.
6. StAM, Staatsanwaltschaften 3178/3, Renée Meckelburg, "Tatsachenbericht," 477–79.
7. Frank Bajohr, *Parvenus und Profiteure: Korruption in der NS-Zeit* (Frankfurt: Fischer, 2001), 189.
8. Peter Fritzsche and Jochen Hellbeck, "The New Man in Stalinist Russia and Nazi Germany," in Michael Geyer and Sheila Fitzpatrick, eds., *Beyond Totalitarianism: Stalinism and Nazism Compared* (Cambridge: Cambridge University Press, 2008), 302–42.
9. BAB, SS-Führerpersonalakten, Meckelburg, Otto, and BA-Berlin, RS (ehem. BDC), VBS 286/6035012513/Otto Meckelburg, Sig. D5418.
10. "Strahlen in den Polstern," *Der Spiegel*, 11; StAM, Staatsanwaltschaften 3178/2, 386, Vernehmungsniederschrift, Sachgebiet Einsatz der Kriminalabteilung. . . der Landpolizei

重印於 Ingrid Geupel, "Bruno Gröning: Das Phänomen eines Wunderheilers" (PhD dissertation, Fakultät f. Medizin, Technische Universität München, 1988), 61–62.

89. 剪報皆收錄於：IGPP Busam Sammlung, PA 048.
90. "Gröning und die Krise der Medizin," *Quick,* Jhg. 2, Nr. 39, September 25, 1949. 剪報收錄於：IGPP/E 123/100.
91. Rehn, "Ich kann nur gute Menschen heilen!"
92. "Gröning darf heilen," *Abendblatt*; "Schenk mir ein Pferdchen," *Der Spiegel,* 7.
93. 請參考此書目收錄的大量簡報：Stadtarchiv München, ZA-P-489-16, Zoltikow. 另參考 "Graf Soltikow ans Telefon," *Die Zeit*, January 3, 1952.
94. "Extra-Blatt, Der 'Herforder Wunderdoktor,' Gröning entlarvt," September 27, 1949. 剪報收錄於：IGPP, E 123/100.
95. "Schenk mir ein Pferdchen," *Der Spiegel,* pp. 7–8.
96. "Gröning stellt Strafantrag," *Munchner Merkur*, Nr. 121, September 29, 1949. StAM, Staatsanwaltschaften 3178/5.
97. "Glauben Sie an Bruno Gröning?" n.p., September 29, 1949. 剪報收錄於：IGPP/Busam Sammlung, PA 209.
98. "Offener Brief an Bruno Gröning," *Revue,* Nr. 34, October 2, 1949. IGPP Busam Sammlung.
99. "Rätsel um Gröning," *Rheinischer Merkur*, October 1, 1949. 剪報收錄於：Stadtarchiv München, 167/14, Personen: Gröning, Bruno, Wunderdoktor.
100. "Rolf-Engler Film antwortet," *Illustrierte Filmwoche*, Ausgabe B, 4. Jhg., Nr. 43, October 29, 1949, 586.
101. "Die Zeit ist aus den Fugen," *Oberbayerische Volksblatt*, "Rosenheimer Anzeiger," Nr. 126, October 25, 1949, Stadtarchiv Rosenheim VI P O 1560, Bruno Gröning.
102. "Giftmord an Gröning geplannt?" *Neuer Miesbacher*, October 8, 1949. StAM, BezA/LRA 219606.
103. "Grönings letzte Heilungen." 剪報收錄於：*Rosenheimer Tagblatt Wendelstein*, Nr. 8, October 18, 1949. 位於 Stadtarchiv Rosenheim.
104. StAM, BezA/LRA 57182, Abschrift aus dem Bayerischen Landtagsdienst, 3. Jhg., Nr. 52, November 16, 1949.
105. Stadtarchiv Rosenheim VI P O, Bruno Gröning, letter from a mother in Hohenfichte, November 19, 1949.
106. Stadtarchiv Rosenheim VI P O, Bruno Gröning, letter from Husum, November 23, 1949.
107. "Ende des Gröning-Rummels," *8-Uhr-Blatt*, Nürnberg, December 17, 1949. 剪報收錄

75. 關於錫箔紙小球與黑市："Der Rosenheimer Landrat bei Gröning," *Oberbayerische Volksblatt*, Nr. 105, September 6, 1949, 8. 剪報收錄於：StAM, BezA/LRA 57182; address: "Hohlspiegel," *Der Spiegel* 38, September 15, 1949.
76. "Die Merkur-Reporter Unterwegs. Was sagt der Mann auf der Straße zu Gröning?" *Munchner Merkur*, September 7, 1949. 剪報收錄於：Stadtarchiv München, 167/14, Personen: Gröning, Bruno, Wunderdoktor.
77. 關於天氣：StAM, BezA/LRA 57182, Landpolizei Oberbayern, Kriminalaußenstelle Rosenheim, Fernschreiben an das Präsidium der LP, September 10, 1949. StAM, BezA/LRA 57182, "An die Regierung Oberbayerns, betr.: Ausübung der Heilkunde durch Bruno Gröning," September 7, 1949.
78. StAM, BezA/LRA 57182, Bayerisches Rotes Kreuz an Herrn Leo Hawart, September 13, 1949; "Gröning-Heilstätten im Landkreis Miesbach," *Miesbacher Zeitung*, September 14, 1949. 剪報收錄於：StAM, Gesundheitsämter 4256.
79. "Traberhof—öffentlicher Notstand," *Rosenheimer Tageblatt*, September 10, 1949. 剪報收錄於：StAM, BezA/LRA 57182; "Kann und darf Bruno Gröning heilen?" *Tagespost*, September 13, 1949. 剪報收錄於：IGPP, Busam Sammlung.
80. "Grönings Besuch im Polizeipräsidium," *Suddeutsche Zeitung*.
81. "Traberhof—öffentlicher Notstand," *Rosenheimer Tageblatt*, September 10, 1949. 剪報收錄於：StAM, BezA/LRA 57182.
82. StAM, BezA/LRA 57182, Abschrift, BLD-Kurzdienst, Blatt III, September 8, 1949.
83. StAM, BezA/LRA 57182, 26. Landpolizei Oberbayern, Kriminalaußenstelle Rosenheim, Abschrift, Fernschreiben an das Präs. d. LP v. Bay., betr.: Überwachung Traberhof, n.d., likely September 11, 1949.
84. "Gröning-Heilstätten im Landkreis Miesbach," *Miesbacher Anzeiger*, September 12, 1949. 剪報收錄於：StAM, Gesundheitsämter 4256. 另參考StAM, BezA/LRA/57182, 17. "Niederschrift aufgenommen 19. September 1949 zu Happing. Gegenstand der Beschlussfassung: Die Verhältnisse im Anwesen Traberhof," September 23, 1949.
85. StAM, Gesundheitsämter 4256, staatl. Gesundheitsamt Miesbach, September 12, 1949.
86. "Gröning braucht Ruhe," *Abendzeitung*, Nr. 233, September 15, 1949. 剪報收錄於：Stadtarchiv München, 167/14, Personen: Gröning, Bruno, Wunderdoktor.
87. "Gröning-Heilstätten im Landkreis Miesbach." 另參考StAM, BezA/LRA/57182, 17. "Niederschrift aufgenommen 19. September 1949 zu Happing. Gegenstand der Beschlussfassung: Die Verhältnisse im Anwesen Traberhof," September 23, 1949.
88. "Protest gegen die Zustände um den Traberhof," *Sudost-Kurier*, September 17, 1949,

September 9, 1949. 剪報收錄於：Stadtarchiv München, 167/14, Personen, Gröning, Bruno, Wunderdoktor.

57. StAM, Polizei-Direktion 15558, 18. Überwachungsbericht, September 2, 1949.
58. StAM, Polizei-Direktion 15558, 19. Überwachungsbericht, September 1, 1949.
59. StAM, Polizei-Direktion 15558, 23. Betr.: Menschenansammlung in der Lindwurmstraße, September 3, 1949.
60. "Mutter wollte ihr Kind opfern," *Hannoversche Presse*, 4. Jahrgang, Nr. 104, September 2, 1949. 剪報收錄於：IGPP.
61. Conrad Adlmaier, *Blick in die Zukunft* (Traunstein: Chiemgau Druck, 1950), 23.
62. Trampler, *Die grose Umkehr*, 107.
63. "Gröning: Meine Kraft ist keine menschliche," n.p., September 3, 1949, 6. 剪報收錄於：Stadtarchiv Rosenheim.
64. "Gröning: Sender eines Strahlenfeldes?" *Revue,* Nr. 30, September 4, 1949, 10.
65. "Cosmic horizon" is Jacob Taubes's expression: *Occidental Eschatology*, trans. David Ratmoko (Stanford: Stanford University Press, 2009), 43.
66. "Lourdes and Traberhof," *Alpenbote Rosenheim*, Folge 1, September 1949. 剪報收錄於：Stadtarchiv München, 167/14, Personen: Gröning, Bruno, Wunderdoktor.
67. Rehn, "Ich kann nur gute Menschen heilen!"
68. "Gröning darf heilen," *Abendblatt*, September 7, 1949. 剪報收錄於：StAM, Staatsanwaltschaften 3178/5.
69. "Gröning darf heilen," *Abendblatt.*
70. "Erregte Debatte um Gröning," *Abendzeitung*, September 17, 1949. 剪報收錄於：Stadtarchiv München, 167/14, Personen: Gröning, Bruno, Wunderdoktor.
71. "Auch der Stadtrat befasst sich mit dem 'Wunderdoktor,'" *Munchner Merkur*, September 7, 1949. 剪報收錄於：Stadtarchiv München, 167/14, Personen: Gröning, Bruno, Wunderdoktor.
72. *Die Protokolle des Bayerischen Ministerrats 1945–62 On-Line*, Das Kabinett Ehard II, Nr. 78, Ministerratssitzung, September 9, 1949. 檢索於二〇一八年九月七日：http://www.bayerischer-ministerrat.de//index.php?vol=ehr21&doc =ehr21aENLT.
73. "Gröning darf heilen," *Abendblatt*; "Grönings Besuch im Polizeipräsidium," *Suddeutsche Zeitung*; "Gröning und das Innenministerium," *Munchner Allgemeine*, Nr. 36, 2. Jhg., September 4, 1949.
74. "Dr. Ehard über Gröning," *Die Abendzeitung*, September 6, 1949. 剪報收錄於：Stadtarchiv München, 167/14, Personen: Gröning, Bruno, Wunderdoktor.

41. StAM, BezA/LRA 57182, an die Regierung von Oberbayern, September 7, 1949. Betr.: Ausübung der Heilkunde durch Bruno Gröning.
42. "Das Phänomen Bruno Gröning," *Neue Miesbacher Anzeiger*, September 10, 1949. 剪報收錄於：StAM, Gesundheitsämter 4256.
43. "Die Nacht der großen Heilung," "Sonderausgabe über Grönings Erfolge," IGPP.
44. Viktoria Rehn, "Ich kann nur gute Menschen heilen!" *Echo der Woche*, September 2, 1949. 剪報收錄於：Stadtarchiv Rosenheim.
45. "Ihren Stock brauchen Sie nicht mehr," *Munchner Allgemeine*, Nr. 36, September 4, 1949, n.p. 剪報收錄於：IGPP, Busam Pressesammlung.
46. StAM, BezA/LRA 57182, Landpolizei Oberbayern, Kriminalaußenstelle Rosenheim, Fernschreiben an das Präsidium der Landespolizei, September 10, 1949. The *Suddeutsche Zeitung* claimed there were 18,000 at the Traberhof: "Grönings Besuch im Polizeipräsidium," September 10, 1949. *Der Spiegel* referred to 15,000: "Schenk mir ein Pferdchen," 7.
47. "Aufmarsch des Elends im Traberhof," *Badische Neueste Nachrichten.*
48. StAM, Polizei-Direktion 15558, 39. Durchschrift, September 12, 1949. Betr.: Bruno Gröning; StAM, BezA/LRA 57182, betr.: Auftreten des "Wunderdoktors Brunno [*sic*] Gröning," September 6, 1949; Kurt Böhme, *Wunderheilungen: Lourdes—Gesundbeter—Groning* (Berlin: Vlg. Psyche, 1950), 15.
49. BAB, "Welt im Film," 225, September 19, 1949. 檢索於二〇一七年六月一日：https://www.filmothek.bundesarchiv.de/video/583657.
50. Kurt Trampler, *Die grose Umkehr: Fragen um Bruno Groning* (Seebruck am Chiemsee: Im Heering Vlg., 1950), 92.
51. "Ihren Stock brauchen Sie nicht mehr," *Munchner Allgemeine.*
52. "Aufmarsch des Elends im Traberhof," *Badische Neueste Nachrichten.*
53. Stadtarchiv Rosenheim, VI P O 1560, Bruno Gröning.
54. "Bavarian 'Healer' Attracts Germans," *New York Times*, September 8, 1949. Clark's title: *Die Protokolle des Bayerischen Ministerrats, 1945–62 On-Line,* "Einleitung," 35. 檢索於二〇一八年九月七日：http://www.bayerischer-ministerrat.de//index.php?vol=ehr21&doc=ehr21aENLT.
55. StAM, BezA/LRA 57182, 21. Betr.: Auftreten des 'Wunderdoktors' Brunno [*sic*] Gröning. September 6, 1949.
56. StAM, Polizei-Direktion 15558, 24. Betr.: Auftreten des Heilpraktikers Bruno Gröning, September 5, 1949. 另參考 "Gröning-Anhänger blockieren Verkehr," 報社名不清楚，

23. Heueck, "Als Zaungast bei Bruno Gröning."
24. Heueck, "Als Zaungast bei Bruno Gröning." 卡斯貝格也提到了這起事件。
25. StAM, BezA/LRA 57182, Abschrift, Landpolizei Oberbayern, Kriminalaußenstelle Rosenheim, September 4, 1949. Betr.: Affäre Gröning.
26. Heueck, "Als Zaungast bei Bruno Gröning."
27. StAM, BezA/LRA 57182, Abschrift, Landpolizei Oberbayern, Kriminalaußenstelle Rosenheim, September 4, 1949. Betr.: Affäre Gröning.
28. Anne Harrington, "Unmasking Suffering's Masks: Reflections on Old and New Memories of Nazi Medicine," in Arthur Kleinman, Veena Das, and Margaret M. Lock, eds., *Social Suffering* (Berkeley: University of California Press, 1997).
29. StAM, Staatsanwaltschaften 3178/4, pp. 708–13, Mitscherlich an das Schöffengericht, October 24, 1951.
30. StAM, Staatsanwaltschaften 3178/4, p. 715, Mitscherlich an das Schöffengericht, October 24, 1951.
31. 這些是米切利希將在以下這本突破性著作中所要探討的主題：*Society Without the Father: A Contribution to Social Psychology*, trans. Eric Mosbacher (New York: Harcourt, Brace & World, 1969; orig. pub. 1963).
32. Nicolas Berg, *The Holocaust and the West German Historians: Historical Interpretation and Autobiographical Memory*, trans. Joel Golb (Madison, WI: University of Wisconsin Press, 2015), 23.
33. StAM, Staatsanwaltschaften 3178/4, p. 715, Mitscherlich an das Schöffengericht, October 24, 1951.
34. Alexander Mitscherlich and Margarete Mitscherlich, *Inability to Mourn: Principles of Collective Behavior* (New York: Grove Press, 1975), 26.
35. Horst Axtmann, "Gröning, ein Dokumentarfilm," *Illustrierte Filmwoche*, Ausgabe B, 4. Jhg., Nr. 43, October 29, 1949, 586.
36. Alfred Heueck, "Als Zaungast bei Bruno Gröning."
37. "Aufmarsch des Elends im Traberhof," *Badische Neueste Nachrichten,* Nr. 182, September 15, 1949, n.p. 剪報收錄於：Landesarchiv Baden-Württemberg, 466-5/7330, Gröning, Bruno.
38. Siegfried Sommer, "Glauben versetzt Berge," *Suddeutsche Zeitung*, August 30, 1949.
39. StAM, Polizei-Direktion 15558, 18. Überwachungsbericht, September 2, 1949.
40. "Die Nacht der großen Heilung," "Sonderausgabe über Grönings Erfolge," Nr. 1, Anfang September 1949. 剪報收錄於：IGPP, Busam Sammlung.

5. StAM, Polizeidirektion 15558. Abschrift von Abdruck, Munich, August 24, 1949, lfd. Nr. 7. Bayer. Staatsmin. des Innern an die Regierung von Oberbayern. Betr.: Ausübung der Heilkunde durch Bruno Gröning, Herford.
6. "Bleibt Gröning in Bayern?" *Oberbayerische Volksblatt*, Nr. 102, August 30, 1949. 剪報收錄於：StAM, BezA/LRA 57182.
7. Thomas Großbölting, *Losing Heaven: Religion in Germany Since 1945*, trans. Alex Skinner (New York: Berghahn, 2017), 22–23.
8. 另參考"Großverdiener um Gröning, *Wort und Bild*, 4 Jhg., Nr. 39, September 25, 1949. 剪報收錄於：IGPP, Busam Sammlung, PA 172; "Schenk mir ein Pferdchen," *Der Spiegel* 40, September 29, 1949, p. 8, which describes Gröning's entourage. Sculptor: StAM, Staatsanwaltschaften 3178/2, p. 336, Vernehmungsniederschrift.
9. BAB, PK (ehem. BDC), Sig. PO 134, VBS 1/1160025110, Schmidt, Egon Arthur.
10. Schmidt, *Die Wunderheilungen*, 13.
11. BAB, R19, 2963, Schmidt, Egon Arthur.
12. *Stadtatlas Munchen: Karten und Modelle von 1570 bis heute* (München: Technische Universität München, 1999), 60.
13. Joachim Slawik, "Steh auf und geh!" *Almfried*, Nr. 35, September 3, 1949, 2; Sommer, " 'Wunderdoktor' Gröning in München," 9.
14. "Gröning und das Heilpraktikergesetz," *Suddeutsche Zeitung*, Nr. 100, August 25, 1949.
15. StAM, Polizeidirektion 15558, Stadtrat der Landeshauptstadt München, betr.: Menschensammlung durch Heilungssuchende, August 26, 1949, 10.
16. Josephson-Storm, *The Myth of Disenchantment,* 210–11; Kurlander, *Hitler's Monsters,* chapter 2.
17. Wolffram, *The Stepchildren of Science*, 131–89.
18. Victor Klemperer, *Munich 1919: Diary of a Revolution*, trans. Jessica Spengler (Cambridge: Polity Press, 2017).
19. "Ein Besuch beim Wunderdoktor," *Stuttgarter Zeitung*, Nr. 157, September 3, 1949, 4. 剪報收錄於：Landesarchiv Baden-Württemberg, 466-5/7330, Gröning, Bruno.
20. "Großverdiener um Gröning, *Wort und Bild*, 4 Jhg., Nr. 39, September 25, 1949. 剪報收錄於：IGPP, Busam Sammlung, PA 172.
21. StAM, BezA/LRA 57182, Abschrift, Landpolizei Oberbayern, Kriminalaußenstelle Rosenheim, September 4, 1949. Betr.: Affäre Gröning.
22. Alfred Heueck, "Als Zaungast bei Bruno Gröning," *Schwabische Landeszeitung*, Nr. 108, September 14, 1949. 剪報收錄於：Stadtarchiv Rosenheim.

43. Arthur Kleinman et al., "Pain as Human Experience: An Introduction," in Mary-Jo DelVecchio Good et al., eds., *Pain as Human Experience: An Anthropological Perspective* (Berkeley: University of California Press, 1992), 5–6.
44. Goltermann, *Die Gesellschaft der Uberlebenden*, 165–216.
45. "Briefe an Gröning—ein Alarmsignal!," *Revue,* 10, 19.
46. Didier Fassin and Richard Rechtman, *The Empire of Trauma: An Inquiry into the Condition of Victimhood* (Princeton: Princeton University Press, 2009).
47. "Briefe an Gröning—ein Alarmsignal!," *Revue,* Nr. 32, 10.
48. Robert G. Moeller, *War Stories: The Search for a Usable Past in the Federal Republic* (Berkeley: University of California Press, 2001), 3–4.
49. Grossmann, *Jews, Germans, and Allies,* 7.
50. 麥可・蓋爾（Michael Geyer）在著作中描述，羞恥感與對於猶太大屠殺的愧疚感融合之後，產生的不是痛悔自責，而是具有攻擊性的敵意。另參考："The Place of the Second World War in German Memory and History," *New German Critique* 71 (Spring-Summer 1997): 5–40, here 17, 19.
51. "Briefe an Gröning—ein Alarmsignal!," *Revue,* Nr. 32, 10.
52. Geyer, "The Place of the Second World War," 18。據蓋爾觀察，到了威瑪共和國後期，「感覺得出人們冷漠看待死亡，對此無動於衷」，而這也是一次世界大戰遺留的情感影響。另參考：Geoffrey Campbell Cocks, *The State of Health: Illness in Nazi Germany* (New York: Oxford University Press, 2012), 1–3; Monica Black, *Death in Berlin: From Weimar to Divided Germany* (New York: Cambridge University Press, 2010), 102–8.
53. Michael H. Kater, "Die Medizin im nationalsozialistischen Deutschland und Erwin Liek," *Geschichte und Gesellschaft* 16:4 (1990): 442–43.
54. Goltermann, *Die Gesellschaft der Uberlebenden*, 353.
55. Süss, *Death from the Skies*, 362–65.

第五章

1. Siegfried Sommer, " 'Wunderdoktor' Gröning in München," *Suddeutsche Zeitung*, Nr. 98, August 20, 1949, 9.
2. "Fall Gröning weiter umstritten," *Die Welt,* Nr. 79, July 4, 1949.
3. Sommer, " 'Wunderdoktor' Gröning in München," 9.
4. 《評論》系列報導的細節經不少新聞管道斷章取義，例如：" 'Wunderdoktor' Gröning—umworben und umstritten,"*Munchner Allgemeine*, Nr. 35, 2. Jhg., August 28, 1949, 3. 剪報收錄於：Stadtarchiv Rosenheim.

Frauenpolitik (Opladen: Westdeutscher Verlag, 1986), 8, 230–46; Hans-Walter Schmuhl, "Die Patientenmorde," in *Vernichten und Heilen: Der Nurnberger Arzteprozes und seine Folgen*, Angelika Ebbinghaus und Klaus Dörner, eds. (Berlin: Aufbau Verlag, 2001), 297.

24. Steven P. Remy, *The Heidelberg Myth: The Nazification and Denazification of a German University* (Cambridge: Harvard University Press, 2003), 130, 137.
25. Anne Harrington, *Reenchanted Science: Holism in German Culture from Wilhelm II to Hitler* (Princeton: Princeton University Press, 1996), 203.
26. Benno Müller-Hill, *Murderous Science: Elimination by Scientific Selection of Jews, Gypsies, and Others, Germany, 1933–1945*, trans. George R. Fraser (Oxford, UK: Oxford University Press, 1988), 92.
27. Harrington, *The Cure Within*, 81–82. 另參考Alexa Geisthövel and Bettina Hitzer, eds., *Auf der Suche nach einer anderen Medizin: Psychosomatik im 20. Jahrhundert* (Berlin: Suhrkamp, 2019).
28. Ralf Bröer and Wolfgang U. Eckart, "Schiffbruch und Rettung der modernen Medizin," *Ruperto Carola* 2 (1993): 4–9.
29. Harrington, *Reenchanted Science*, 202; Harrington, *The Cure Within*, 84–86; quote on 85.
30. "Bruno Gröning ein geborener Seelenarzt von großer Begabung," *Revue* Nr. 28, August 21, 1949, 10. The unspecified complaint is called an *Unterleibsleiden* in the text.
31. "Bruno Gröning ein geborener Seelenarzt von großer Begabung," *Revue*, Nr. 28, August 21, 1949, 9.
32. "Bruno Gröning ist kein Scharlatan," *Revue*, Nr. 29, August 28, 1949, 8.
33. "Gröning als Hellseher," *Revue*, Nr. 29, August 28, 1949, 18–19.
34. "Bruno Gröning: Phänomen eines Seelenarztes," *Revue*, Nr. 27, August 14, 1949, 10–11.
35. "Bruno Gröning: Phänomen eines Seelenarztes," *Revue*, 19.
36. "Bruno Gröning: Phänomen eines Seelenarztes," *Revue*, 9.
37. "Bruno Gröning ein geborener Seelenarzt von großer Begabung," *Revue*, 11.
38. "Briefe an Gröning—einAlarmsignal!" *Revue*, Nr. 32, September 18, 1949, 10, 19.《評論》在別期的系列報導中也刊出了不同病患的生活細節，尤其是一九四九年八月十四日與八月二十一日這兩期。
39. Johannes Vossen, *Gesundheitsamter in Nationalsozialismus: Rassenhygiene und offene Gesundheitsfursorge in Westfalen, 1900–1950* (Essen: Klartext, 2001), 285.
40. Norbert Sahrhage, *Diktatur und Demokratie*, 315.
41. "Briefe an Gröning—ein Alarmsignal!," *Revue*, 19.
42. "Herr Weiland sieht wieder gut," *Revue*, Nr. 32, September 18, 1949, 11.

Schilling, ca. 1950), 2.

5. Schmidt, *Wunderheilungen*, 95–96.
6. StAM, Polizeidirektion München, 15558, p. 39. Durchschrift, September 12, 1949. Betr.: Bruno Gröning. Werner Bab, "Die Ursachen der Kriegsblindheit," *Berliner klinische Wochenschrift* 58:20 (May 16, 1921): 512–13.
7. Harrington, *The Cure Within*, 251.
8. Thomas Mann, *The Story of a Novel: The Genesis of Doktor Faustus,* trans. Richard Winston and Clara Winston (New York: Knopf, 1961), 76.
9. Sean A. Forner, *German Intellectuals and the Challenge of Democratic Renewal: Culture and Politics After 1945* (Cambridge: Cambridge University Press, 2014), 60.
10. Harrington, *The Cure Within*, 253–54.
11. Maurice Merleau-Ponty, *Phenomenology of Perception*, trans. Colin Smith (London: Routledge, 2010), 186.
12. "Wer ein Schnitzel findet, ist geheilt," *Der Spiegel* 28, July 7, 1949, p. 7.
13. Landesarchiv Baden-Württemberg, 466-5/7330, an den Herrn Sozialminister des Landes Nordrhein-Westfalen, August 1949, betr.: Ausübung der Heilkunde durch Bruno Gröning, Herford.
14. "Plan der Revue," *Revue,* Nr. 27, August 14, 1949, 8.
15. "Ich rieche Nazis," *Der Spiegel* 38, September 15, 1949, 14.
16. "Revolution in der Medizin?," *Revue,* Nr. 27, August 14, 1949, 1.
17. "Die Geschichte der Vorbereitung," *Revue,* Nr. 28, August 21, 1949, 8.
18. "Bruno Gröning: Phänomen eines Seelenarztes," *Revue,* Nr. 27, August 14, 1949, 8, 10–11, 18; "Bruno Gröning ein geborener Seelenarzt von großer Begabung," *Revue,* Nr. 28, August 21, 1949, 8, 10–11.
19. "Was Bruno Gröning in Heidelberg tut," *Stuttgarter Zeitung*, Nr. 139, August 13, 1949, 9. 剪報收錄於：Landesarchiv Baden-Württemberg, 466-5/7330.
20. 費雪推薦海德堡："Bruno Gröning ein geborener Seelenarzt von großer Begabung," *Revue,* Nr. 28, August 21, 1949, 9.
21. 「心理學」一詞在詞源上當然也模糊不明。它以法文首見於一五八八年「一本探討鬼魂與奇蹟的書籍」。Renaud Evrard, "The Orthodoxization of Psychology in France at the Turn of the Twentieth Century," in Lux and Paletschek, eds., *Okkultismus im Gehause*, 175.
22. "Briefe an Gröning—ein Alarmsignal!" *Revue,* Nr. 32, September 18, 1949, 10.
23. Gisela Bock, *Zwangssterilisation im Nationalsozialismus: Studien zur Rassenpolitik und*

68. "Das Wunder von Herford," *Der Hausfreund*, Nr. 23, June 4, 1949, p. 3.
69. KAH, S 32/7, Medizinalpolizei/Heilkunde, 1945–54. An den Herrn Regierungspräsident in Detmold von dem Oberstadtdirektor Herford, June 16, 1949.
70. StAM, Gesundheitsämter, 4256. 剪報收錄於：*Munchner Merkur*, "Tausende im Banne des Herforder 'Wunderdoktors,'" June 24, 1949.
71. "Der Wundertäter von Herford," *Badisches Tagblatt*, Nr. 72, June 23, 1949. 剪報收錄於：IGPP/123/100.
72. "Rätsel um den Wunderdoktor," *Quick*, June 5, 1949.
73. "Grönings Grenzen: 'Geheilte' werden wieder krank," *Freie Presse*, Nr. 66, 1949 (June 5 or 6). 剪報收錄於：KAH, S Slg. E/E60.
74. KAH, S 32/7, Medizinalpolizei/Heilkunde, 1945–54. St. Marien-Hospital II, Hamm-Westfalen, betr. G. Köster, June 21, 1949.
75. KAH, S 32/7 Medizinalpolizei/Heilkunde, 1945–54. Sozialminister des Landes Nordrhein-Westfalen an den Herrn Regierungspräsident in Detmold, June 26, 1949. See also StAM, BezA/LRA 57182, p. 19.
76. KAH, S 32/7, Medizinalpolizei/Heilkunde, 1945–54. Hans Vogt und Kurt Viering to Herrn Regierungspräsident in Detmold, June 28, 1949.
77. "Keine Arbeitserlaubnis für Gröning," *Die Welt* (Hamburg), Nr. 76, June 30, 1949; KAH, S 32/7, Medizinalpolizei/Heilkunde, 1945–54. Der Sozialminister des Landes Nordrhein-Westfalen an den Herrn Regierungspräsident in Detmold, June 26, 1949; StAM, BezA/LRA 57182, p. 19, Abschrift, SSD Fst. Herford Nr. 243 an Kripo Rosenheim, betr. Bruno Gröning, September 5, 1949.
78. "Die Ärzte werden sich wundern," *Die Welt* (Hamburg), Nr. 75, June 28, 1949.
79. 這場記者會的紀錄出版於 *Die Akte des Dr. rer. pol. Kurt Trampler und Bruno Groning: Eine Dokumentation* (Berlin: Einhorn Presse, 2001), 46.

第四章

1. 請參考此處收錄的多封信件：KAH, S 10/270, "Wunderheiler" Bruno Gröning (Akten des Hauptamtes, 1949–1950); here, p. 111, letter from R. Berger, Essen, an den Oberstadtdirektor, June 13, 1949.
2. Rp., "Der Wundertäter von Herford," *Badisches Tagblatt*, Nr. 72, June 23, 1949. 剪報收錄於：IGPP/123/100.
3. Poore, *Disability*, 169.
4. Jens Bergfeldt, *Herfords Wunderdoktor: Der Fall Groning* (Wiedensahl und Minden: Heinz

Heilmagnetismus—"Besprechen"—Erfahrungsheilkunde (Münster: Waxmann, 1994), 178–86.

53. KAH, S 10/270, "Wunderheiler" Bruno Gröning (Akten des Hauptamtes, 1949–1950), pp. 51–52. Graphologisches Gutachten, May 27, 1949.
54. KAH, S 10/270, "Wunderheiler" Bruno Gröning (Akten des Hauptamtes, 1949–1950), p. 235. Letter from Europäische Missions-Gesellschaft, August 24, 1949.
55. KAH, S 10/270, "Wunderheiler" Bruno Gröning (Akten des Hauptamtes, 1949–1950), 161–64 and 170. Letters from Kampfgruppe gegen Nihilismus dated June 26 and July 5, 1949.
56. KAH, S 10/270, "Wunderheiler" Bruno Gröning (Akten des Hauptamtes, 1949–1950), p. 25. Letter from Gronau, May 19, 1949.
57. KAH, S 10/270, "Wunderheiler" Bruno Gröning (Akten des Hauptamtes, 1949–1950), p. 85. Letter from Werries, June 7, 1949.
58. KAH, S 10/270, "Wunderheiler" Bruno Gröning (Akten des Hauptamtes, 1949–1950), p. 197. Letter from Miesbach, July 20, 1949.
59. "Das Leben Bruno Gröning," *Revue,* Nr. 30, September 4, 1949, 11. 剪報收錄於：IGPP Busam Sammlung.
60. KAH, S 32/7, Medizinalpolizei/Heilkunde, 1945–54. Erklärung, Oberstadtdirektor Herford, June 14, 1949.
61. KAH, S 32/7, Medizinalpolizei/Heilkunde, 1945–54. Oberstadtdirektor to Bruno Gröning, June 11, 1949.
62. "Der Wundertäter von Herford," *Badisches Tagblatt*, 72, June 23, 1949. 剪報收錄於：IGPP/123/100.
63. KAH, S 32/7, Medizinalpolizei/Heilkunde, 1945–54. An den Herrn Regierungspräsident in Detmold von dem Oberstadtdirektor Herford, June 16, 1949. "Der Wundertäter von Herford," *Badisches Tagblatt*, Nr. 72, June 23, 1949. 剪報收錄於：IGPP/123/100.
64. "Der Fall Gröning kommt vor die Landesregierung," *Freie Presse*, Nr. 71, June 18, 1949. 剪報收錄於：KAH, S Slg. E/E60.
65. "Der Wundertäter von Herford," *Badisches Tagblatt*, Nr. 72, June 23, 1949. 剪報收錄於：IGPP/123/100.
66. "Mich sendet Gott," *Stern*, No. 22, ca. mid-May, 1949. 剪報收錄於：IGPP Busam Sammlung, PA 259.
67. "Grönings Grenzen: 'Geheilte' werden wieder krank," *Freie Presse*, Nr. 66, 1949 (either June 5 or 6). 剪報收錄於：KAH, S Slg. E/E60.

38. Wolfgang Behringer, *Witchcraft Persecutions in Bavaria: Popular Magic, Religious Zealotry and Reason of State in Early Modern Germany* (Cambridge: Cambridge University Press, 1997), 353.
39. Behringer, *Witches and Witch-Hunts*, 2; Ronald Hutton, "Anthropological and Historical Approaches to Witchcraft: Potential for a New Collaboration?" *The Historical Journal* 47:2 (June, 2004): 421–23.
40. E. E. Evans-Pritchard, *Witchcraft, Oracles, and Magic Among the Azande* (Oxford, UK: Clarendon Press, 1976), 引自 p. 18, p. 24.
41. Byron J. Good et al., eds. *A Reader in Medical Anthropology: Theoretical Trajectories, Emergent Realities* (Malden, MA: Wiley-Blackwell, 2010), 10.
42. Gustav Jungbauer, *Deutsche Volksmedizin: Ein Grundris* (Berlin: Walter de Gruyter, 1934); first comprehensive: Jutta Dornheim, *Kranksein im dorflichen Alltag: Soziokulturelle Aspekte des Umgangs mit Krebs* (Tübingen: Tübinger Vereinigung für Volkskunde, 1983), 11, n. 2.
43. Jungbauer, *Deutsche Volksmedizin*, 1–2, 5, 22, 43.
44. Jungbauer, *Deutsche Volksmedizin*, 22–40.
45. Gerhard Wilke, "The Sins of the Father: Village Society and Social Control in the Weimar Republic," in Richard J. Evans and W. R. Lee, eds., *The German Peasantry: Conflict and Community in Rural Society from the Eighteenth to the Twentieth Centuries* (London: Croom Helm, 1986).
46. Gerhard Wilke, "Die Sünden der Väter: Bedeutung und Wandel von Gesundheit und Krankheit im Dorfalltag," in Alfons Labisch and Reinhard Spree, eds., *Medizinische Deutungsmacht im sozialen Wandel des 19. und fruhen 20. Jahrhunderts* (Bonn: Psychiatrie-Verlag, 1989), 125, 131.
47. Gerhard Staack, "Die magische Krankheitsbehandlung in der Gegenwart in Mecklenburg" (PhD dissertation, Christian-Albrechts University, Kiel, 1930), 10–11.
48. StAM, Staatsanwaltschaften, 3178/4, p. 19, Karl Gröning manuscript, "Melker—Wachmann—Kohlentrinner: Beinahe ein alltäglicher Lebenslauf," dated February 16, 1951.
49. Jütte, *Geschichte der alternativen Medizin*, 90.
50. Michael Simon, *"Volksmedizin" im fruhen 20. Jahrhundert: Zum Quellenwert des Atlas der deutschen Volkskunde* (Mainz: Gesellschaft f. Volkskunde in Rheinland-Pfalz, 2003), 175.
51. Simon, *"Volksmedizin,"* 171–72.
52. Beate Schubert and Günter Wiegelmann, "Regionale Unterschiede beim Besprechen von Krankheiten im frühen 20. Jahrhundert," in *Volksmedizin in Nordwestdeutschland:*

23. Anne Harrington, *The Cure Within: A History of Mind-Body Medicine* (New York: Norton, 2008), 87.
24. 在此之前，國家曾多次試圖終止「治療自由」，如下列文件所示：BAB, R 86/1492/231 and BAB, NS 22/445。根據這份資料，與奧地利的關係扮演決定性角色：Wuttke-Groneberg, "Heilpraktiker im Nationalsozialismus," 134。「治療自由」並不存在於奧地利，因此政府必須廢止德意志的法令，好確保帝國的法規一致。
25. Wuttke-Groneberg, "Heilpraktiker," 143; Florian Mildenberger, *Medikale Subkulturen in der Bundesrepublik Deutschland und ihre Gegner (1950–1990)* (Stuttgart: Franz Steiner, 2011), 14, n. 20, on political vetting of lay healers.
26. KAH, S 10/270, "Wunderheiler" Bruno Gröning (Akten des Hauptamtes, 1949–1950), p. 20. Letter from Lüdenscheid, May 18, 1949.
27. KAH, S 10/270, "Wunderheiler" Bruno Gröning (Akten des Hauptamtes, 1949–1950), p. 17. Letter from Castrop-Rauxel, May 16, 1949.
28. KAH, S 10/270, "Wunderheiler" Bruno Gröning (Akten des Hauptamtes, 1949–1950), 6. Letter from Bottrop, May 15, 1949.
29. KAH, S 32/7 Medizinalpolizei/Heilkunde, 1945–54. 鎮長寫給布魯諾・葛洛寧的信件，一九四九年六月七日；StAM, Polizeidirektion 15558, lfd. Nr. 90, September 12, 1950.
30. Kristian Buchna, *Ein klerikales Jahrzehnt? Kirche, Konfession und Politik in der Bundesrepublik der 1950er Jahre* (Baden-Baden: Nomos, 2014), 232–76.
31. KAH, S 32/7, Medizinalpolizei/Heilkunde, 1945–54. Report from Superintendent des Kirchenkreises Herford (Pastor Kunst), May 1949.
32. KAH, S 32/7, Medizinalpolizei/Heilkunde, 1945–54. Report from Superintendent des Kirchenkreises Herford (Pastor Kunst), May 1949.
33. "Grönings Grenzen: 'Geheilte' werden wieder krank," *Freie Presse*, Nr. 66, Pfingsten 1949 (either June 5 or 6). 剪報收錄於：KAH, S Slg. E/E60.
34. Schmidt, *Die Wunderheilungen*, 50.
35. KAH, S 32/7, Medizinalpolizei/Heilkunde, 1945–54. Report from Superintendent des Kirchenkreises Herford (Pastor Kunst), May 1949.
36. "Ein 'neuer Messias,' " *Die Welt* (Hamburg), Nr. 53, May 7, 1949. 剪報收錄於：Hamburgisches Welt-Wirtschafts-Archiv.
37. Johannes Dillinger, *"Evil People": A Comparative Study of Witch Hunts in Swabian Austria and the Electorate of Trier,* trans. Laura Stokes (Charlottesville: University of Virginia Press, 2009), 96.

Kirchenkreises Herford, May 1949.

12. KAH, S 32/7 Medizinalpolizei/Heilkunde, 1945–54. An Herrn Bruno Gröning von Oberstadtdirektor, May 3, 1949 and, on the back, "Bericht," dated May 4, 1949.
13. KAH, S 32/7 Medizinalpolizei/Heilkunde, 1945–54. Leaflet, dated May 28, 1949.
14. KAH, S 10/270, "Wunderheiler" Bruno Gröning (Akten des Hauptamtes, 1949–1950), p. 22. Letter from Löhne, May 19, 1949.
15. "Gröning-Anhänger demonstrieren vor dem Rathaus," *Westfalen-Zeitung*, June 9, 1949. 剪報收錄於：KAH, S Slg. E/E60.
16. KAH, S10/270, "Wunderheiler" Bruno Gröning, p. 108, letter from Brake/Lippe, June 13, 1949.
17. Thomas Faltin, *Heil und Heilung: Geschichte der Laienheilkundigen und Struktur antimodernistischer Weltanschauungen in Kaiserreich und Weimarer Republik am Beispiel von Eugen Wenz (1856–1945)* (Stuttgart: Steiner, 2000), 224–34.
18. Bundesarchiv Berlin (hereafter: BAB), R 86/1492/231. 剪報收錄於：*Braker Zeitung*, 29. Jahrgang, August 12, 14, and 16, 1907.
19. Faltin, *Heil und Heilung*, 242.
20. Robert N. Proctor, *Racial Hygiene: Medicine Under the Nazis* (Cambridge and London: Harvard University Press, 1988), 227–28; Faltin, *Heil und Heilung*, 231.
21. Walter Wuttke-Groneberg, "Heilpraktiker im Nationalsozialismus," in *Nachtschatten im weissen Land: Betrachtungen zu alten und neuen Heilsystemen*, Manfred Brinkmann and Michael Franz, eds. (Berlin: Verlagsgesellschaft Gesundheit, 1981), 127, 136–38; Corinna Treitel, *Eating Nature in Modern Germany: Food, Agriculture and Environment, c. 1870 to 2000* (Cambridge: Cambridge University Press, 2017), 332; Kurlander, *Hitler's Monsters*, 247. 儘管第三帝國有推動一項官方計畫，致力於「結合」生物醫學與自然療法，但這個趨勢其實早在數年前世紀交替之際就已成形，當時醫界開始建立自然療法的體制，學界也開設光照治療與按摩學科的教職（例如柏林菲德利希威廉大學〔Friedrich Wilhelm University〕）。Petra Werner, "Zu den Auseinandersetzung um die Institutionalisierung von Naturheilkunde und Homöopathie an der Friedrich-Wilhelms-Universität zu Berlin zwischen 1919 und 1933," in *Medizin, Gesellschaft und Geschichte* 12 (1993): 205; Avi Sharma, "Medicine from the Margins? *Naturheilkunde* from Medical Heterodoxy to the University of Berlin, 1889–1920," *Social History of Medicine* 24:2 (2011).
22. Robert Jütte, *Geschichte der alternativen Medizin: Von der Volksmedizin zu den unkonventionellen Therapien von heute* (Munich: C. H. Beck, 1996), 53.

2008), 76.

28. Winson Chu, *The German Minority in Interwar Poland* (Cambridge, UK: Cambridge University Press, 2012).
29. J. F. C. Harrison, *The Second Coming: Popular Millenarianism, 1780–1850* (London: Routledge & Kegan Paul, 1979), 11–12.

第三章

1. "Der Wundertäter von Herford," *Badisches Tagblatt*, Nr. 72, June 23, 1949. 剪報收錄於：IGPP, Bestand E 123, Nr. 100.
2. 梅斯特於一九三二年至一九三三年曾擔任塔赫拉（Tahra）市長。他的赫福德鎮長任期始於一九四七年。Sahrhage, *Diktatur und Demokratie,* 407.
3. Sahrhage, *Diktatur und Demokratie*, 568–75.
4. Reinisch, *Perils of Peace*, chapter 5, 引自 p.179.
5. Carol Poore, *Disability in Twentieth-Century German Culture* (Ann Arbor: University of Michigan Press, 2007), 170–71.
6. A. P. Meiklejohn, "Condition of Children in Western Germany," *The Lancet*, October 16, 1948, 620–21, 623.
7. Wolfgang Uwe Eckart, *Medizin in der NS-Diktatur: Ideologie, Praxis, Folgen* (Vienna: Böhlau, 2012), 353.
8. Michael Oldemeier, "Das Wachstum der Stadt Herford im 19. und 20. Jahrhundert," in Theodor Helmert-Corvey and Thomas Schuler, eds., *1200 Jahre Herford: Spuren der Geschichte* (Herford: Maximilian Vlg., 1989), 127–30. 一九四五年赫福德的人口（不含駐地軍隊）為四萬六千七百五十三人；一九四六年為四萬三千八百八十二人；一九四八年為四萬七千一百八十九人；一九五〇年為四萬九千三百零九人。Rainer Pape, *Sancta Herfordia: Geschichte Herfords von den Anfangen bis zur Gegenwart* (Herford: Bussesche Verlagshandlung, 1979), 353.
9. Sahrhage, *Diktatur und Demokratie,* 499; Bettina Blum, "My Home, Your Castle: British Requisitioning of German Homes in Westphalia," in Camilo Erlichman and Christopher Knowles, eds., *Transforming Occupation in the Western Zones of Germany* (London: Bloomsbury, 2018), 116.
10. KAH, S 32/7, Medizinalpolizei/Heilkunde, 1945–54. An den Herrn Regierungspräsident . . . von dem Oberstadtdirektor Herford, June 16, 1949.
11. *Revue*, Nr. 27, August 14, 1949, p. 10. 剪報收錄於：IGPP, Busam Sammlung; KAH, S 32/7, Medizinalpolizei/Heilkunde, 1945–54, report from Superintendent des

September 19, 1949). 剪報收錄於：IGPP/20/16, Busam Fotosammlung I, PA 001.

15. "Umgekehrt": "Bruno Gröning behandelt die seit 13 Jahren leidende Frau," *Revue*, Nr. 28, August 21, 1949, 10. 剪報收錄於：IGPP, Busam Sammlung.
16. KAH, E348/10, "Manuskript für Druck und Verlag," 8.
17. StAM, Staatsanwaltschaften 3178/2, p. 359, Vernehmungsniederschrift, Anneliese Hülsmann, July 20, 1950; Schmidt, *Wunderheilungen*, 85–86.
18. StAM, Staatsanwaltschaften 3178/2, p. 363, Vernehmungsniederschrift, Helmut Hülsmann, July 20, 1950.
19. StAM, Staatsanwaltschaften 3178/2, p. 359, Vernehmungsniederschrift, Anneliese Hülsmann, July 20, 1950.
20. "Dieter Hülsmann blieb gelähmt," *Freie Presse*, July 13, 1950. 剪報收錄於：KAH, S Slg. E/E 60.
21. Bruno Gröning, *Hilfe und Heilung: Ein Wegweiser* (Berlin: Einhorn Presse, 1991), 6; Danziger Verkehrs-Zentrale, ed., *Fuhrer durch die Freistadt Danzig* (Danzig: Danziger Verkehrs-Zentrale, 1920), 54, 56; "Das Leben Bruno Gröning," *Revue*, Nr. 30, September 4, 1949, 11, 剪報收錄於：IGPP Busam Sammlung.
22. Deutsche Dienststelle f. die Benachrichtigung der nächsten Angehörigen der ehemaligen deutschen Wehrmacht (WASt), per letter, December 16, 2014. 葛洛寧自述的兵役經歷與德意志國防軍的紀錄在部分細節上有出入，文獻現存於StAM, Staatsanwaltschaften 3178a/2, pp. 287–88, Psychiatrische und Nervenklinik . . . der Universität Freiburg, an dem Schöffengericht München-Land, February 9, 1957.
23. StAM, Staatsanwaltschaften 3178a/2, p. 289, Psychiatrische und Nervenklinik.. . der Universität Freiburg, an dem Schöffengericht München-Land, February 9, 1957.
24. StAM, Staatsanwaltschaften 3178/2, p. 395, Vernehmungsniederschrift, Bruno Gröning, November 27, 1950.
25. Anne-Kathrin Stroppe, "Die NSDAP-Mitglieder aus Danzig-Westpreußen und dem Saargebiet," in Jürgen W. Falter, ed., *Junge Kampfer, alte Opportunisten: Die Mitglieder der NSDAP 1919–1945* (Frankfurt: Campus, 2016), 337–39; Peter Oliver Loew, *Danzig: Biographie einer Stadt* (Munich: C. H. Beck, 2011), 204; Dieter Schenk, *Hitlers Mann in Danzig: Albert Forster und die NS-Verbrechen in Danzig-Westpreusen* (Bonn: Dietz, 2000), 125–43.
26. BA-Berlin, PK (formerly Berlin Document Center), Sig. DO 182, file numbers 1656, 1670, 1748.
27. Peter Fritzsche, *Life and Death in the Third Reich* (Cambridge: Belknap Press of Harvard,

(Berlin: Suhrkamp, 2011).

2. "Sogar Grönings Badewasser wird noch verlangt," *Frankische Presse* (Bayreuth), March 21, 1950. 剪報收錄於：in StAM, Staatsanwaltschaften 3178/5. Raise the dead: Egon-Arthur Schmidt, *Die Wunderheilungen des Bruno Groning* (Berlin: Falken Vlg. Erich Sicker, 1949), 11–12.
3. 從文獻角度來看，迄今以葛洛寧為主題、涵蓋範圍最廣泛的歷史著作，非弗洛里安・米爾登柏格（Florian Mildenberger）的論文莫屬："Heilstrom durch den Kropf: Leben, Werk und Nachwirkung des Wunderheilers Bruno Gröning (1906–1959)," *Zeitschrift fur Wissenschaftsgeschichte*, 92:1 (2008): 353–64. Gustav: StAM, Staatsanwaltschaften 3178/1, 129, Vernehmungsniederschrift, June 17, 1950; Bernhard: StAM, Staatsanwaltschaften 3178/1, Aub an Geschäftsstelle des Schöffengerichts München-Land, June 13, 1951.
4. "Mich sendet Gott," *Stern*, No. 22 (n.d., ca. mid-May, 1949). 剪報收錄於：Institut f. Grenzgebiete der Psychologie und Psychohygiene (hereafter: IGPP), Busam Sammlung, PA 259.
5. Schmidt, *Wunderheilungen*, 85–86.
6. StAM, Staatsanwaltschaften 3178/2, p. 363, Vernehmungsniederschrift, Helmut Hülsmann, July 20, 1950.
7. Schmidt, *Wunderheilungen*, 85–86.
8. StAM, Staatsanwaltschaften 3178/2, p. 363, Vernehmungsniederschrift, Helmut Hülsmann, July 20, 1950.
9. Schmidt, *Wunderheilungen*, 86, says March 15. Gröning later said it was March 14: StAM, Staatsanwaltschaften 3178a/2, p. 290. Psychiatrische und Nervenklinik . . . der Universität Freiburg, an dem Schöffengericht München-Land February 9, 1957.
10. "Es zogen drei Jungfrauen durch den Wald," *Allgemeine Zeitung*, January 5, 1950. 剪報收錄於：HH, VVP 17, Nr. 3558.
11. Rainer Pape, *Das alte Herford: Bilder aus vier Jahrhunderten* (Herford: Maximilian Vlg., 1971), 104.
12. Haggard: Rp., "Der Wundertäter von Herford," *Badisches Tagblatt*, Nr. 72, June 23, 1949, 剪報收錄於：IGPP, E 123/100. Nicotine-stained fingers: "Großverdiener um Gröning," *Wort und Bild*, 4 Jhg., Nr. 39, September 25, 1949. 剪報收錄於：IGPP, Busam Sammlung, PA 172.
13. Cigar: StAM, Staatsanwaltschaften 3178/3, Renée Meckelburg, "Tatsachenbericht," 485.
14. Jobst Klinkmüller, "Bruno Gröning in Frankfurt," *Frankfurter Neue Presse*, n.d. (presumably

(Ann Arbor: University of Michigan Press, 2008), 69–70.

69. "Big bang": Ulrich Herbert, *Geschichte Deutschlands im 20. Jahrhundert* (2014), 598.

70. Dieck, "Weltuntergang," 714–16, 718.

71. Wijnand A. B. van der Sanden and Sabine Eisenbeiss, "Imaginary People: Alfred Dieck and the Bog Bodies of Northwest Europe," *Archaologisches Korrespondenzblatt* 36 (2006): 112; Hermann Behrens and Elke Heege, "Nachruf auf Alfred Dieck, 4.4.1906–7.1.1989," *Die Kunde* 40 (1989).

72. Dieck, "Weltuntergang," 706.

73. Claus Jacobi, "The New German Press," *Foreign Affairs* (January 1954): 324.

74. Dieck, "Weltuntergang," 707.

75. Siegfried Sommer, "Weltuntergang verschoben," *Suddeutsche Zeitung*, Nr. 33, March 19, 1949. Cited in Dieck, "Weltuntergang," 716.

76. Dieck, "Weltuntergang," 704.

77. Dieck, "Weltuntergang," 706.

78. Dieck, "Weltuntergang," 708, 713–14.

79. Adlmaier, *Blick in die Zukunft*, 38–39.

80. Elaine Pagels, *Revelations: Visions, Prophecy, and Politics in the Book of Revelation* (New York: Penguin, 2012).

81. Bundesarchiv Koblenz (hereafter: BAK), ZSG 132/2685, "Gedanken vor dem Einschlafen: Antworten auf eine Umfrage"（無確切日期，大約於一九四九或一九五〇年發生）。引自 pp. 2 and 16.

82. Kommunalarchiv Herford/Stadtarchiv Herford (hereafter: KAH), S 10/270, "Wunderheiler" Bruno Gröning (Akten des Hauptamtes, 1949–1950), 161. Letter from Kassel, June 29, 1949.

83. Elisabeth Noelle and Erich Peter Neumann, eds., *Jahrbuch der offentlichen Meinung, 1947–1955* (Allensbach am Bodensee: Vlg. für Demoskopie, 1956), 114–15.

84. Dieck, "Der Weltuntergang," 707.

第二章

1. UFOs: Greg Eghigian, "A Transatlantic Buzz: Flying Saucers, Extraterrestrials, and America in Postwar Germany," *Journal of Transatlantic Studies* 12:3 (2014): 282–303. 洛杉磯暴雪：http://www.lamag.com/citythink/citydig-a-snowstorm-in-los-angeles-its-happened/, 檢索於二〇一九年九月十九日。欲知二十世紀有多少奇聞異事，請參考 Alexander C. T. Geppert and Till Kössler, eds. *Wunder: Poetik und Politik des Staunens im 20. Jahrhundert*

54. Bessel, *Germany 1945*, 167.
55. Andreas Kossert, *Kalte Heimat: Die Geschichte der Deutschen Vertriebenen nach 1945* (Munich: Siedler Vlg., 2008), 71–86; Rainer Schulze, "Growing Discontent: Relations Between Native and Refugee Populations in a Rural District in Western Germany After the Second World War," in Robert G. Moeller, ed., *West Germany Under Construction: Politics, Society, and Culture in the Adenauer Era* (Ann Arbor: University of Michigan Press, 1997).
56. Andreas Kossert, quoted in Neil MacGregor, *Germany: Memories of a Nation* (New York: Vintage, 2004), 483.
57. 兩百萬是文獻資料提到同盟國士兵強暴德國女性的案件數量時最常引用的數字。然而，米麗安・格布哈特（Miriam Gebhardt）在著作中描述的案件數為八十六萬：*Crimes Unspoken: The Rape of German Women at the End of the Second World War*, trans. Nick Somers (Cambridge: Polity Press, 2017)。這個相對保守的數字（儘管依舊令人震驚）根據西德官方提供的同盟國士兵之「殖民後代」的數據估計而來；格布哈特的分析在時間上也超出了同盟國占領德國後的那段時期。
58. Elizabeth D. Heineman, *What Difference Does a Husband Make? Women and Marital Status in Nazi and Postwar Germany* (Berkeley: University of California Press, 1999), 108–36.
59. Goltermann, *Die Gesellschaft der Uberlebenden*, 56.
60. Frei, *Adenauer's Germany*, 6–8.
61. Frei, *Adenauer's Germany*, 6.
62. Frei, *Adenauer's Germany*, 13–14, 23–24.
63. Frei, *Adenauer's Germany*, 305–6, 310–12, quote on 14.
64. "Die kleine Amnestie," *Christ und Welt*, Nr. 2, Jhg. III, January 12, 1950, 2. Cited in Frei, *Adenauer's Germany*, 19–20.
65. Norbert Sahrhage, *Diktatur und Demokratie in einer protestantischen Region: Stadt und Landkreis Herford 1929 bis 1953* (Bielefeld: Vlg. f. Regionalgeschichte, 2005), 456–58.
66. StAM Pol. Dir. 11298, Abschrift vom Abschrift, Urteil . . . wegen Hellseherei. . . gegen Irlmaier, Alois, May 19, 1947; C. Adlmaier, *Blick in die Zukunft* (Traunstein/Obb.: Chiemgau Druck, 1950), 35; "Er sah, was ersagte," *Der Spiegel* 39, September 25, 1948, 27.
67. StAM, Pol. Dir. 11301, Kriminaluntersuchungsabteiling, betr.: Experimentalabend Léon Hardt, March 31, 1947.
68. A. E., "Die Gesundbeter sind wieder da," *Der Ruf*, September 15, 1947. 出處來源引述自：Jennifer M. Kapczynski, *The German Patient: Crisis and Recovery in Postwar Culture*

39. Jessica Reinisch, *The Perils of Peace: The Public Health Crisis in Occupied Germany* (Oxford, UK: Oxford University Press, 2013), 163.
40. Olick, *Hangman*, 124–25.
41. Herz, "Fiasco," 572.
42. Alexandra F. Levy, "Promoting Democracy and Denazification: American Policymaking and German Public Opinion," *Diplomacy & Statecraft* 26:4 (2015): 614–35.
43. Perry Biddiscombe, *The Denazification of Germany: A History, 1945–1950* (Stroud: Tempus, 2007), 191.
44. Atina Grossmann, *Jews, Germans, and Allies: Close Encounters in Occupied Germany* (Princeton: Princeton University Press, 2007), 37–39.
45. Werner Bergmann, "Die Reaktion auf den Holocaust in Westdeutschland von 1945 bis 1989," *Geschichte in Wissenschaft und Unterricht* 43 (1992): 331–32; Donald Bloxham, *Genocide on Trial: War Crimes Trials and the Formation of Holocaust History and Memory* (Oxford, UK: Oxford University Press, 2001), 138–39.
46. Weckel, *Beschamende Bilder*, 283–84.
47. Olick, *Hangman*, 180–86. 另參考Aleida Assmann and Ute Frevert, *Geschichtsvergessenheit: Vom Umgang mit deutschen Vergangenheiten nach 1945* (Stuttgart: Deutsche Verlagsanstalt, 1999).
48. Ralf Dahrendorf, *Society and Democracy in Germany* (Garden City, NY: Doubleday, 1967), 288–89. 另參考A. Dirk Moses, *German Intellectuals and the Nazi Past* (New York: Cambridge University Press, 2007), especially 19–27; and Olick, *Hangman*, 198, 更廣泛的討論，詳見第九章.
49. Helmut Dubiel, *Niemand ist frei von der Geschichte: Die nationalsozialistische Herrschaft in den Debatten des Deutschen Bundestages* (Munich: Carl Hanser, 1999), 71; Olick, *Hangman*, 183.
50. Stephen Brockmann, *German Literary Culture at the Zero Hour* (Rochester, NY: Camden House, 2004), 29; see also Norbert Frei, "Von deutscher Erfindungskraft oder: Die Kollektivschuldthese in der Nachkriegszeit," *Rechtshistorisches Journal* 16 (1997): 621–34.
51. Moses, *German Intellectuals*, 19–27.
52. Jan-Werner Müller, *Another Country: German Intellectuals, Unification, and National Identity* (New Haven: Yale University Press, 2000), 31. 另參考Olick, *Hangman*, chapter 12.
53. Thomas Kühne, *Belonging and Genocide: Hitler's Community, 1918–1945* (New Haven: Yale University Press, 2010), 161.

19. JKI/SK/NS, 04/01-01.
20. Elisabeth Reinke, "Die Zerstörung der Stadt Friesoythe und das 'Zweite Gesicht,'" *Oldenburgische Volkszeitung*, July 8, 1950. 剪報收錄於：HH, VVP 17, Nr. 3502.
21. Bessel, *Germany 1945*, 12.
22. Rüdiger Overmans, *Deutsche militarische Verluste im Zweiten Weltkrieg* (Munich: Oldenbourg, 1999), 319.
23. Bessel, *Germany 1945*, 11.
24. Richard Bessel, *Nazism and War* (New York: Modern Library, 2006), 179, citing Dietrich Eichholtz, *Geschichte der deutschen Kriegswirtschaft 1939–1945,Band III: 1943–1945* (Berlin: Akademie-Vlg., 1996), 632–34.
25. Süss, *Death from the Skies*, 105, 451.
26. 本段引述出自："Bericht aus Akten der Geschäftsführenden Reichsregierung Dönitz von Ende März 1945," in Heinz Boberach, ed., *Meldungen aus dem Reich, 1938–1945*, Band 17 (Herrsching: Manfred Pawlak, 1984), 6735, 6737.
27. Boberach, *Meldungen*, "Bericht," 6738, 6735.
28. Nossack, *The End*, 1–2.
29. 「失根者群體」一詞出自 Bessel, *Germany 1945*.
30. Keith Lowe, *Savage Continent: Europe in the Aftermath of World War II* (New York: St. Martin's Press, 2012), chapter 9.
31. J. Glenn Gray, *The Warriors: Reflections of Men in Battle* (New York: Harper & Row, 1959), 220.
32. *Foreign Relations of the United States: Diplomatic Papers: The Conferences at Malta and Yalta 1945* (Washington: US Government Printing Office, 1955), 970–71.
33. John H. Herz, "The Fiasco of Denazification in Germany," *Political Science Quarterly* 63:4 (Dec. 1948): 570.
34. Alice Weinreb, *Modern Hungers: Food and Power in Twentieth-Century Germany* (New York: Oxford University Press, 2017), 96.
35. "Morally unclean": Steven M. Schroeder, *To Forget It All and Begin Anew: Reconciliation in Occupied Germany* (Toronto: University of Toronto Press, 2013), 17.
36. Ulrike Weckel, *Beschamende Bilder: Deutsche Reaktionen auf alliierte Dokumentarfilme uber befreite Konzentrationslager* (Stuttgart: Franz Steiner, 2012).
37. Parkinson, *An Emotional State*, 2.
38. Norbert Frei, *Adenauer's Germany and the Nazi Past: The Politics of Amnesty and Integration*, trans. Joel Golb (New York: Columbia University Press, 2002), xiii.

(Bielefeld: Vlg. f. Regionalgeschichte, 1988).

8. Hanne Pohlmann, *Judenverfolgung und NS-Alltag in Lemgo: Fallstudien zur Stadtgeschichte* (Bielefeld: Vlg. f. Regionalgeschichte, 2011), 34; Kulka and Jäckel, *Die Juden in den geheimen NS-Stimmungsberichten,* 503, SD-Außenstelle Detmold, July 31, 1942.
9. Kulka and Jäckel, *Die Juden in den geheimen NS-Stimmungsberichten*, 503, SD-Außenstelle Detmold, July 31, 1942. 引述自 Nicholas Stargardt, *The German War: A Nation Under Arms, 1939–1945* (New York: Basic Books, 2015), 249–50.
10. Stargardt, *The German War*, 6.
11. Stargardt, *The German War*, 385.
12. Stargardt, *The German War*, 3–6, 375–81; Frank Bajohr and Dieter Pohl, *Der Holocaust als offenes Geheimnis: Die Deutschen, die NS-Fuhrung und die Alliierten* (Munich: C. H. Beck, 2006), 65–76; Alon Confino, *A World Without Jews: The Nazi Imagination from Persecution to Genocide* (New Haven: Yale University Press, 2014), 221–22; Dietmar Süss, *Death from the Skies: How the British and Germans Survived Bombing in World War II,* trans. Lesley Sharpe and Jeremy Noakes (Oxford, UK: Oxford University Press, 2014), 250–63. 迪特馬爾・蘇斯（Dietmar Süss）認為，在虔誠信仰上帝的德國人之中，轟炸也有可能引發其他回應，包括暴力經驗「有淨化之效」的觀念。關於「復仇焦慮」之暫時性表現的討論，請參考 Frank Biess, *Republik der Angst: Eine andere Geschichte der Bundesrepublik* (Reinbek bei Hamburg: Rowohlt, 2019), chapter 1.
13. Bruno Grabinski, "Kriegsprophezeiungen," *Neues Tageblatt*, October 15, 1946, 3. 剪報收錄於：Hauptstaatsarchiv Hannover (hereafter: HH), ZGS 2.1. 戈培爾透過郵件散播的預言似乎出自安東・約翰森（Anton Johansson），一位來自瑞典的愛斯基摩人與先知，他提出的預言於一九五三年出版成反猶太與反共產主義的德文小冊：*Merkwurdige Gesichte: Die Zukunft der Volker* (Stockholm: Sverigefondens Förlag, 1953).
14. Alfred Dieck, "Der Weltuntergang am 17. März 1949 in Südhannover," *Neues Archiv fur Niedersachsen*, Bd. 4 (1950): 704–20; here, 705.
15. Fred Ritzel, " 'Was ist aus uns geworden?—Ein Häufchen Sand am Meer': Emotions of Post-war Germany as Extracted from Examples of Popular Music," *Popular Music* 17:3 (1998): 293–309; here, 294.
16. Archives of the Institut für Volkskunde der Deutschen des östlichen Europa (formerly the Johannes-Künzig-Institutfür ostdeutsche Volkskunde), Sammlung Karasek, Neue Sagenbildung (hereafter: JKI/SK/NS) 04/01-2.
17. JKI/SK/NS, 04/03-109.
18. JKI/SK/NS, 04/01-49.

Chicago Press, 2017); Anna Lux and Sylvia Paletschek, eds., *Okkultismus im Gehause: Institutionalisierungen der Parapsychologie im 20. Jahrhundert im internationalen Vergleich* (Berlin: De Gruyter, 2016); Monica Black and Eric Kurlander, eds., *Revisiting the 'Nazi Occult': Histories, Realities, Legacies* (Rochester, NY: Camden House, 2015); Heather Wolffram, *The Stepchildren of Science: Psychical Research and Parapsychology in Germany, c. 1870–1939* (Amsterdam: Rodopi, 2009); Corinna Treitel, *A Science for the Soul: Occultism and the Genesis of the German Modern* (Baltimore: Johns Hopkins University Press, 2004); Ulrich Linse, *Geisterseher und Wunderwirker: Heilssuche im Industriezeitalter* (Frankfurt a.M.: Fischer, 1996).

44. 德國宗教史是由教會歷史、神學與社會歷史的「背景模式」所共同主導的研究領域，而這個領域相對不受宗教主體性、經驗、象徵實踐與意義系統所影響。關於這些議題，以下這本書提供了適當而簡要的介紹：Claudius Kienzle, *Mentalitatspragung im gesellschaftlichen Wandel: Evangelische Pfarrer in einer wurttembergischen Wachstumsregion der fruhen Bundesrepublik* (Stuttgart: Kohlhammer, 2012), 11–19. 其有部分旨在參與創造一段全新的德國宗教文化史，就如同：Robert A. Orsi, *Between Heaven and Earth: The Religious Worlds People Make and the Scholars Who Study Them* (Princeton: Princeton University Press, 2005).

第一章

1. Wolfgang Behringer, *Witches and Witch-Hunts: A Global History* (Cambridge: Polity Press, 2004), 123; Jürgen Scheffler, "Lemgo, das Hexennest: Folkloristik, NS-Vermarktung und lokale Geschichtsdarstellung," *Jahrbuchf. Volkskunde,* Neue Folge 12 (1989): 114.
2. Ursula Bender-Wittmann, "Hexenprozesse in Lemgo, 1628–1637: Eine sozialgeschichtliche Analyse," in *Der Weserraum zwischen 1500 und 1650: Gesellschaft, Wirtschaft und Kultur in der Fruhen Neuzeit* (Marburg: Jonas Vlg., 1992), 239.
3. 引述自 Scheffler, "Lemgo, das Hexennest," 115.
4. Scheffler, "Lemgo, das Hexennest," 123–25.
5. Scheffler, "Lemgo, das Hexennest," 125, 128.
6. Otto Dov Kulka and Eberhard Jäckel, eds., *Die Juden in den geheimen NS-Stimmungsberichten, 1933–1945* (Düsseldorf: Droste Vlg., 2004), 321–22.
7. Moritz Rülf, "Die Geschichte der Juden in Lippe," 17, and Jürgen Scheffler, "Zwischen ständischer Ausschließung und bürgerlicher Integration: Juden in Lemgo im 19. Jahrhundert," 31, 40: 兩篇文章皆收錄於 Vlg. f. Regionalgeschichte, ed., *Juden in Lemgo und Lippe: Kleinstadtleben zwischen Emanzipation und Deportation*, Forum Lemgo, Heft 3

如：Anna Parkinson, *An Emotional State: The Politics of Emotion in Postwar West German Culture* (Ann Arbor: University of Michigan Press, 2015); Werner Sollors, *The Temptation of Despair: Tales of the 1940s* (Cambridge: Harvard University Press, 2014); Jennifer Evans, *Life Among the Ruins: Cityscape and Sexuality in Cold War Berlin* (Basingstoke: Palgrave, 2011); Svenja Goltermann, *Die Gesellschaft der Uberlebenden: Deutsche Kriegsheimkehrer und ihre Gewalterfahrungen im Zweiten Weltkrieg* (Stuttgart: Deutsche Verlagsanstalt, 2009); Frank Biess, *Homecomings: Returning POWs and the Legacies of Defeat in Postwar Germany* (Princeton: Princeton University Press, 2006); Heidi Fehrenbach, *Race After Hitler: Black Occupation Children in Postwar Germany and America* (Princeton: Princeton University Press, 2005); Jörg Echternkamp, *Nach dem Krieg: Alltagsnot, Neuorientierung und die Last der Vergangenheit, 1945–1949* (Zurich: Pendo Verlag, 2003); and Hanna Schissler, *The Miracle Years: A Cultural History of West Germany, 1949–1968* (Princeton: Princeton University Press, 2001).

37. Alan Frank Keele, *The Apocalyptic Vision: A Thematic Exploration of Postwar German Literature* (Potomac, MD: Studia Humanitas, 1983), ix–x, 30–33.
38. Arendt, "Aftermath," 342.
39. Hermann Lübbe, *Vom Parteigenossen zum Bundesburger: Uber beschwiegene und historisierte Vergangenheiten* (Munich: Fink Vlg., 2007), 20–22.
40. Axel Schildt, "Der Umgang mit der NS-Vergangenheit in der Öffentlichkeit der Nachkriegszeit," in Wilfried Loth and Bernd-A. Rusinek, eds., *Verwandlungspolitik: NS-Eliten in der westdeutschen Nachkriegsgesellschaft* (Frankfurt: Campus Vlg., 1998), 22.
41. Philipp Gassert, "Zwischen 'Beschweigen' und 'Bewältigen': Die Auseinandersetzung mit dem Nationalsozialismus in der Ära Adenauer," in Michael Hochgeschwender, ed., *Epoche im Widerspruch: Ideelle und kulturelle Umbruche der Adenauerzeit* (Bonn: Bouvier, 2011), 186; Benjamin Möckel, *Erfahrungsbruch und Generationsbehauptung: Die 'Kriegsjugendgeneration' in den beiden deutschen Nachkriegsgesellschaften* (Göttingen: Wallstein, 2014), 226–34.
42. Till van Rahden, "Fatherhood, Rechristianization, and the Quest for Democracy in Postwar West Germany," in Dirk Schumann, ed., *Raising Citizens in the 'Century of the Child': The United States and German Central Europe in Comparative Perspective* (New York: Berghahn Books, 2010).
43. Eric Kurlander, *Hitler's Monsters: A Supernatural History of the Third Reich* (New Haven: Yale University Press, 2017); Jason Ā. Josephson-Storm, *The Myth of Disenchantment: Magic, Modernity, and the Birth of the Human Sciences* (Chicago: University of

24. Steven Shapin, *A Social History of Truth: Civility and Science in Seventeenth-Century England* (Chicago: University of Chicago Press, 1994), 8–41; Mary Douglas, *Rules and Meanings* (Harmondsworth: Penguin, 1973).
25. Peter Geschiere, *Witchcraft, Intimacy, and Trust: Africa in Comparison* (Chicago: University of Chicago Press, 2013), 32–33.
26. Alice Weinreb, *Modern Hungers: Food and Power in Twentieth-Century Germany* (New York: Oxford University Press, 2017), 99.
27. 例如參考 Staatsarchiv München (hereafter: StAM) Staatsanwaltschaften 3178/1, 應柏林國外犯罪紀錄部要求提供「布魯諾．葛洛寧的無限相關資訊」所準備的文件，載明但澤屬於「東普魯士」，但該詞被人以紅筆劃掉並寫上「波蘭」。
28. Hannah Arendt, "The Aftermath of Nazi Rule: Report from Germany," *Commentary* 10 (October 1950): 344.
29. W. G. Sebald, *On the Natural History of Destruction*, trans. Anthea Bell (New York: Modern Library, 2004), 10.
30. Hans Jonas, *Memoirs*, ed. Christian Wiese, trans. Krishna Winston (Waltham, MA: Brandeis University Press, 2008), 135.
31. Hans Erich Nossack, *The End: Hamburg 1943,* trans. Joel Agee (Chicago: University of Chicago Press, 2004), 22.
32. Heinrich Böll, *Und sagte kein einziges Wort* (Munich: DTV, 2004).
33. 法蘭克．比斯（Frank Biess）與阿斯特里德．艾克特（Astrid Eckert）在著作中所強調的："Introduction: Why Do We Need New Narratives for the History of the Federal Republic?" *Central European History* 52:1 (2019): 4. 關於德意志聯邦共和國在此脈絡中的歷史：Axel Schildt, Ankunft im Westen: Ein Essay *zur Erfolgsgeschichte der Bundesrepublik* (Frankfurt: Fischer, 1999); Hans-Ulrich Wehler, *Deutsche Gesellschaftsgeschichte*, vol. 5: *Bundesrepublik und DDR 1949–1990* (Munich: C. H. Beck, 2008); Edgar Wolfrum, *Die gegluckte Demokratie: Geschichte der Bundesrepublik von ihren Anfangen bis zur Gegenwart* (Stuttgart: Kletta-Cotta Vlg., 2006).
34. Konrad H. Jarausch, *Broken Lives: How Ordinary Germans Experienced the 20th Century* (Princeton: Princeton University Press, 2015), 264.
35. Philipp Felsch and Frank Witzel, *BRD Noir* (Berlin: Matthew & Seitz, 2016).
36. 冷戰期間，西德史由一些互有關聯的典範形塑而成，包含現代化、民主化與美國化，而它們都以經濟與政治科學的研究為基礎。更近代一點來看，研究記憶、情感、性別、性行為、種族、戰爭與家庭等主題的文化歷史學家，也勾勒了面向多元的戰後生活與社會的一部分。跟本書一樣主要探討早期戰後德國社會的書籍例

War (New Haven: Yale University Press, 2012), 1.

13. Will-Erich Peuckert, *Hochwies: Sagen, Schwanke, und Marchen* (Göttingen: Schwartz, 1959), vii.
14. Thomas A. Kohut, *A German Generation: An Experiential History of the Twentieth Century* (New Haven: Yale University Press, 2012), 182.
15. "Bericht aus Akten der Geschäftsführenden Reichsregierung Dönitz von Ende März 1945," in Heinz Boberach, ed., *Meldungen aus dem Reich, 1938–1945*, Band 17 (Herrsching: Manfred Pawlak, 1984), 6738.
16. Michael Geyer, "There Is a Land Where Everything Is Pure: Its Name Is Death: Some Observations on Catastrophic Nationalism," in Greg Eghigian and Matthew Paul Berg, eds., *Sacrifice and National Belonging in Twentieth-Century Germany* (College Station, TX: Texas A&M University Press, 2002), 125; Sven Keller, *Volksgemeinschaft am Ende:Gesellschaft und Gewalt, 1944–45* (Munich: Oldenbourg Vlg., 2013); Michael Patrick McConnell, "Home to the Reich: The Nazi Occupation of Europe's Influence on Life Inside Germany, 1941–1945" (PhD dissertation, University of Tennessee, Knoxville, 2015).
17. Thomas Brodie, "German Society at War, 1939–45," *Contemporary European History* 27:3 (2018): 505.
18. H. Kretz, "Folgen der Sterilisation: Zur Frage der Entschädigung Zwangssterilisierter nach dem Bundesentschädigungsgesetz," *Medizinische Klinik: Die Wochenschrift f. Klinik u. Praxis,* 62. Jhg., II. Halbjahr 1967, 1301.
19. Franziska Becker, *Gewalt und Gedachtnis: Erinnerungen an die nationalsozialistische Verfolgung einer judischen Landgemeinde* (Göttingen: Schmerse, 1994); Frank Bajohr, *"Arisierung" in Hamburg: Die Verdrangung der judischen Unternehmer, 1933–1945* (Hamburg: Christians, 1997), 331–38.
20. Neil Gregor, "A *Schicksalsgemeinschaft*? Allied Bombing, Civilian Morale, and Social Dissolution in Nuremberg, 1942–45," *The Historical Journal* 43:4 (2000); and *Haunted City: Nuremberg and the Nazi Past* (New Haven: Yale University Press, 2008).
21. Robert Gellately, *Backing Hitler: Consent and Coercion in Nazi Germany* (Oxford, UK: Oxford University Press, 2001).
22. Alexander Mitscherlich and Fred Mielke, *Doctors of Infamy: The Story of the Nazi Medical Crimes* (New York: Henry Schuman, 1949), 151.
23. Leo P. Crespi, "The Influence of Military Government Sponsorship in German Opinion Polling," *International Journal of Opinion and Attitude Research* 4:2 (Summer 1950): 175.

注釋與參考書目

序言

1. N太太的故事是這本書提出的數個案例研究之一：Inge Schöck, *Hexenglaube in der Gegenwart: Empirische Untersuchungen in Sudwestdeutschland* (Tübingen: Tübinger Vereinigung für Volkskunde, 1978), 177–90.
2. Herbert Schäfer, *Der Okkulttater: Hexenbanner—Magischer Heiler—Erdentstrahler* (Hamburg: Vlg. f. kriminalistische Fachliteratur, 1959), 36.
3. Carlo Caduff, *The Pandemic Perhaps: Dramatic Events in a Public Culture of Danger* (Berkeley: University of California Press, 2015), 7–8.
4. Ulrich Beck, "The Anthropological Shock: Chernobyl and the Contours of the Risk Society," *Berkeley Journal of Sociology* 32 (1987): 153–65.
5. Jeffrey K. Olick, *In the House of the Hangman: The Agonies of German Defeat* (Chicago: University of Chicago Press, 2005), 58–64.
6. "The mass production of corpses" is Hannah Arendt's phrase. See "The Concentration Camps," *Partisan Review* 15 (1948): 745.
7. Robert Jay Lifton, "On Death and Death Symbolism: The Hiroshima Disaster," *The American Scholar* 34:2 (Spring 1965): 259.
8. Karl Jaspers, "Is Science Evil? Answering the Attack on Modern Knowledge and Technology," *Commentary*, March 1, 1950.
9. Richard Bessel, *Germany 1945: From War to Peace* (New York: Harper-Collins, 2009), 178.
10. Clemens Escher, *"Deutschland, Deutschland, Du mein Alles!" Die Deutschen auf der Suche nach einer neuen Hymne, 1949–1952* (Leiden: Schöningh, 2017), 27–28; Peter Limbach, "Trizonesien-Lied sorgte 1949 für Aufregung," *Kolner Stadt Anzeiger*, November 5, 2004. 請搜尋https://www.ksta.de/trizonesien-lied-sorgte-1949-fuer-aufregung-14563906, 檢索於二〇一八年四月三日。
11. Olick, *In the House of the Hangman*, 65–94.
12. R. M. Douglas, *Orderly and Humane: The Expulsion of the Germans After the Second World*

Beyond 46

歐洲鬼地方：戰後德國靈異治療的狂潮，如何揭露科學理性所回應不了的創傷？

A Demon-Haunted Land: Witches, Wonder Doctors, and the Ghosts of the Past in Post-WWII Germany

作者——莫妮卡．布萊克（Monica Black）
譯者——張馨方
執行長——陳蕙慧
總編輯——張惠菁
責任編輯——謝嘉豪
行銷總監——陳雅雯
行銷——余一霞、林芳如
封面設計——張巖
排版——宸遠彩藝

社長——郭重興
發行人——曾大福
出版——衛城出版
發行——遠足文化事業股份有限公司
地址——二三一四一　新北市新店區民權路一〇八－二號九樓
電話——〇二－二二一八一四一七
傳真——〇二－二二一八〇七二七
客服專線——〇八〇〇－二二一〇二九
法律顧問——華洋法律事務所　蘇文生律師
印刷——通南彩色印刷有限公司
初版一刷——二〇二三年三月
定價——五五〇元
ISBN——9786267052709（平裝）
9786267052723（EPUB）
9786267052716（PDF）

國家圖書館出版品預行編目資料

歐洲鬼地方：戰後德國靈異治療的狂潮，如何揭露科學理性所回應不了的創傷？/ 莫妮卡．布萊克(Monica Black)著；張馨方譯. -- 一版. -- 新北市：衛城出版：遠足文化事業股份有限公司發行, 2023.03
面；　公分. --（Beyond）
譯自：A demon-haunted land : witches, wonder doctors, and the ghosts of the past in post-wwii germany
ISBN 978-626-7052-70-9（平裝）

1. 第二次世界大戰　2. 心理創傷　3. 心理治療　4. 社會史　5. 德國

749.122　　111005529

歡迎團體訂購，另有優惠，請洽 02-22181417，分機1124

ACRO POLIS 衛城

EMAIL　acropolismde@gmail.com
FACEBOOK　www.facebook.com/acrolispublish